MEDIEVAL BODIES

中世纪的身体

［英］杰克·哈特内尔 著
徐仕美 译

广西师范大学出版社
·桂林·

ZHONGSHIJI DE SHENTI
中世纪的身体

MEDIEVAL BODIES: Life, Death and Art in the Middle Ages
Copyright © 2018 by Jack Hartnell
Originally published by Profile Books Limited
All rights reserved
本书中译本由时报文化出版企业股份有限公司委任 Andrew Nurnberg Associates International Limited 代理授权

著作权合同登记号桂图登字：20-2018-138 号

图书在版编目（CIP）数据

中世纪的身体 /（英）杰克·哈特内尔著；徐仕美译. -- 桂林：广西师范大学出版社，2022.11（2023.1 重印）
书名原文：Medieval Bodies: Life, Death and Art in the Middle Ages
ISBN 978-7-5598-5326-4

Ⅰ. ①中… Ⅱ. ①杰… ②徐… Ⅲ. ①人体－文化史－世界－中世纪 Ⅳ. ①K13

中国版本图书馆 CIP 数据核字（2022）第 159583 号

广西师范大学出版社出版发行

（广西桂林市五里店路 9 号　邮政编码：541004）
　网址：http://www.bbtpress.com
出版人：黄轩庄
全国新华书店经销
广西广大印务有限责任公司印刷
（桂林市临桂区秧塘工业园西城大道北侧广西师范大学出版社集团有限公司创意产业园内　邮政编码：541199）
开本：880 mm × 1 240 mm　1/32
印张：11.75　　　字数：260 千字
2022 年 11 月第 1 版　　2023 年 1 月第 2 次印刷
定价：118.00 元

如发现印装质量问题，影响阅读，请与出版社发行部门联系调换。

目 录

引 言　中世纪的身体　　　　　　　　　　　/ 1
　　起点？　　　　　　　　　　　　　　　/ 9
　　你，回到一千年前　　　　　　　　　　/ 12
　　荒谬与恶心　　　　　　　　　　　　　/ 16
　　历史与治疗者　　　　　　　　　　　　/ 20
　　民众与风俗　　　　　　　　　　　　　/ 25
　　文字之外　　　　　　　　　　　　　　/ 29

Ⅰ　头　　　　　　　　　　　　　　　　　/ 33
　　健脑药方　　　　　　　　　　　　　　/ 39
　　疯狂与秃头　　　　　　　　　　　　　/ 44
　　斩首　　　　　　　　　　　　　　　　/ 50
　　神圣的头颅　　　　　　　　　　　　　/ 54

Ⅱ　感觉　　　　　　　　　　　　　　　　/ 59
　　看见景象　　　　　　　　　　　　　　/ 65
　　闻到过去　　　　　　　　　　　　　　/ 69
　　全神聆听　　　　　　　　　　　　　　/ 74
　　嘴巴、舌头、牙齿　　　　　　　　　　/ 81

III 皮肤 /91

- 人体之内 /93
- 表面特质 /100
- 互相冲突的颜色 /104
- 写在皮上 /109
- 第二层皮 /115

IV 骨头 /123

- 埋骨之处 /132
- 骨头之上的石头 /139
- 利用骨头 /145

V 心脏 /151

- 心病难医 /155
- 真心真意 /159
- 注视爱 /165
- 对神的爱 /172

VI 血液 /179

- 恶血 /185
- 善血 /190
- 生命之血 /195
- 止血与缝合 /199

VII 手 /205

- 接触病人的工具 /211
- 巧妙的装置 /216
- 手势与紧握 /221

XIII 腹部 /231
  盛宴与斋戒 /239
  内脏 /246
  肛门的艺术 /251

IX 生殖器 /257
  女性的秘密 /263
  第二性 /273
  性倾向与阴茎树 /281
  解读尿液 /286

X 脚 /291
  魔爪与赤足 /300
  步行，骑马，搭船 /305
  对跖地 /313

结　语　未来的身体 /321

致　谢 /333

参考资料 /335

图片来源 /363

MEDIEVAL BODIES

引言

中世纪的身体

2003年，有一位巴黎卖家把一颗保存良好的人头出售给加拿大的私人收藏者，成交价格不详。这件事本身不足为奇。在医学珍奇与宝贵古董的热络国际市场上，人体遗骸的交易一直往来频繁，如同其他类型的历史文物。但是这项物件，也就是这块尸体，令人特别好奇。

它给人的第一印象相当生动。凝结于夸张的死后僵直状态，头颅从残存的双肩中往后仰，喉咙外露，嘴巴张开。脸部有一道裂口从额头中间往下延伸，把它翻转过来，我们看到它的颅骨被凿出了一个绕着头部的圆坑。头骨的顶部不见踪影，就像饼干罐没了盖子一样，里头的大脑遭到移除，只剩下萎缩的基部组织，以及平整的脊髓残束。

几位法国古生物病理学家组成团队，想要更加了解这具神秘的尸体，他们获得允许对遗骸进行更详细的检视。利用几项创新的医学考古学技术加以处理，关于死者的各种信息很快开始浮现。他们发现，这人是个男性，高加索人后裔，死于四十五岁左右。下巴和嘴唇上方长着红色短毛，表明他生前面带赭土色。经过几项扫描检查，专家确认他的头和肩膀是靠一种能够快速凝固的含汞金属蜡来保存的，这种蜡在他死后不久即被注入主动脉，使他

图 1 包含头与肩膀的尸体。2003 年在古董市场上售出。

的姿势固定下来，仿佛一件雕塑翻模作品。最有意思的是，放射性碳定年法估算出这人活在1200至1280年之间，也就是说，这是一具中世纪的身体。

对于像我这样的历史学家来说，这些发现不仅仅提供了古老遗骸的科学细节，更是一道充满诱惑、直接通往过去的大门。虽然我们知道这半具人体的性别、年龄，甚至是毛发颜色，但是他栩栩如生的遗骸仍然抛出了各种亟待回答的问题：他是谁？来自何处？他有什么故事？他是来自过去的提示，促使我们更深入地挖掘他生活的那个时代。探索中世纪的身体，在今天尤其重要，因为他们的年代仍遭受着许多误解。这几个世纪夹在古希腊或古罗马的盛世，和在欧洲文艺复兴中重生的古典世界之间，被视为停滞和隔绝的时期，这概念可以从它的各种名称中看出来："黑暗"时代，或"中世纪"（来自拉丁文的"medium aevum"，意思是"中间时期"）。这个时期往往由它本身以外的情形，亦即它不是什么来定义，而且我们看待中世纪的遗产时，无论是身体或诗歌，还是绘画或编年史，都倾向于突显负面的部分。我们将它们套用到该时期相传引人猜疑、且相当阴森恐怖的叙事中，认为那就是历史上那种令人不快的时刻，身处其中的人下场很可能是头颅被劈开，被注入金属蜡。

这种感受普遍存在。最近伦敦一间大型博物馆计划翻新中世纪与文艺复兴时期展厅，在他们进行的游客调查中，这一点便十分清楚地展现出来。他们请一部分参观民众设想自己分别回到这两个时代，先是文艺复兴时期，然后是中世纪，并说出自己认为周遭世界看起来是什么样子，或者可能会有什么感受。博物馆的逐字记录显示，对于文艺复兴的回应非常热烈。民众似乎发自内

心地感到满足,因为到处充斥令人兴奋的惊奇景象:

> 正午时,我在佛罗伦萨的河畔散步。气氛平和,我带着微笑。我是一位艺术家的模特儿,他正在雕塑圣母子像。

> 阳光闪耀,林间有一小片空地,还有一座湖。哲学气息浓厚,人们围坐成一圈,谈论政治和书籍。音乐飘来……我想停留其中,继续做梦。

听起来很美妙。但这些人在想象中世纪时,情形急转直下:

> 这里有士兵、农民、高耸的城堡、泥泞的低地……黑死病和瘟疫四处蔓延。现在正在下雨。人们饮蜂蜜酒到烂醉,然后斗殴。艺术家不受尊重。

> 我在地牢里,身穿土豆袋,现在是晚上。这里很冷,还有老鼠。有栏杆的窗户接着地板。我替你刚出生的孩子偷了一些土豆。

以下是常有的刻板印象:中世纪大约从 300 年延续至 1500 年,多数人民生存在电影《勇敢的心》(Braveheart)与《黑爵士一世》(Blackadder)之间的时代,那是普遍悲惨且无知的世界,人们的生活贫穷、邋遢得可怜,只能在躁动的黑暗处境下发动战争。这是一段虚耗的千年岁月。接受博物馆问卷调查的游客中,至少有一个人被这样的流行观点所影响，甚至到了扭曲人、事、物的历史定位的地步。他们幻想自己偷的土豆（想必不是饱满松软的烤土豆，而是硬邦邦的生冷土豆），其实要到16世纪70年代才从美洲传入欧洲，而到那时，这段所谓"黑暗"时代的黑暗应该早已消散。

这种印象的罪魁祸首为何，尚不清楚。从某些方面来说，贬低过去，似乎是我们希望如何看待现今生活的自然反射。为了显得开明和现代，我们需要黑暗和无知的过去当作推翻的目标。流行文化肯定大力采纳了这种观点，用来塑造悲惨受困于古老城堡的迪士尼公主的浪漫形象，或者《权力的游戏》（Game of Thrones）之类动辄露点的电视剧的冷酷暴力。昆汀·塔伦蒂诺（Quentin Tarantino）执导的1994年上映的神片《低俗小说》（Pulp Fiction）中，文·瑞姆斯（Ving Rhames）饰演的马沙准备让曾经绑架他的家伙血债血还时，对这个不幸的猎物撂下狠话："我要让你的屁眼尝尝中世纪的折磨！"这并非偶然。一提起那个时代，立刻唤起的是历史奇幻作品和恶毒的威胁。

回顾历史，认为中世纪是恶劣时代的观念，时有所见。19世纪维多利亚时代的人觉得阴森森的中世纪特别令人着迷，他们乐于扭曲过去，好满足自己对于新哥特式与恐怖事物的浮夸品味。这个想法还能追溯到更早以前，显现于启蒙运动思想家的文章之中。16世纪80年代，鄙弃中世纪的风气如此普遍，英格兰古文物家威廉·卡姆登（William Camden）在撰写一部不列颠大历史的综合性史书时，轻蔑地认为可以略过整段时期，这里只提供一两段文字为证，他说："我仅会带你们稍微领略中世纪，这个时代笼罩于无知的乌云之下，或说是相当浓密的大雾之中。"有些凄惨的是，中世纪思想家似乎是最早产生如下构想的人，认为他们的年代处于某种中间状态，卡在两个更光辉、更激动人心的历史时代之间。意大利作家弗朗切斯科·彼特拉克（Francesco Petrarca）从周遭观察到 14 世纪期间意大利文化价值的转移，并期盼这种转变或许能在接下来拖着中世纪的世界前进，于是怀着渴望与乐观的兴奋心情写道：

> 过去曾有一个更幸运的时代，或许未来还会再有；我们的时代处于中间，在这里可怜与可耻汇集……我的命运就是活在各种混乱的风暴之中。但是对你而言，若你活得比我长命，或许，如我所愿，将会有更好的时代来临。当黑暗消散之时，我们的后代能够重获往日的纯洁荣光。

这样看待中世纪时期的观点，无论始于何时，无疑是被曲解过的。从扭曲印象中揭露中世纪的真相，是我十多年来研究的一部分，而且正是这本书的核心。我们不能居高临下地面对这个看似遥远的时刻，只是为了让自己感觉良好。为了真正明白中世纪的所有方面，我们需要根据那个时代自身的条件加以理解。往后我们得要尽可能尝试，在那个法国人的半具身体被时光冻结之前，通过他去了解当时的生活，事实上，我们还将借助一整组不同的人物，——聚焦包括 6 世纪在拉韦纳（Ravenna）治疗病人的一位医师、12 世纪在阿塞拜疆（Azerbaijan）写下一部史诗的波斯诗人、15 世纪在伦敦东区缝制衣服的裁缝师，以及更多其他的人。我们需要超越夸张扭曲的描述，看看生活的基本细节。或者，以这本书来说，看看生命、死亡与艺术的细节。一旦这么做，我们总会发现在落后、泥泞的中世纪以外，还有另一种故事。

起点？

那么，中世纪生活的真实模样究竟为何？我们如何着手回答这个问题，端看我们想要了解漫长中世纪的何时何地，毕竟"中世纪"这三个字，囊括了悠久的时间，以及多元的人群、文化、宗教和地理。

一个如此辉煌且多样的时代难免有模糊的起点和充满争议的终点。我们可以把中世纪的时钟正式设定于罗马帝国灭亡后的476年（罗马帝国在之前几个世纪支配并统一了横跨欧、亚、非洲的广大领土），日耳曼国王奥多亚克（Odoacer）在那一年废黜西罗马帝国最后一位皇帝罗穆路斯二世（Romulus Augustulus），终结了帝国在欧洲的统治。但事实上，这个帝国已严重衰败了一段时间。我们无疑可以说5世纪早期就是中世纪（当时北欧部族经常越过莱茵河入侵意大利），甚或往前再推整整两个世纪（过度扩张的罗马帝国首次经历政局动荡和经济趋缓的时候）。然而，这些中世纪早期时刻特别难确定，由于缺乏真凭实据：少有完整的建筑或物品保留下来，文史资料甚至更少，考古记录也很罕见。于是，这本书的大部分内容必然针对有大量文献的中世纪后期叙事，至于这个时代的终点，资料也远算不上丰富，中世纪的正式句号同样难寻。跨往文艺复兴方向的步伐，并非在一夕之间完成。这样的观点、行动或艺术作品的转变，对于一些人来说代表正发生于14

世纪意大利的典范转移，却要到一个世纪之后，才在伦敦或塞维利亚（Seville）、突尼斯或耶路撒冷普遍风行。中世纪世界最早有自觉的评论者，例如彼特拉克这样的人，与16世纪文艺复兴重量级人物，像是米开朗琪罗、塞万提斯、马丁·路德的成就，中间大约相隔两百年，后面这些人却仍活在充斥着中世纪影响的世界。历史的变化，终究是与人有关的事情，并不会在瞬间同时横扫所有区域。

然而，不可否认的是，地中海沿岸各区拥有共同的古典传承，这使得他们的中世纪史紧密相连，而与同时期远东地区、印度、中国、撒哈拉以南的非洲地区、哥伦布发现之前的美洲发生的纷扰故事有所区隔。罗马帝国遗产的三种主要继承者脱颖而出，每一种都代表了我想尝试追溯的、体质不尽相同的中世纪身体。

首先是拜占庭帝国（Byzantium），这是说希腊语的基督教帝国，最强盛时领土涵盖希腊所在的巴尔干半岛、安纳托利亚、北非，以及黎凡特（Levant）的大部分区域。拜占庭人自认为是古希腊罗马的延续，而非继承者。他们的政府所在地君士坦丁堡是人口稠密的大都会，拥有精致的建筑，具有政治重要性，这座城市旧名为拜占庭（Byzantion），在330年成为罗马帝国双首都中的东都，当时君士坦丁大帝以自己的名字为其重新命名。接下来的拜占庭皇帝继承君士坦丁一脉相传的罗马血统，地位不可动摇，持续统治了几个世纪，虽然帝国的领土与影响力逐渐衰退，直至1453年的中世纪末期，君士坦丁堡落入奥斯曼土耳其人的手中，拜占庭人控制这座城市一千多年，终告结束。

其次是居住在西欧和中欧的中世纪民族，北起斯堪的纳维亚，南至意大利，其中一些就是推翻罗马帝国的人。有别于东边大一统的拜占庭帝国，这个区域分崩离析，从5世纪以来，疆界不停重新划分。权力在一连串冲突不断的文化群体之间转移，包括法兰克人、盎格鲁人、撒克逊人、凯尔特人、维京人、西哥特人、斯拉夫人、马扎尔人、伦巴第人、保加尔人、阿瓦尔人，这些人的国家靠着打胜仗，获得政治合法性，进行军事掠夺，积累国家财富。或许正因如此，他们的名称演变成带有贬义的现代语词：以"Barbarian"或"Vandal"为例，这两个字眼在中世纪是指真实存在的古代民族（而现代的意思分别是"野蛮人"和"破坏者"）。然而，撇开政治暴力，这些国家完全没有像人们在伦敦博物馆调查中联想的那样，到处是贫困的土豆小偷。这些政体与罗马教会结盟，得到支持，大约自9世纪起开始稳定下来，有意识地大力鼓励学习，并在征服来的罗马帝国沃土上深耕。到了中世纪末期，许多政体形成了复杂的民族国家，成为近代早期欧洲的基础，以此进一步在全球范围内开展了大规模殖民活动。

罗马帝国的第三种继承者或许最出乎意料，那就是伊斯兰世界。穆斯林出现于7世纪30年代荒凉的阿拉伯沙漠，显然在一开始与君士坦丁、恺撒或柏拉图所在地没有亲近的地缘关系。他们一旦把宗教与政治结合成一股力量，便开始急速扩张，大军迅速前进到拜占庭帝国及波斯帝国曾经掌控的领土，不过大约一个世纪之后，哈里发辖地（caliphate）囊括了伊比利亚半岛、北非，以及中东大部分地区，长驱直入到今日的阿富汗和巴基斯坦；哈里发辖地一词源自"khalifah"（خليفة），意思是继承者，用来称呼继先知穆罕默德之后的伊斯兰领袖。如同西欧一样，哈里发辖地并非一个统一体。内讧触发全面内战，导致中世纪出现几个互相竞争的伊斯兰国家。然而，与他们的基督教邻居不同的是，伊斯兰教被一种共同的语言——阿拉伯语组织起来，而以巴格达为中心的一场蓬勃的文学运动，将各文化的古籍大规模翻译成穆斯林通用的语言，由懂得不同语种的抄写员保留下来，涉及的语种繁多，包含希腊语、叙利亚语、波斯语、梵语、巴列维语（Pahlavi）。这个伊斯兰世界将与欧洲其他区域陷入紧张局面，这种情势几乎一直持续着，特别是欧洲人为了收复圣地耶路撒冷，1095年发动第一次十字军东征之后。然而，这些伊斯兰国家尤其在扩张的初期，通过包容不同宗教与人民而得以繁荣发展，并在整段时期与许多西方国家一直保持贸易、商业及文化交流的合作。无论我们认为中世纪开始或结束于何时，拜占庭、欧洲及伊斯兰的政治圈并非只有对立，仍保有良性的互动，而这正是理解中世纪的关键，让我们可以将这个时代视为一种具有连贯性的时刻，各种多元复杂的文化交织在一起，贯穿共同的地中海的过去。

你，回到一千年前

在以罗马帝国为一体的思维下，如果你或我穿越千年，从现在回到中世纪，会立即发现自己来到不可思议的地方，与我们的世界惊人地不同，却又奇异地熟悉。

最惊人之处，或许是明显的空空荡荡。从人口统计学来说，中世纪人口显然少得多：中世纪整个欧洲的人数，大约与今天的英国差不多。许多人住在小村落或城镇，这些地方就像是大规模农业经济的集合原动力，在缺少喷射飞机和高速公路的情形下，生活出奇地安静。同时，我们可能会拜访中世纪的开罗、巴黎、格拉纳达、威尼斯等大型市民中心，那里街道摩肩、市场繁忙，生活普遍紧凑，就像许多现代城市一样熙熙攘攘。当时最大型的城市人口可达五十万人以上，拥有精心设计的政治权力中心、多样化的行业，以及后来大学培养出来的知识精英。

宗教是我们在现代也能认识到的东西，然而宗教在中世纪生活的基础扮演更重要的角色，这种情况在今天大抵不复存在。这并不是说，从前每个人老是把基督教、伊斯兰教或犹太教挂在嘴边，如同讽刺漫画有时提到的那样。有一种比较贴切的比拟是，那就像是我们现在谈论和想到科学的方式。我们不会因为重力的存在而到处互相恭贺并觉得庆幸，也不会因为牛顿物理学防止我们从地表飘向太空而经常心怀感激且觉得敬畏。相反，科学是我们如何看待与了解这个世界，及其过去、现在、未来的基准。中世纪的世界观接纳诸如《圣经》的创世故事，或全能的神可能介入日常生活之类的宗教教义，但不一定会全心投入其中。

当然，即便我主张我们误解了中世纪，仍无法规避那是段艰难时期的事实。以现今的标准来看，到19世纪的现代之前，几乎每一个人都可说是活在极度贫穷的状态下。然而，中世纪人也知道，说到个人生活的景况时，我们皆受到命运摆布：我们的际遇有起有落。一件10世纪的西班牙文手抄本中，有一幅画的主角是罗马命运女神福尔图娜（Fortuna），她特别受到中世纪道德家的欢迎。美丽的命运女神戴着王冠，坐在宝座上，转动轮子，让一组人偶来回移动。在这幅华丽的图画中，有四位国王听命于福尔图娜，有些国王处于优势地位，其他则面临天翻地覆的状况。随着时光流转，每一位国王的命运以拉丁文标示在旁："regnabo"（我将掌王权）、"regno"（我掌王权）、"regnavi"（我曾掌王权）、"sum

图2 福尔图娜女神转动轮子，改变四位国王的命运及统治权。出自一份西哥德手抄本，该书由一位姓戈梅兹（Gomez）的抄写员缮写于914年的卡尔德尼亚（Cardeña），这幅图在11世纪被加入其中。

sine regno"（我失去王权）。不过，只要再转动轮柄，一切都会改变。机遇变化莫测，并非王室才会遭遇危机，这是所有日常生活的实际情形。正如英格兰诗人约翰·利德盖特（John Lydgate，约1370—1450）所述：

福尔图娜转动令人羡慕的顺序，
决定虚假无常的世间一切物事。
此世今生任谁也无法免受折磨，
过上没有战乱纷争的平静生活。
因为她盲目、善变，且又阴晴不定，
她操弄的过程变幻莫测也难凭。

显然，中世纪有赢家，也有输家。中世纪各文化的确大都层级判然，富人和穷人的界线由于财富和工作模式更加分明。在家乡或外地拥有土地的人，除了拥有对土地产物的财务控制权（这些产物包括羊毛、小麦、木材、奴隶、铁矿、毛皮、船舶），甚至还拥有对于靠这些土地谋生或劳动的人的政治控制权。这并不是说，中世纪的生活完全由皇帝和农民构成，这两群人是收入天差地别的两个极端，在他们之间的广泛范围涵盖各种人群，从忙碌的专业人士，到熟练的工匠以及力争上游的商人阶级。但一位国王仍然理应享有舒适的环境与丰盛的饮食，因此平均寿命比在王家土地上工作的人长了许多，那些工人挣死挣活才能活到四十岁。富裕贵族的女儿可能在家中接受完整的教育，而工人阶级的同龄女孩不大可能会读书写字。显赫地主的儿子可能通过家族人脉，顺利进入政坛的统治阶层或者财力雄厚的宗教机构，而农夫的儿子大概只能在田里辛苦耕种一辈子。如果在今天，位于命运之轮两头的两群人，生活标准也可能会有霄壤之别。

荒谬与恶心

中世纪男女的身体当然各不相同,但没有哪个人的与我们现代人的身体迥然相异。有别于刻板印象,中世纪人的体型不见得比我们小许多。最近有一项考古研究,探究埋在林肯郡(Lincolnshire)一处小型乡村教区的一组骨骸,这些时间跨度从中世纪到维多利亚时代之间约九百年的人,身高几乎没什么差别,男性平均身高为五英尺七英寸[1],女性平均为五英尺三英寸[2]。这些人并非全是缺牙、跛脚或长年生病的。他们诚然缺乏现代的传染病知识以应对像是黑死病这样的重大疾病。黑死病是由细菌造成的流行病,扩散速度快,在14世纪40年代毁灭了全球四分之一的人口。不过,他们呼吸的空气及摄取的食物不含现代化学品与污染物,可能比我们的空气和食物对健康更有好处。

然而,显著的不同点在于中世纪人对于人体如何运作的想法。整体来说,中世纪的生物学和医学观念往往会引发现代人的两种反应。其一是感到荒谬。现存的中世纪资料提及,让身体经历各种奇怪现象来治愈病痛,其中许多执迷不化的情形看似奇特滑稽:利用新鲜牛粪改善泪管问题;混合醋与蜂蜜,涂在头上预防秃头;行房后把胡椒塞入阴道,当作避孕措施。但是,对其蒙昧的取笑很快就转变成对古法的一种本能不适,甚至是恶心。在中世纪,头痛的治疗方法可能是在脖子上刺出洞来,让身体放出几品脱的血液;公猪胆汁与可能致命的毒芹(hemlock)可以被用来调制成

---

1 约 1.7 米。
2 约 1.6 米。

麻醉药物；以热得火红的金属棒在体表烫出几个伤痕被认为能够缓解一系列疾病。从现代的进步观点来看，这些"疗法"比无效还糟糕，根本是折磨。

想要了解中世纪的身体，真正的困难是：身体的主人在中世纪想象身体，运用的是目前被证实大错特错的荒谬理论，不过这些在当时似乎是最生动、最合乎逻辑的理论。我们现在把自己的身体看成是相对封闭和自足的循环系统，我们的皮肤是体内与体外的清楚界线。但是，中世纪的观念认为人体是一套更为开放的、有孔洞的器官与系统。因此，理解这世界在身体周遭的运转，对于理解身体内在非常重要。更早的希腊罗马时代的自然哲学家与理论家，把自然由四种基本元素组成的观念传给中世纪的思想家，这四种元素是火、水、风、土，它们的配置影响万物的外观与内在特性。每一种元素还会结合两种基本性质，那就是干湿和冷热：火的属性是热和干，水是湿且冷，土是干与冷，风是热及湿。与这些元素相关的物质也会包含它们固有的性质，而且为直接反映周遭自然环境，中世纪的身体应该含有四种相对应的浓稠液体，也就是四种体液：血液、黏液、黄胆汁及黑胆汁。一个人的体质由这些内在生命物质的平衡状态来决定，每一种物质可以分别回溯到特定的元素。

这种生物系统或许没有乍看之下那么抽象。有些想法如今仍存在于我们对于健康的概念之中：我们觉得身体怪怪的、快要生病时，常会说身体"不太对劲"或者"有一点失衡"，就像是身体这部机器没有调整到应有的状态。但是在中世纪的时候，体液学说不仅更体系化些，而且后果可能比现代所说的不适更严重。体液失调能够使人陷入重病，甚至死亡。中世纪许多医师的首要任

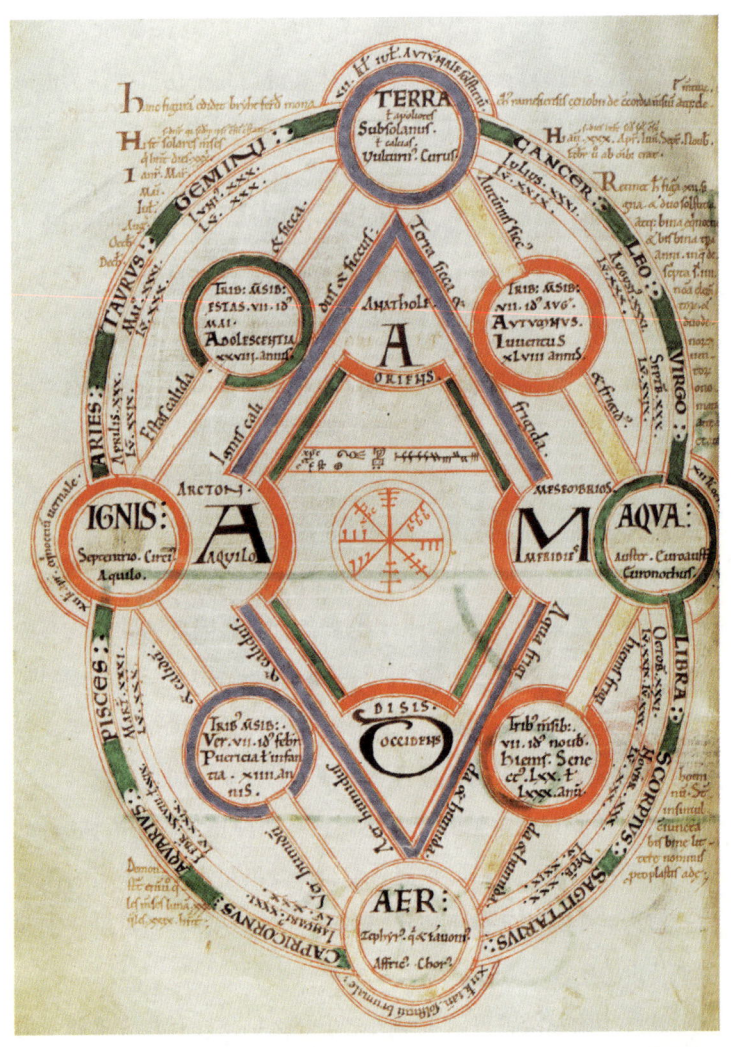

图3 这幅图展示了中世纪对于世界的宏观看法，即世界就其根本而言是相互交缠的。图中概括描绘出四元素土（Terra）、水（Aqua）、风（Aer）、火（Ignis），与月份、黄道十二宫、风、月亮周期、人的年龄之间的对应关系。四个基本方位的拉丁文首字母可以拼出"ADAM"（亚当）这个名字，也就是说人类位于这幅环环相扣的图像的中心。出自12世纪10年代的手抄本《索尼计算表册》（*Thorney Computus*）。

务，是通过各种稳定疗法，来避免或矫正有害于身体的体液失衡。过剩的体液可以通过净化身体被抽出，精心调配的处方可能会用到烤制的干燥植物根及香料，或者清凉解热的药草和药膏，借由它们的天然性质，让病人恢复到平衡的健康状态。

这种观念不仅限于药物。中世纪医学思想的广博架构采纳了人与自然相连的逻辑，而且推到极致。一年各时节能够带来自然的影响，使人体的平衡产生转变，而每个季节与特定元素有关：风对应春天，火对应夏天，土对应秋天，水对应冬天。人体随着时间的发展，与元素变化也形影不离，从幼年到老年的不同阶段，据称身体会愈来愈冷，体液的基础也会转变。甚至连占星术中围绕地球运转的星星与行星也被牵扯进这个大型的人类中心系统里，从摩羯座和水瓶座，到月亮及木星，这些天体都能掌控人类的敏感组成。难怪中世纪的思想家会在手抄本的页面上构思出这种人类与世界交织的景象，画出这种密布各种关系与联结的美丽网络。了解身体，是理解整个宇宙之意义的一种尝试。

诞生于这种思维的医学领域，显然看起来和体验起来与现代医学非常不同，现代医学以实验和试错的临床原理为基础。这些体系很大程度建立在一种有深刻理论承袭的传统上，因此中世纪实践的许多范畴中，由来已久的文字记载发挥了重要作用。治疗方法背后那些看似抽象的理论，由多个世纪以来，围绕古代和近期作者的作品——一代代学者遵循严格的内部逻辑，抄写、编辑、综合、评注、再抄写成一系列指导整个医学领域及各专科的文章——的论述和辩论支撑。这些文本地位备受尊崇，以至于医者重视它们胜过对中世纪的身体的实际观察。某种程度上，这可以解释，为什么有人可以持续使用牛粪、猪胆汁，或接受放血。这场医学运动的范式是始终如一地贯彻博学先人的医学，而非创新，即使某一特定疗法似乎有问题或无效（他们必定偶尔会遇到）。为了从中世纪的身体找出新途径，需要推翻几个世纪以来的思维。这方面的变革只能随重大科学革命而至，而且不会太快来临。体液学说由于中世纪的评注而有所改变，且一直延续至18世纪，成为医疗实践的中坚思想。

历史与治疗者

中世纪的男男女女身体开始衰退时，他们会去找谁？虽然这本书前前后后提到许多治疗者，但要好好弄清楚栖身于／构成这个医学世界的不同治疗者，则有点棘手。大多数治疗者只在历史记录中留下些微足迹，我们通常只能对着留在书页边缘的名字、医院遗址挖出来的地基，或仅仅刻着"medius"（拉丁文的"医师"）的墓碑碎块陷入沉思，去琢磨那些人的身份。

但是我们确实知道，如同更早的罗马时代，中世纪早期并没有国家管理的医师资格系统，想当专业的医师没有既定途径或预期该具备的背景，但当地学校或机构小组有传授形式灵活的医学课程，有些地区因医疗技术强大而名扬国际。自8世纪开始，中东的伊斯兰城市名列重要的医学中心，他们从中国和印度传统输入亚洲思想，让阿拉伯文保存的欧洲经典更加丰富，这种能力尤其令他们闻名。巴格达、大马士革、开罗的专家建立起极其详尽且复杂的医学文献体系，并发展出外科与制药的各式新方法。

这些城市的富裕精英阶级也是第一批被慈善捐赠观念打动

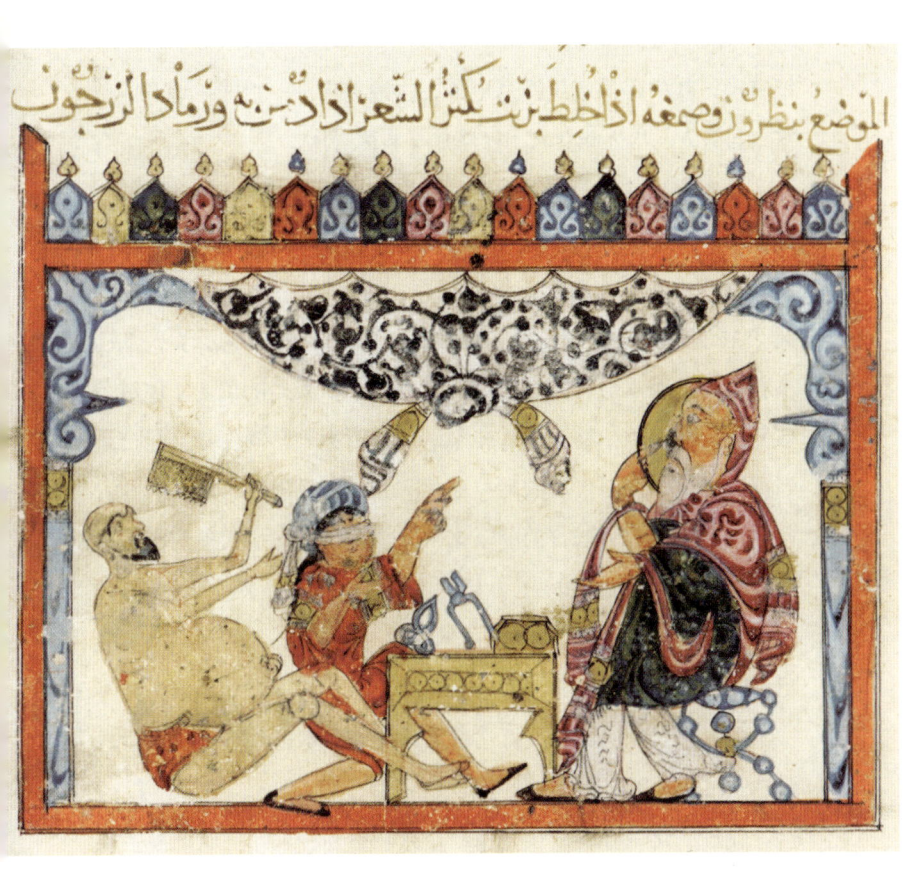

图 4 坐在右边的医师正在对两位病人说话,一位病人眼睛包着绷带,另一位肚子鼓胀如球。出自 1 世纪的希腊医师狄奥斯科里得斯(Dioscorides)所著的一本药理学教科书,该书在 1224 年的巴格达被译为阿拉伯文。

的人,资助设立了最早的大型医疗院所。它们被称为"病坊"(bimaristan,بیمارستان),规模可以很大,内部有完整的分科病房,并结合配套服务,例如澡堂、图书馆及教学设施。大约 981 年,白益(Buyid)王朝的阿杜德·道莱('Adud al-Dawlah)君王在巴格达建立了一座病坊,一名游客夸张地形容,其壮观宏伟可媲美大型宫殿，其中美丽建筑罗列成群，占地宽广，一视同仁地开放给富人与穷人、男人和女人、穆斯林及非穆斯林。

这些说阿拉伯语的医学专家影响范围相当惊人，往西延伸到北非的伊斯兰世界，直到西班牙南部，而欧洲其他地区的从业者能够在西方和中东文化交界处行医，这使他们获益良多。例如，到了11世纪，意大利南方的萨莱诺（Salerno），无论男女，都已享有杰出的医学声誉。当地的医疗归功于萨莱诺的位置，那里是多元文化的熔炉，结合本笃会隐修院的财力与学问，并且能接触到穆斯林占据西西里后的阿拉伯思想家，以及附近希腊语区的古典遗产。使用多种语言的萨莱诺，医疗水平显然令人信服，一些富裕的主顾愿意长途跋涉，从四面八方过来，寻求圣手的治疗。10世纪80年代，有一位名叫阿达尔贝罗（Adalbero）的凡尔登主教记录了自己耗费巨资跨越大陆的远征，他从法国东北部的教区出发，翻过阿尔卑斯山脉，抵达萨莱诺，冒险走过危机四伏的漫长路途，只为了寻求更好的痊愈机会。

经过文化融合的医学就像经过异花授粉一般，在欧洲稳定地开花结果，后来第一批大学的创设更加巩固了医学发展。这些大学从11世纪起成立于博洛尼亚（Bologna）、巴黎、牛津、剑桥、蒙彼利埃（Montpellier）、帕多瓦（Padua）等地。受过大学训练的医师得到鼓励，可以慢慢累积尽可能多样化的广博知识，而非只专精某一医学领域。当中最好的学生能像百科全书一样，论述人体疗法的许多方面，特别是那些出自文本的知识，如同其他更受欢迎的学科（像是法律或神学）一样。但是这些医师本身不算多样化，大学只收男学生，而且是品德与血统良好的男性，期望他们认同以宗教惯例为主的道德与智识标准，同时还要有雄厚财力支持他们的学业。不过,当遇到一般的病人时,这种精英式、高学术型的理论医学不一定能立即派上用场:很难想象,一位头上鲜血直冒或正受高烧之苦的病人,还会欣赏引自希波克拉底(Hippocrates)的《誓言》(*Aphorisms*)、侯奈因·伊本·伊斯哈格(Hunayn ibn Ishaq)的《导论》(*Isagoge*)或盖伦(Galen)的《论呼吸之效用》(*On the Utility of Breathing*)当中的一长串拉丁文句子。现实生活中,这样的大学高级专业人士不太可能是多数民众求医的首选,这些人物相当于医学界的冰山一角,是一小撮受过良好教育的富家子弟,他们的精英气质与高昂收费使他们只服务于中世纪社会的上流阶层。

相较而言,中世纪多数人会向更广泛意义上的治疗者寻求医疗,这些治疗者有时给归类在"经验派医师"(empiric)底下,包括外科医师、助产士、药剂师、理发师、牙医,都被视为实事求是的工匠。虽然经验派医师的工作奠基于同样的概念——身体建立于平衡的体液之上,这些体液的流动与周遭环境合而为一——但他们与大学同侪的显著差异就在于把理解付诸实现。他们的专业并非从课堂学来的,而是在工作坊或现场当学徒,从经验丰富的师父那里习得,如同年轻木匠、屠夫、陶工或其他技工一样。他们多半不会读写,但晓得手艺与学术方面的知识。外科医师学徒必须跟在师父身旁,仔细观看手术刀划过皮肤,以及敷药膏和复杂包扎的细微技巧,或者学习适时巧妙地在细微之处展现专业的临床态度,以减缓病人的焦虑。学院派医师的知识被高尚的拉丁文守护着,存放在专属于图书馆里的羊皮纸上;经验派医师则把专业秘密限制在家族网络与同业公会中,以保护营生之道。这些组织能发展成强大的社会制度。在巴黎或佛罗伦萨这些大城市中,医学工会负责视察会员的执业情形,同时也捍卫他们的福利,还会协助年老或久病的医匠,监督地方政府,并且在节庆时用歌声与横幅把整个城镇装饰得缤纷多彩。但无论是学院派医师还是经验派医师,都不一定会在这些主要的中心地区执业一辈子,许多人像15世纪的法国外科医师让·吉斯帕登(Jean Gispaden)一样云游各地,给更多顾客提供治疗。我们通过吉斯帕登留下来的一本笔记本得知了他的事迹,其磨损的窄页上记录着他行医的各种细节,甚至有一些外科器械的精细线描图。这些手术刀、钳子、镊子,以及其

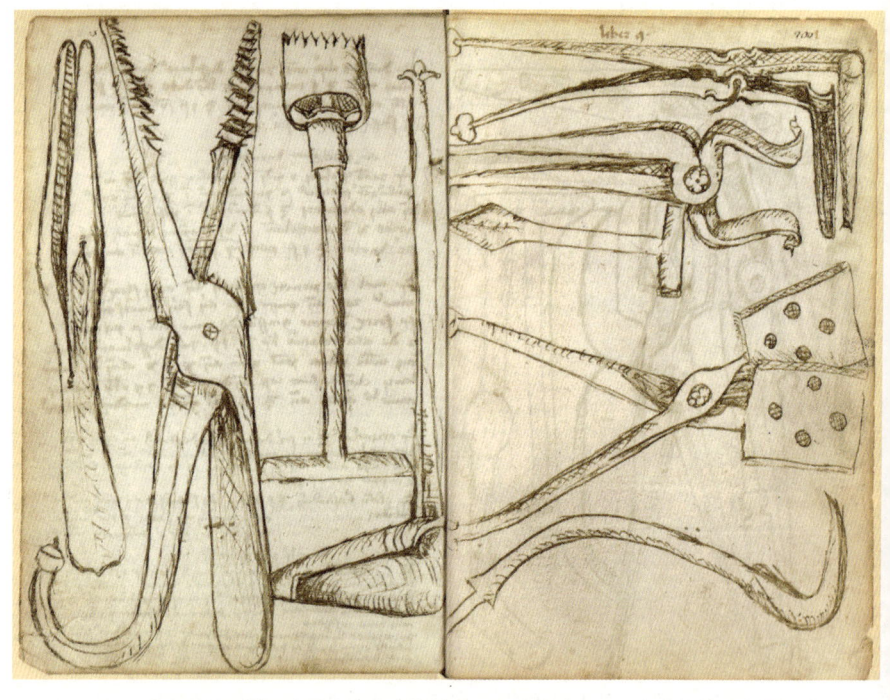

图5　15世纪云游四方的治疗者吉斯帕登所画的外科工具。出自其笔记本的后面几页。

24　中世纪的身体

他看起来很吓人的器械,随着他四处旅行动手术。他的足迹遍及西阿尔卑斯山脉大部分区域,展现了高超医术,以专业训练及声誉换取了可能颇为可观的费用。

然而,随着变化,这些不同类型的治疗者之间产生了分歧。大学书本的学问带来的名与利,胜过外科医师和其他经验派医师在真人身上实际动刀所能得到的。在某些中心地区,这两群人关系良好,运用他们并行不悖的专业知识一起治疗病人。但是在别处,他们似乎各据一方,甚至在社会上处于严重对立的领域。即便到了今日,现代医学的用词仍反映出中世纪时难以调和的差异:外科医师依然较常使用"Mr."这个称谓,而较少用"Dr.",这就等于承认他们的职业起源于动手实作的工艺,而不属于学术大学的医学范畴。

民众与风俗

经常去看这些不同类型的医学专家的病人,其背景也各不相同。不可避免地,我们对于有钱人的了解较多,毕竟有大量的账本记录了他们花在看病上的大笔费用。英格兰国王爱德华二世(Edward II, 1284—1327)为了让王室与宫廷成员获得照料,聘雇了至少十二位医师和外科医师组成国际团队,并提供给每一位珍贵的药材、衣物、仆人、优渥日薪、马匹(加上干草)。附有图解的豪华健康书籍要价不菲,尤其受到意大利和法国贵族圈的欢迎,也使我们得以进一步地了解这群特殊的出资人阶层。那些搜集医疗方法用材的医师、病人与研究者,其手抄本中塞满了镀金的大型插图,把他们那个时代的药材装点得华美绮丽。他们给的建议通常是:昂贵的药物、停止胡思乱想、安静舒适的环境、大量新鲜空气,这些疗法针对的读者显然不是每天受困于操劳生活的下层阶级。

我们仍可以根据各种医疗专业人士流传下来的记录,至少尝试描绘出平凡病人的部分面貌。13世纪的医师塔代奥·阿尔德罗蒂(Taddeo Alderotti)是博洛尼亚大学的医学教授,他的笔记本记录了到各家各户的出诊,从威尼斯总督的宏伟官邸,到遍及北意大利许多城镇的更多来自本地的低层客户。像阿尔德罗蒂这些行医者会客制化疗法,以适合客户的口袋深浅,他们为富裕客户调配含珍贵香料与矿物的高价处方,对没那么有钱的人则提供常见材料制成的平易药物。对于公共卫生的日益关注也提升了穷人的健康,欧洲及中东许多城市的地方官员在中世纪后期开始管控公共卫生。城市中建立起各种基础设施,包括定期处理废弃物、清扫街道正规化,以及淡水供应系统,同时食品质量受到愈来愈严格的监督。如果你居住在某些地方,可能还能获得免费的医疗照顾,由国家支付费用,这样确保有迫切需要的人起码能得到少许医疗。出身较贫穷及一般的病人是最不可能载入史册的,除非遇到外科医师搞砸手术,或者被不可靠的药剂师误毒的情形,也就是说他们主要出现于当时常见的医疗诉讼文件之中。甚至在大型公立医院通常保存完好的记录里,我们也往往只能得知下层阶级的病人给安置于长形病房中,两人挤一张床,在最终的日子里等待得到安抚。

然而,在这种医疗角力场上,给予每个人平等待遇的是宗教。无论病人是谁,在哪里受到照料,中世纪几乎每个人都秉持着这样的强烈信念：身体健康与心灵安适有直接的关系。对大多数中世纪欧洲基督徒，以及北非和中东伊斯兰族群来说，疾病可以理解为由意外、攻击或体液不平衡造成，但也可能是根源更深的罪孽表现出来的症状。把人体与自然世界结合起来的医学，与主张有一位全知的终极造物主的宗教教义完美契合，这位造物主创造出人类作为宽广宇宙的中心要素。基督的教义明确认定，根据神谕，疾病乃世间男女堕落之后必须承担的众多重担之一。犹太教与伊斯兰教的观点也是如此，生病源于不良的生活，瘟疫被视为上天对人类大肆放纵淫乱的惩罚。

图 6　用来治病的魔法铜碗，碗内刻有《古兰经》字句及迷信的图案。制作于约 1200 年的叙利亚。

然而，宗教不仅在医学领域带来绝望，也带来希望。如同上天怪罪降下某些威力惊人的疾病一样，同样强大的奇迹疗法始终可能存在。相信精神上的道德与尘世健康相连，使得中世纪的医疗与古老的实用民俗方法及迷信法术密不可分。例如，伊斯兰世界的阿拉米人（Aramean）通过饮用仪式掌握神力的古老法术持续流传于中世纪，促使人们制造一系列带有迷信疗效的铜碗。这种碗的内面刻着一圈圈的说明，指示病人根据所需的疗效，把带有不同味道、不同温度的液体注入其中。有一只制作于约1200年的铜碗，现存于哥本哈根的大卫收藏博物馆（David Collection），其中刻着《古兰经》中祝福生产顺利的诗句，结合带有神奇数字的圆形和方形，以及有毒动物的图案，或许是为了避免突然的或不可预见的死亡。人们认为，喝下这种容器里的水，便可以治好病痛，驱散未来的疾病，接触到刻在碗面的经文和图案的液体会具有预防疾病的能力。

几乎所有病人都认为，寻求宗教的干预，与平衡体液的药草一样有效，在主流医学专著的书页上，祈祷文通常出现在药物旁边。如同叙利亚铜碗，接近神圣或吉祥的文字就能治疗疾病，这种概念在犹太教或基督教的文化中也很盛行。写有神名、圣人之名或者充满希望的短诗歌名的羊皮纸片可以当作护身符，病人有时候为了得到护佑或者加速康复，会把这种羊皮纸片戴在脖子上，甚至吞下肚去。进行一趟朝圣之旅，去参谒并亲历圣地或珍贵遗迹，效果可能相当。还有更直接的奇迹式疗法，那就是从装饰华美的圣人棺材下爬过，或者睡在圣地，这或许能获得神灵的垂怜，为身体带来即时的帮助。像这样由上天赐予的治疗是一种交易。在地上行善可能换来立即康复，朝圣的人通常会在神龛留下金钱、蜡烛或者生病部位的蜡像，希望能通过神灵的安排得到好处。然而除了奇迹，宗教机构通常也是日常照护的关键。在较小的社区中，拉比、神父、伊玛目身兼当地的治疗者，即使他们的知识有限；此外，强调学习和慈善，是中世纪修道院的两大重要信念，修士团体也普遍拥有医学专家的声誉。比起纯粹迷信的行为，宗教治疗更为复杂且更人道，与世俗的体液理论相辅相成，为痛苦的人提供身体与精神上的慰藉。

文字之外

这里简要概述了本书准备探讨的中世纪的身体的粗略轮廓。中世纪的医学承袭了古典世界为理解健康在理论及实务方面都高度发展的架构，但也在社会文化和宗教上建立起了自己独特而密集的阶层，其中有许多行医者和病人想获得注意而积极竞争。开头提到有红色毛发的半具尸体，到底在这么广泛的范围中定位为何，仍有待了解。或许不断发展的技术很快会提供新的方法，来检视这具被留下来的躯体，甚至更仔细追查他独特人生的更多痕迹。他所处的时代远非无法穿透的历史迷雾，反倒特别拥有许多关于人类形体及如何照顾人体的惊奇概念。

事实上，我认为我们能够把这些中世纪的身体做更进一步的推展。它们不仅是中世纪民众生存的核心，是一种有可塑性的整体，受疾病和健康来回摆荡周期的影响；它们还是很强的隐喻，是一种具创造性的身体，治疗者、作家、工匠都能够用它指代几乎任何事物，从形而上的永恒的救赎之地，到季节交替与行星循环的神秘计划。因此我们探究这种实体的途径必定是广泛多样的，有多种模式的各层面证据横跨一千年之中的大部分时期。我们将翔实解释博学作者所写的医学教科书，并且爬梳医师的叙述和机构的记录。我们将思考中世纪各种人在诗作或祈祷文中对疾病或痊愈的抒情回应。但是，我们也会关注视觉层面。自中世纪流传下来的艺术品与物品是另一种具说服力的材料，传达出如何看待和理解人类身体的丰富想法。在那个没有写日记习惯的年代，个人观点寥寥无几，当文字沉寂之时，图像提供了有力的切入点，而且带着特殊的情感和力量。尽管我们能够从外科论文或医院账本读到事实和数据，但我们通过欣赏雕刻出来的虔诚信徒脸庞，他那因为身体奇迹般复原——得益于圣人有疗愈能力的触摸——而展露出的微笑，也许能获得一些直观的认识。健康的含义与这些艺术品完全和谐地交相融合。

经历了出生、沐浴、装扮、被爱、割伤、挫伤、皮开肉绽、埋葬，甚至死而复生，中世纪的身体，是我们了解过去日常生活重点的途径。在接下来的一章，我想沿用与中世纪思想家相同的思路，重新思考身体。当中世纪的医学作者坐在桌前，记录自己日渐累积的治疗方法时，他们通常选择身体原有的架构当作体裁，呈现从头到脚的医疗，自秃头和脑袋，往下到扭伤的脚踝及脚趾头的碎骨。接下来的章节就按这种方式逐一拆解身体：头、感官、皮肤、骨头、心脏、血液、手、腹部、生殖器，最后是脚。借由依次具体描述这些解剖结构，我们能够建构中世纪的身体的写照，这不只是各部分的总和，还包含那个时代对于生与死、痛与美的态度。这就是最广泛意义上的人体，是探索中世纪生活各方面的起点。头导引至思想，皮肤至服装，骨头至埋葬习俗，脚至旅行。

图 7 萨布朗的圣埃尔泽阿（Saint Elzéar of Sabran）治疗三位麻风病人的大理石雕像。埃尔泽阿是方济各会修士及神秘主义者，他的触摸具有治疗能力，因此他才获得这个名字，源自《圣经》中奇迹复活的拉撒路（Lazarus）。在这个场景中，他正在医治三名充满喜悦的麻风病人，他们脸上布满的圆形肿块是该病的典型症状。完成于约 1373 年，装饰在法国南方阿普特镇（Apt）的埃尔泽阿坟墓基部。

一旦我们从久远"黑暗"时代的束缚中解脱出来,便能够开始看到,过去那些人体的生活离我们并没有非常遥远。中世纪雄伟教堂的骨架结构仍然屹立在我们城市的中心。圣人遭解剖的骨头保存在世界各地博物馆及展览馆的文物和圣髑盒中。过去的解剖学术语还潜藏于现代语言的核心。中世纪的身体并未随着死后埋葬而消逝,它们依然活跃于今日。

HEAD

I

头

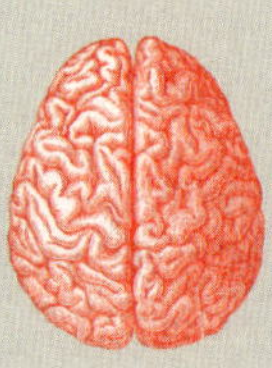

中世纪时期，在已知世界的边陲，住着一个没有头的部族。没有头似乎不会造成他们的困扰，他们既不聋也不哑更不瞎。只是，他们的脸嵌在胸膛。眼睛、鼻子、嘴巴从胸骨长出来，耳朵往前移，从腋窝凸出来。

这个部族称为"无头人"（Blemmyae），最早出现在罗马作者的文字里，这些作者认为，在当时记录最少的广袤非洲，传说其东北边缘住着一大群怪物，无头人是其中一种。中世纪作者同样为这群人着迷，跨越整段中世纪时期，无头人的神话民族志被增添了层层细节。1000 年前后，有一本古英文的手抄本将他们描述成"八英尺[1]高、八英尺宽"（eahta fota lange ond eahta fota brade）的庞然大物。后来到了 12 世纪，神学作者讨论到传说中无头人具有可怕的摄食习性，认定他们是食人族，会吞食误入歧途的流浪汉。到了 1400 至 1410 年之间，一系列关于亚历山大大帝的传奇游历史叙述了这位古代皇帝遭遇到一支丑陋的部族，提到无头人的胡子从腹股沟长出来，最长可达脚踝。

这段时期，外形魁梧的无头人不仅出现在中世纪作品的文字

---

[1] 约 2.4 米。

图 8 非洲无头人。出自装饰精美的祈祷书《拉特兰诗篇》(Rutland Psalter)，该书制作于 1260 年左右的英格兰。

描述中，也被绘制在页缘。特别是地图，中世纪的地图不仅包含精确制图学的文件，通常还牵涉到图解历史与神话，地图显示出这些无头怪物聚集在北非海岸，伴随着一些奇形怪状的异类。像是大耳人（Panotii），他们的耳朵超级大，像外套一般裹着身体；犬头人（Cynocephali）有人类的躯体，却长着凶恶的狗头；伞足人（Sciopodes）只有一只巨大的脚，这只脚让他们能快速跳跃，也为他们遮阴，遮挡沙漠的烈日，当他们躺下时，会把脚举到头顶，像撑着高贵的阳伞。这些不同类型的似人怪物看起来有点滑稽，因此常常被安插在当时的书籍中增加趣味，于是他们在各种关键情节，变成生动的插画出现在书页边缘，有时候甚至在怪物大战中互相敌对。有一本现存于大英图书馆的英文祈祷书，在最后几行文字的下方，画有一个无头人与另一个有翅膀的怪物对峙，后者正栖息于手绘边框的花饰底座上。无头人手持十字弓和棍棒，指向光鲜亮丽的对手，自己却几乎光溜溜，身上只缠着腰布，挂着一袋箭，他带着迷惘表情的逼真面容，牢牢嵌在躯干上。

我们不禁怀疑，相当明智的中世纪人是否真心相信如此独特奇异的部族确实存在。在没有任何大众传播的世界中，而且跨洲旅行既昂贵又危险，谁能知道世界的边缘潜藏着什么？在缺乏证据的情形下，过去许多人确实认为这些怪物是想象出来的。然而对于这些受欢迎的古老传说，以及当时前往遥远异国旅途中的奇闻，还是有人信以为真，那些传闻能合理解释地球之大。即便到了今天，现代的交通与科技如此发达，我们的知识仍可能在边缘模糊不清，好比说，有些人认为我们会在太阳系外遇到小绿人，这种小绿人被人类的一时兴起主导，就像塑造中世纪怪物部族一样，完全不受科学事实的干涉。无头人位于中世纪身体的现实与虚构交会处，我们看到更多的是民众的想象力，也就是他们的渴望、幻想及恐惧，而较少看到关于前现代非洲的真实情况。

这些怪物也反映出中世纪对于"正常"身体应该是什么样子，有更广泛的想法。例如，把怪物与14世纪意大利著名医师蒙迪诺·德柳齐（Mondino dei Liuzzi）所提出关于男性和女性的身体的叙述做对照。蒙迪诺是中世纪最早写下人类解剖细节的作者，而解剖在当时还不是主流医疗科学发现的一部分。1316年，他在博洛尼亚大学教书时，完成了《解剖学》（*Anothomia*）一书，里面概述了源自希腊、罗马及阿拉伯典籍的各种解剖理论，在他死后一个多世纪里成为发行最多册的重要医学书籍。他写道：

> 我们应该知道，人与禽兽有哪些方面的差异……我们注意到，人类有直立的身形……由于人类身体是由轻巧、透气的物质组成的，而且在所有动物中是最轻的。因此人体总是尽可能地向上生长……人类拥有最完美的形态，与天使和支配宇宙的智慧者一样。所以他判断是非的能力都位于身体的上半部……他是直立的，因此明白事理。

蒙迪诺在此透彻地表达了中世纪关于身体的两种基本概念。首先，他主张，人类的强大力量来自他们向上的性质，也就是挺直耸立的姿势。人类通过双脚站立、身体指向天空的独特姿势，确实能俯瞰动物界的其他成员。其他医学作者又根据这种想法，将身体分区来排序，从污秽的下部到高尚的顶部，这些区域在后面几章都会遇到。第四区排在最后，而且位于最底部，包含生殖器和肛门等被列为禁忌的器官。第三区是诡变多端的腹部，重要又免不了困扰——常常无法控制地咕噜作响及打嗝。第二区是胸腔，里面装了各种维生器官，包括关键的心脏。然而居身体首位的是头颅，当中的大脑以及许多灵敏的感觉器官，将人类推上中世纪宇宙之王的地位。顺着这种极致的直立思维，我们能够看出为什么无头人的脸长在哪个位置对中世纪人是如此重要。无头人的脸嵌在胸膛，而不是高傲地长在头上，标示出这个部族明显异于人类：他们是体格低劣的畸形生物，少了身体最首要的那四分之一。

蒙迪诺提到的第二项重要特质——人类的"完美形态"，对怪物的身体而言，是更大的中伤。蒙迪诺在此遵循《创世记》的文字叙述，亚当是上帝按照自己的形象用尘土塑造出来的，这也反映出当时欧洲以宗教为上的心态。人类的身体是全知全能的神的投射。这种完美的身体，如同蒙迪诺所说的，"与天使"一样，因此也是拥有道德和灵性的良好身体的典范。这么说来，由于无头人看起来和正常人如此截然不同，他们不仅在解剖学构造上出差错，而且道德上也有问题。果不其然，中世纪作者热衷于强调这些想象中的边缘族群过着恶劣的生活，天生没有与神相似的肉体特质，这成为他们带有暴力好战倾向，以及缺乏行为理解能力的理由。最重要的是，"无头"显现出其根深蒂固的罪孽，尤其是带有违背基督教的意味。

健脑药方

虱草

墙草根

鼠尾草叶

海索草叶

藿香

姜

黑胡椒

长芥子荚

肉豆蔻

南姜

丁香

荜澄茄

明矾

甘草粉

先将所有材料磨碎后存放，需要时与醋混合，用来漱口。

这份 14 世纪的英格兰配方是典型的中世纪复方药物，混合辛辣的植物根、草药和香料而成，开立药方的作者宣称可以治疗各种头痛并"净化大脑"。这到底代表什么意思，没人清楚。这些成分调在一起可能得以处理头脑中特定的体液失调问题，或许也被当成兴奋剂来刺激思维运作。不管是哪一种方式，即便中世纪人对于脑的实际作用所知甚少，但仍认为它是人体中最重要的器官之一，负责掌控人类的智力和运动。

然而，当时人们都不认为这些功能是全身器官协调作用的结果。要等到之后几个世纪的科技大跃进，人们才能彻底探索解析神经系统、消化系统、循环系统的细微差别。他们相信，运动、思想与记忆的行使与发挥，是由个人的灵魂所控制。至少在某种程度上，这是一种抽象的精神力量，直到现在我们仍然将它跟"灵魂"（soul）这个字眼连在一起，但是古时候的作者也说到，灵魂确实存在于身体里，通过感知的方式展现出个人意志的不同方面。柏拉图是最早大力主张这种观点的人之一，他在公元前 4 世纪写下，对于充满生命力的灵魂而言，其最重要的理性部分就在脑中。后来的思想家接受这种想法，包括深孚众望的罗马医师盖伦（Galen，约 129—216）和颇具影响力的医学家兼典籍编撰者伊本·西那（Abu 'Ali al-Husayn ibn Sina，约 980—1037），后者在西方被称为"阿维森纳"（Avicenna）。后来的中世纪作者也很认同，脑是认知的中心，是智慧与理智的主要器官。

有一部现存于剑桥大学图书馆的 13 世纪百科全书,其中一幅画展现了运作中的脑,完成的时代大约和英格兰祈祷书中页缘的那幅无头人战斗画一样。它是一幅简化图,这类插图有时候会出现在复杂的理论教科书中。这是一幅蓄须男子的半身像,我们在他头颅中看到的并非一团带着纹理的逼真灰质,而是由黑色和红色墨水画成的线条与圆形,它们交织组成图解,引导读者浏览大脑的繁杂构造。这幅图重在描绘思考的过程,对于呈现"脑"这团物体不那么有兴趣,中世纪的理论认为思考过程是发生于脑中一系列区域,也就是"小室"(cell)的活动。

这种思维的第一阶段由神经网络启动,这些神经已知出自或连回脑部,意味着脑负责接收与处理从身体感觉末梢传来的信息。而诠释的功能就指派给这个器官的两个起始小室,百科全书中的图解以最左边的两个圆形来表示,还有红色线条连到眼睛。第一个小室标示为"sensus communis",意思是"共同感觉",是身体所有感觉信息汇聚的地方。信息由一种灵气(pneuma,spiritus)传达到脑中,灵气是难以言喻的轻盈物质,是与灵魂相连的生命气息,流遍脑和身体,如同感觉与知觉的液压系统。第二个小室标示为"ymaginatio",会把抽象知识转化成具象想法。这个词衍生自古法语的"ymage",而"ymage"又源自拉丁文的"imago","imago"可以翻译为"意象",但也可以译为模样、想法、回声或鬼影,这个词同样是我们现代说的"想象力"这个概念的核心。意象是中世纪思考的基石,脑中这两种过程使得来自身体的知觉资料变成有形的存在。完成理解过程,还需要两个更深入的阶段,也就是把"共同感觉"和"意象"收集后释出的思绪进一步提炼再储存。从第二个圆形小室延伸出另外两种功能:"cogitativa",

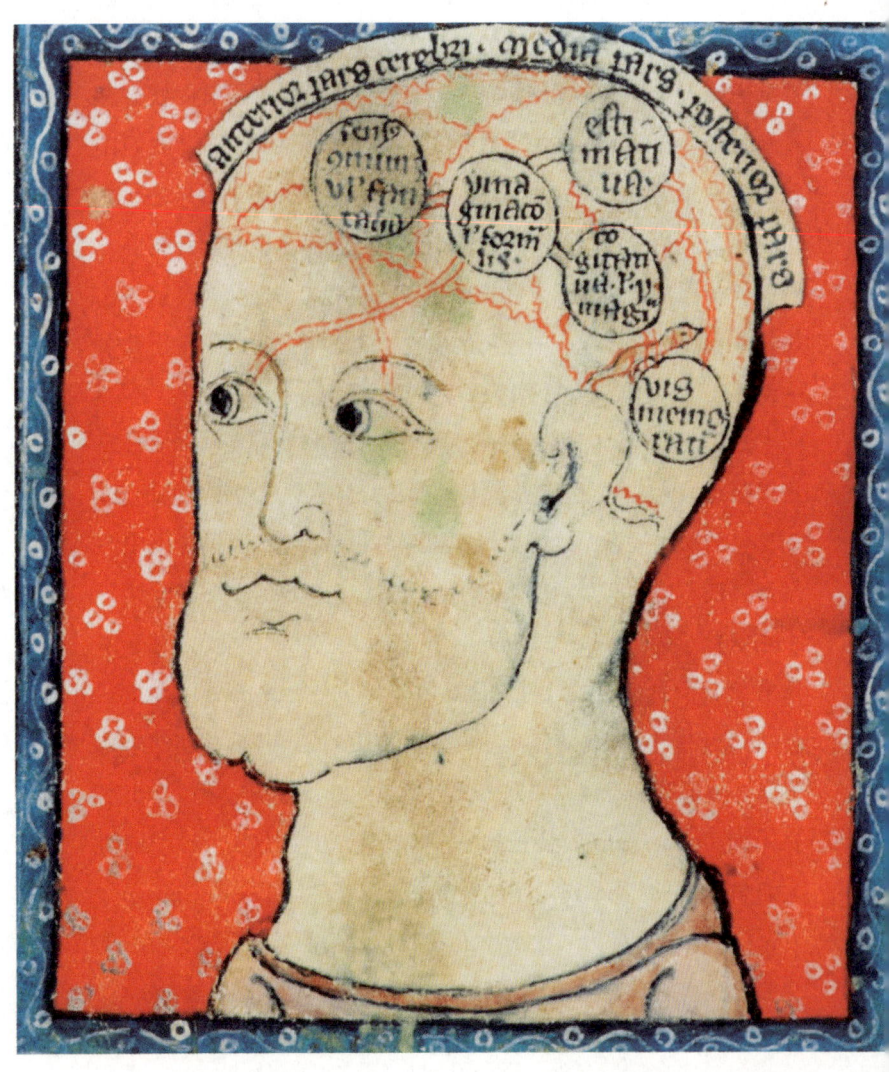

图 9 人的头部，连同其脑的大略图解。出自 13 世纪中叶英格兰的一部用三种语言写成的百科全书。

脑部进行"沉思"或把感受到的意象转变成概念的能力；以及"estimativa"，也就是我们的"评断"，这个部位把意象和概念转化成判断结果，我们可能据此采取行动。最后，在后脑勺里有一个小室被标示为"memorativa"，亦即"记忆"。那据信是脑部最柔软、最敏感的区域，是思绪被牢牢印压或铭刻的地方，是整个精密结构最终的储藏室。

这一系列图形组合起来，展现出一幅路线图，让中世纪作者得以尽情阐述脑部的许多复杂系统，从感觉和思考到行动与回忆。类似这幅剑桥大学头像的图画，为了解心智运作过程的微妙细节呈上了一份抽象但有创意的略图，而且还提供了一个精神系统的架构，让医师建立理论，说明大脑为何衰退或功能低下。智能障碍通常会从年龄、性别或体质等情况来检视，个人智力的素质被认为取决于脑中液状思绪流过小室的速度。如同叙利亚科学家伊本·卢卡（Qusta ibn Luqa，约820—912/913）的主张，聪明人的脑物质会以闪电般的速度顺畅流动，而思绪天生浓稠淤滞则会在儿童、"白痴"和妇女身上造成先天的脑力迟钝。

中世纪的医师也积极记录了严重精神失衡的细节。如果病人长期精神亢奋，出现失眠或极度躁狂的迹象，医师可能会建议采取各种镇定措施：具安眠效果的草药、按摩，或者让病人移居到动静幽幽、流水潺潺及钟声悠悠的安宁环境。言语在这类诊断中是重要的依据。阿尔瑙·德比拉诺瓦（Arnau de Vilanova，约1240—1311）是经验丰富的加泰罗尼亚医师，他记录下病人在谈话中透露出的病症，从简单但仍令人筋疲力尽的情形（例如无止境的关于饮食的反复焦虑）到复杂的症状（好比身体开始产生畸变，有一例是从嘴里冒出象牙），甚至感到强烈的恐惧（像是害怕下大雨或近在咫尺的世界末日）。病人的话语可以被当作关键预兆，显现他们精神状况的恶劣程度，但从另一方面来说，沉默的病人可能一样令人担忧。脑部小室的活动不足，被认为会造成静止或完全僵直的状态。这些症状可能通过兴奋剂或惊吓方法来应对，从怪异到荒谬的手段都有。法国医师贝尔纳·德戈尔东（Bernard de Gordon，1248—1318）建议可以大叫、吹喇叭、敲钟、拔病人的胸毛，还有把母猪和小猪带到病人面前尖叫。不用说，这些疗法不可能奏效。中世纪医师虽然在谈论小室和生命灵气时头头是道，但却承认对于这类病例大都束手无策。然而，不可否认的是，早期研究大脑的途径中，这种复杂的内在逻辑是行得通的。毕竟，就连现代科学都还不能完全解释大脑这个器官的运作。

疯狂与秃头

除了阿尔瑙和贝尔纳这些医师的轶事以外，中世纪精神疾病患者的真实生活很难去深入剖析。有关中世纪患慢性精神疾病的人，只有极少数准确或长期的描述流传了下来，我们只能通过相当偏颇的记载与这些病人相遇，因而往往得到扭曲的理解。举例来说，西班牙神父霍安·希拉韦特·霍夫雷（Joan Gilabert Jofré）在其1409年的布道记录中，生动地形容家乡瓦伦西亚有一群疯人在街头，说他们是"可怜的疯子，给许多人造成危害"。然而，霍夫雷在这里其实并非意指荒唐而凶恶的疯子经常四处游荡，攻击别人——更普遍的情形是，这些残疾人士在中世纪城市的街上遭到抢劫或虐待——相反，这种生动的夸张修辞是故意用来强调一个简单的观点：保护疯子，就是保护整个社区的一种方式。霍夫雷的布道事实上让瓦伦西亚的一家医院获得重大支持，这所医院在隔年的1410年落成，或许是中世纪最早以精神病护理为重点的机构。

在当时波折的政坛，出现了一些对疯狂更为负面的描述。法兰西国王查理六世（Charles VI，1368—1422）是中世纪以来最著名的精神病例之一，状态长期不稳定，很快就变成奇闻传于坊间。有一桩特别生动的事件，据说发生在1392年8月，国王和随从骑马穿过勒芒（Le Mans）外围的茂密森林。有人说一位乞丐扑到国王跟前乞求施舍，还有人说只是有个护卫让一根长矛倒到地上发出了巨响。总之这惊动了国王，使他变得神志不清，进入暴怒状态。他攻击身旁的朋友、亲人及仆人超过一个小时，他向他们挥剑，一共杀了五个人才被制止，然后陷入深度昏迷。仅仅三天之后，查理六世苏醒，听到自己做的事情，当场哭了出来。这位国王的病情在接下来的十年之中持续恶化，当时的历史学家注意到，他会忘记家人，坚持跑个不停直到筋疲力尽，在皇宫里到处乱扔家具，一看到自己的盾形纹章就想破坏。相当凄惨的记载是，国王一度深信他的身体是由易碎的玻璃做的，于是强迫自己站立不动，也禁止任何人碰触他，害怕自己会因此粉身碎骨。然而这部关于查理六世陷入病沼的编年史并不是一份准确的病史，用来理解他心智日渐衰弱的健康状况。这些作者真正关切的重点，似乎在于解释法国出现的严重政治动荡，是由查理六世的精神状态造成的，它使得这个国家的一整个世代都陷入了骚乱。但是我们的确知道，许多专家被召唤去协助减轻国王脑袋的重负。医师建议查理六世静养，并开立药方，同时神职人员通过祷告寻求更崇高的力量来拯救，他们把国王的小蜡像送到能创造奇迹的朝圣地点，希望国王和国家都能恢复。

中世纪的虚构作品当中，也能见到类似戏剧性十足的发疯故事，但是不像当时的布道或政治史，这些诗篇或戏剧倾向于表现的疯狂由无法如愿的苦恋所引发，而非来自疾病或突然的打击。这个时期最多人竞相传诵的中东诗歌之一，是关于一对遭受命运摆弄的情侣蕾莉和马杰农（Layla and Majnun，ليلى مجنون），这个波斯故事描写了被爱冲昏头的疯狂，苏菲伊斯兰专家称之为"divanagi"，意思是"为爱痴狂"。这个故事经过12世纪阿塞拜疆的作家内扎米·甘伽维（Nizami Ganjavi）改编后广受喜爱，诉说了一个少女蕾莉和一个热烈爱着她的同窗葛斯（Qays）的故事。葛斯的爱慕如此狂热、无法自拔，很快就获得"马杰农"这个称号，意思是"疯子"或"着魔的人"，这个名词与波斯文的精灵（jinn，جن）有相同的词根。中世纪典型的浪漫故事都会有悲剧转折，蕾莉虽然回应了马杰农的感情，但却发现自己早已被许配给别人，不得不嫁给那一位更合适的追求者。马杰农的爱落空，他伤心欲绝，到沙漠流浪，靠野兽的陪伴，以及用树枝在沙地上写下转瞬即逝的诗句来获得安慰。

蕾莉和四处流浪的马杰农仍然相爱，但在他们数年后心碎而死之前，一直无法如愿在一起，两人只能趁着偶然相遇时，纯洁地远远交换诗句。这对恋人生前最后一次相遇是一次诗意的邂逅，插画家以疏落却细致得惊人的画面捕捉到这个场景，这张画收录于在1410至1411年间为设拉子（Shiraz）统治者伊斯坎达尔（Iskandar）苏丹制作的华丽诗集中，由斜排的诗文构成的长方形边框围绕着。这对恋人见到对方后就昏倒于帐篷之间。他们的身体枯槁若浮，在倒向沙地上时，轻盈精致的衣裳随之飘扬。马杰

图 10 蕾莉和马杰农最后一次相见的情景。出自内扎米《五卷诗集》(Khamsa，خمسه)的某个版本，这幅画被收入 1410 至 1411 年间的插画版文集中，该书为设拉子的伊斯坎达尔苏丹而制作，当时伊斯坎达尔统治着伊朗的大部分区域。

农遗世独立时与他交好的野兽在一旁守护两人,同时他的老仆弯身接近蕾莉,用尖嘴金属瓶为她的脸上药,这种草药疗法与贝尔纳·德戈尔东推荐的提神药膏有着相同的传统。这首诗歌表明,爱能够从严重的精神失衡转变成实际的身体疾病。从马杰农的其他画像中看出,深切的相思病使他急遽衰弱。画中的他绝望又憔悴,日渐消瘦,看起来像是形销骨立的隐士。

过去人们认为精神错乱会以这种方式显现在身体上。事实上,一个人的精神状态可以反映在各方面,从表情到皮肤质感。当时的传记作者和医疗人士经常运用面相学,认为身形或面部特征可以大致代表智力、高贵出身,或者心智上较负面的性格缺陷。头发尤其在中世纪晚期流通的医学丛书中占据显著地位,认为能显示在头发之下的那个人的特定性格。马杰农被形容成头发如拖把般凌乱,他狂野的发丝肯定是疯狂性情的象征。但是,只要有一头红发就会被认为脾气急躁;头发浓密或打结,就会伴随着粗鲁天性;稀疏的金色直发,可能代表善于算计或骗人。杰弗里·乔叟(Geoffrey Chaucer,约 1340—1400)显然将这蓬头的说法牢记在心,在《坎特伯雷故事》(*Canterbury Tales*)里介绍一位贪腐的朝圣者,也就是卖赎罪券的教士时,他写道:

> 这个卖券人的头发黄得像蜡,
> 鬈鬈地光滑地像是一团亚麻——
> 他这头鬈发下面一绺又一绺,
> 他就随意让它们披散在肩头,

一小缕一小缕显得稀稀拉拉。[1]

　　卖赎罪券的教士令人倒胃口的乱发，证实了他缺乏男子气概，也预示着他人品寡廉鲜耻，有见识的读者应该看得出这种线索。果然，我们后来会知道，他甘冒大不敬，乐于宣扬伪造的教皇文告，为了牟利而妄加欺骗信徒。要是他们更仔细瞧瞧藏在他帽子底下的线索就好了。

　　个性和头发之间会有这种看似牵强的关联，部分与当时认为的头发从头上生长出来的过程有关。医学作者提出的理论是，某些体液化为烟气从皮肤上的小孔排出体外时，会凝结成一根根细小毛发凸出体表。皮膜上间隙非常稀少的部位，像是手掌或脚底厚皮等，长不出毛发来，而在小孔有透气空间的位置，毛发就可能生长浓密。他们还认为热也有助于毛发生长，考虑到热气会往上升，因此头顶冒出最茂密丰盈的头发被视为自然的事情。根据体液理论，男性的体温比女性高，所以说男性是毛发较多的性别也算合理，虽然这种热度同样带来使毛孔完全干枯的危险，让男性更容易秃头。

　　另一方面，女性头上没有毛发，会被认为是违反自然的现象。中世纪跨越了几个世纪，不同时期不同地区的审美标准也大不相同，但是中世纪作者对于"美貌"的定义时常重复落在特定的基本形象上：唇红肤白、纤腰小胸。有一阵子流行又高又宽的额头，于是女性拔掉眉毛以及发际线顶端的头发，让额头变大。不出所料，当时的道德家不乐见这种注重外表的虚荣风气，然而有一本

---

[1] 译文引自黄杲炘译《坎特伯雷故事》（上海译文出版社，2013）。

很受欢迎的中世纪妇女医学文集《特罗图拉》(*Trotula*)——可能结集于12世纪的萨莱诺——里头却有一大堆配方,列出了各种改善头发的美容方法。用丁香洗头发可以减少异味,用温盐水则可以增加发量。也有人建议用许多天然材料来染发,像是核桃油、用醋煮过的桃金娘花、混了黄色硫化物的蚂蚁卵,或者蜂蜜白酒。不过,做出这种改变,并非只是为了打扮而已。透过那个时代的面相学镜片,转变外貌能够影响别人对你的内在气质的印象:正派或邪恶、美丽或丑陋、清醒或疯狂。

斩 首

如果人类的"头"是理性、神智、人格之所在,那么中世纪把砍头当成一种强力的社会控制手段,也就不足为奇了。沃尔特·司各特(Walter Scott)等19世纪新哥特派(neo-Gothic)的作家,把小说设定在想象中的中世纪欧洲,在那时这样的处死方式很刺激而且随处可见。尽管后来多数历史著作让我们相信以前常有这类残酷行为发生,但斩首在中世纪并没有那么频繁。绞刑是许多更典型且可容忍的刑罚中的一种,相对没那么血腥。当斩首确实被执行时,我们必须视之为有深刻象征意义的行动,它同时起到了暴力判决和强烈信号的作用。斩首是死者对社会的补偿,也是给生者的持续警惕。

政治思想家通常会把身体的概念与国家的概念绑在一起。英格兰作家索尔兹伯里的约翰(John of Salisbury,约1115—1180)就是"政治体"(Body Politic)观念的拥护者,这种想法把各种独立运作部分组成的社会比喻为人的身体。索尔兹伯里写到，农民代表这个国家身体的脚，在土地上辛勤工作，为上层阶级服务。文书记簿人员和财政人员构成腹部，忙着消化整理国家的官僚与财政事务。活跃的王国骑士是国家的臂膀和手，政府是跳动的心脏，还有，法官是眼睛和舌头，为正义明察与发声。在这些之上的是国王或亲王，他们名副其实是"国家的头"，管辖代表身体各部分的人民，如同头部领导身体那般。只有各组成部位合作无间如同一体，这种政治体才会成功运作，和真正的人体一样。要是财政人员变得贪婪，塞了太多东西到肚子里，整个体制就会因腐败而变得臃肿。同样，如果法官常常视而不见，或者农民阻碍国家前进，这个隐喻的身体就会开始萎缩，甚至崩解死亡。

有时候，中世纪人民会觉得时候到了，该要提早砍掉整个结构的头。13世纪，威尔士诸省的几位领导人对英格兰国王爱德华一世（Edward I）的统治长期心存不满，因此试图除掉英王，把自己摆到国家的肩膀上执掌政权。1282年，当时的威尔士亲王是格鲁菲德之子卢埃林·阿普·格鲁菲德（Llywelyn ap Gruffudd），他毁弃那份掩饰双方政治嫌隙的空泛的和平条约，发动了一系列战役，对抗爱德华的军队。但是，事情并没有按照威尔士人的计划发展。在12月11日一场决定性会战中，卢埃林的军队被打败，他与部下失散，被敌军包围后遭到杀害。关于身体的隐喻在一开始就如此定义了叛乱，根据其恐怖而富有诗意的延伸义，英格兰人找到卢埃林的尸体，把头砍了下来，并尽可能地将他违逆政治体的后果宣之于众。他遭砍下的头颅被送到伦敦献给爱德华国王，然后嘲弄地以常春藤环加冕，再送去游街，最后插在伦敦塔城墙的钉桩上。这并非只是狂妄的统治者心血来潮下令随意分尸，尽管刻板印象是这么以为的,而更多是一种精心算计过的行动,好延续某些统治权力的神话。这是在清楚且残酷地宣告下列信息:僭越国王,自取灭亡。浮夸、奇诡的斩首情节之所以如此频繁地出现在虚构的中世纪故事里,正是因为实际发生的少数事件发挥了作用:宣传王权,并且以威胁手段统治人民。

图像也能协助报复心强烈的国家散播恐惧。装饰精美的政

图 11　奥利维耶·德克利松被斩首的场景。出自让·傅华萨《闻见录》的插画版,约 1475 年为佛兰德斯(Flanders)朝臣格鲁修斯的路易(Louisde Gruuthuse)而制作。

治编年史通常会辅以描绘极度暴力的画面。历史学家让·傅华萨（Jean Froissart，约1337—1404）所写的《闻见录》(*Chroniques*)，是关于英法百年战争的早期著作，里头含有不少精美插图，画出冲突双方的背叛者有何下场。就拿布列塔尼的贵族，奥利维耶·德克利松（Olivier de Clisson）来说，他做错选择，站在英格兰人那一边。后来他被法国人逮捕，遭到斩首，无头尸身受到羞辱，吊在巴黎城门外示众。傅华萨书中的画，就是一种警告。图中的奥利维耶眼睛被蒙住，穿着白衣，身前已经有好几具无头尸流着血倒在行刑台的脚架下，他就位等着步入那些人的后尘。这一戏剧性的最终时刻被永远定格，读者不难设身处地想象他的境遇，也被提醒仔细思量自己对待国家的态度，后者只需挥下利剑，即能轻易结束人的生命。

  仁慈与残忍报复的血淋淋例子并存，成为中世纪政府军火库中同样强大的武器。1285年，卢埃林受处决仅仅三年后，一位诺里奇（Norwich）的居民沃尔特·埃格赫（Walter Eghe）由于持有赃物，被陪审团判处绞刑，当他从绞刑架被放下来时，不知怎么回事，却仍然活着。他宣称自己能存活是神的旨意，然后逃到该市的大教堂，寻求免于制裁的正式庇护。几个月后，爱德华国王视察这座城市，借这个案子趁机施展王室恩泽，这位国王就是那位行事矜夸，下达冷酷命令让卢埃林的头颅戴上常春藤环的统治者。国王正式赦免埃格赫的罪，还饬令他不需要弥补罪过，好展现自己大权在握，可以使人存活，也能夺人性命。中世纪的统治者不太需要以客观公正的严格方式，将管理信念坚定平等施予所有子民身上。他们手上握有对不法者的生杀大权，这种能力是极其有效且成效自明的统治方式。这样的惩罚形成一种大型宣传，一手作势威胁，另一手提供救赎，无头的幽灵便能传达出强烈的信息，成为说服人民接受控制的方法。

神圣的头颅

中世纪有一群人已经证明他们能够忍受身体上的极刑，毫不畏缩，可以把鞭打、割皮、肢解、火烧、溺水，甚至残酷的斩首，转化为对自身理念的宣扬。这些人就是圣人，过着极度清高的生活，而且通常是因信仰遭残酷迫害的古代与当时的宗教人物。教会正式将他们从殉教者的行列晋升为圣人，他们在信徒阶层中备受尊崇，故事一再被民众传诵，成为中世纪日常生活的一项美事。

理论上，圣人已经达成中世纪全体基督徒追求的宗教信仰基本目标之一。这些人死后不需依循基督教救赎的正常途径，也就是耐心地在炼狱灵薄幽域经历漫长等待，或在地狱面临可怕折磨，这些受认可的封圣者由于无比虔诚与无上奉献，能够立即到达天堂。他们直接与上帝在一起，于是成为凡夫俗子最有力的中间人。认真向这些理想化的中间人祈祷，又或许实际接触他们遗留下来的东西（不论是他们生前拥有的物品，抑或是身上的皮和骨），肯定是良善的方法，可以直接通往神的身边。圣人是过去基督教社会的关键人物，富人或穷人都知道并尊敬他们。

我们听说过这些圣人，主要是经由广为流传的文字记载，这种文类被称为"生平"（vitae）。一开始由某个人早期忠于信仰的神圣事迹逐渐累积而成，这些传记经过数十年或数百年的时间，美化扩写成圣人在尘世的毕生故事，当中罗列他们超乎常人的奇迹之举，也述说他们的殉教始末。较突出的重点在于最后的受难时刻，特别是圣人为了基督教的崇高目标所能忍受折磨的程度。到了中世纪末，尤其在欧洲中部与东部的德语区，一种逻辑已然成形，圣人的殉道过程愈极端、愈恐怖，他们忍受磨难的圣洁心志就愈虔诚、愈值得尊敬。各种板面绘画、手抄本页面、雕刻祭坛画、金属加工纤细画都可见到，圣人的身体能够经受各种骇人的血腥酷刑。这些画面看起来令人毛骨悚然，甚至挥之不去。但是，看看这些圣人的脸，他们带着平静、庄严，甚至微笑的神情受刑。他们就像被麻醉了，如同预先知道这样的惨死，将会换得永恒的来生。

　　这种仪式般的死亡受到其拥护者的敬重，于是他们经常为所说到的圣人赋予意义。圣阿波罗尼亚（Saint Apollonia）是3世纪的罗马殉教者，中世纪为她所写的生平提及，这位圣女在火刑柱上被烧死，但在那之前，她的牙齿全被打断，有些描述说是被粗暴地从牙龈上拔下来。在信徒眼中，如此残酷的结局赋予了圣女某种虔诚特质，他们乐于将她奉为牙齿的守护圣女。知识渊博的基督徒在教堂里一见到身穿长袍、手中拿着一把钳子的女性人像，就会立即知道那是圣阿波罗尼亚，原本用来拔掉她牙齿的器具，转化成她的识别标志。同样，头上嵌着一颗石头的人，就是圣斯蒂芬（Saint Stephen），1世纪的时候在耶路撒冷被人用石头砸死。还有一个没有眼球的人，可能是圣露西（Saint Lucy），3世纪在西西里失明后殉教。有一位拿着车轮的女子，可以认出是圣凯瑟琳（Saint Catherine），她是4世纪的亚历山大公主，被判死刑，要绑在车轮上遭棍棒毒打。圣人和殉教相关物品密不可分，成了令人着迷的宗教速记符号，在天国的云彩中一字排开，用来描绘神圣的行列。

这些圣人经常被中世纪人选作守护者,频繁到他们一生的细节已渐渐与神话融为一体,就和无头人一样。不过,叙述不一定要和属性相配。一位娇弱少女被残酷地绑在轮辐上,似乎让中世纪人感到着迷,变成圣凯瑟琳的著名属性。如果我们仔细阅读她的生平会发现,由于神的恩惠,巨大的车轮其实在她圣洁身躯下断裂了,刽子手被迫改用极刑,将她斩首。但纵然是这样激烈的方式,仍无法阻挠某些圣人。圣德尼(Saint Denis)是3世纪的巴黎主教,在城市最高的山丘上遭到斩首,这山丘就是今天的蒙马特尔(Montmartre),字面意思是"殉道者山"。然而根据中世纪的记载,德尼的头一落地,其无头身躯立刻站起来,拾起自己的头。他抱着头,继续朝北走了足足六英里[1]才完全倒下,那个地点后来盖起小教堂,最后变成以他的名字命名的大教堂。这些还能活动的无头圣人被称为"持头人"(cephalophore),似乎完全靠着神圣奉献的精神就能恢复生气。除了奇迹般的漫步,同样重要的,还有他们已跟身体分开的嘴仍神奇地说个不停。德尼走过最后一段路程时,虽然头颅已离开身体,他仍继续讲道,在最后复活的时刻,为基督教事业带来了许多皈依者。

掌管这些无头者的遗体,对于宗教当权者尤其重要。这些圣髑在圣人崇拜的基础上,逐渐受到狂热喜爱,能够为信徒带来精神上的支持,并可能以慈善捐款的形式,为教会带来丰厚的经费。举例来说,《新约》中关于《圣经》第一位殉道者施洗约翰(John the Baptist)的叙述,记载了他如何死去的完整故事,他由于坚持自己的信念,而遭希罗底(Herodias)下令斩首,希罗底是加利

---

[1] 约9.7千米。

利（Galilee）统治者希律（Herod）的妻子。约翰的头被放在大浅盘里，当成胜利品展示，这幕令人难忘的断头场景使得这颗"头"擢升成这位施洗者的有力象征。直至中世纪，关于约翰完整颅骨的安息地点有许多推测。有些神职人员声称，这块颅骨安置在大马士革清真寺，那里还有一个用来保存的圣髑龛，就在拜占庭帝国一座大教堂的遗址上。其他人则认为，颅骨成为法国北部亚眠大教堂（Amiens Cathedral）的资产，里头有一件圣髑是1204年第四次十字军东征带回来的，装在一个巨大的黄金圣髑盒中。但是，无论大家认为哪一件比较可能是真的，能与约翰的头进行精神上的交流，对于中世纪基督徒来说都十分重要，与圣人面对面，可以提供特殊形式的神圣相通。

　　约翰的头颅拥有强大的力量，民众甚至不需直接接触到神圣的约翰头骨就能表达崇敬，这样的交流可以不经由圣髑，而是间接通过中世纪工匠的技艺达成。欧洲中部及更北地区的许多城镇，雕刻家受委托制作"盘中的约翰头"，重现施洗者被斩首后的逼真面容。其中一件为了德国西部莱茵兰（Rhineland）地区的克桑滕教堂而创作的艺术品，就是这种传统的典型代表。这颗木雕的头摆在带有异国摩尔风格的盘子上，把圣人肖像与真实的中东陶瓷融合在一起，呼应约翰被斩首时的黎凡特背景。这些物品备受尊敬，激起与中世纪头颅相关的意象，从死刑、纪念，乃至道德，它们如同宗教舞台上的精致道具，把施洗者这样令人敬畏的存在，延伸到人民的日常生活中。它们放在教堂祭坛上、在宗教游行中出巡城镇，或在宗教剧中配上流淌的假血，代替真实的头颅。民众甚至会对着它们祈祷，希望能让头部的毛病，例如头痛和喉咙痛好起来，在圣人受苦的头和自己的头之间搭出实质联结。这样一来，圣人约翰的雕像以奇特的方式，达到了画像未及的境界：它们使人想到，头部除了占据中世纪身体的强大制高点，同时在医学和神志、惩罚与平静方面都举足轻重。

图12 盘中的约翰头（Johannisschüssel）。艺术家德里斯·霍尔特伊斯（Dries Holthuys）用橡木雕刻于约1500年的德国克桑滕（Xanten）。底下的金光锡釉陶盘来自瓦伦西亚地区，制作时间比头颅早半世纪或更久。

SENSES

II

感觉

1883年春天，埃德蒙·杜索默拉德（Edmond du Sommerard）看着被挂在博物馆的大画廊（Grande Galerie）墙上的六幅大型挂毯时，或许摸了摸自己的大胡子，松了一口气。各方各面来讲，这都是一场困难的协商。

这些15世纪末在佛兰德斯以色彩缤纷的羊毛和丝线织造的大片长方形瑰丽壁饰，在四十多年前的1841年才首度为外界所知。那是法国作家兼历史文物总督察官的普罗斯佩·梅里美（Prosper Mérimée）在布萨克城堡（Château de Boussac）中发现的，这座城堡是位于法国中部利穆赞（Limousin）大区的壮观宅邸。但是半世纪后，这住所已经不够格，配不上这些足以媲美《蒙娜丽莎》的作品，《蒙娜丽莎》可是巴黎的博物馆明星展品之一。梅里美惊见，这一系列极稀罕的挂毯被当地的城堡管理员剪下好几片，用来覆盖马车，或者当成地毯和门口地垫来装饰房子。

到了1882年，布萨克镇的经费持续缩减，逼不得已只好把这些挂毯拿去拍卖。挂毯剩下的部分已经有水渍，边角被没眼力的老鼠啃咬，但是内行人仍能看出它们的价值。巴黎繁忙的古董市场中那些恶名昭彰的长舌之辈开始火力全开，于是流言满天飞。账簿的秘密对话泄漏，许多私下的出价超过五万法郎，这是当时

图13 以年轻女子、狮子及独角兽为主题的一组挂毯中的两幅。整组挂毯总共有六幅,旨在表现味觉、嗅觉、听觉、视觉、触觉,完成于15世纪晚期的佛兰德斯。

前不久买下那座城堡的价钱的两倍。人们还在不停加油添醋地臆测，说这些挂毯吸引了一位大收藏家的目光，可能是富裕的银行世家子弟阿方斯·德罗斯柴尔德（Alphonse de Rothschild），他打算把这些挂毯投入私人市场，让它们从此消失于公众的视野。经过激烈讨论以及法国政府的干预，布萨克当局才同意稍微降价，以两万五千五百法郎将这些挂毯改卖给巴黎的克吕尼博物馆（Musée de Cluny）。

这座博物馆是埃德蒙·杜索默拉德的父亲亚历山大（Alexandre）精心打造的成果，亚历山大是法京巴黎的其中一位文化推动者和撼动者，对于唤起中世纪品味起了重要作用。直至1833年，他收藏的中世纪和文艺复兴时期的文物已经太多，不得不搬到更大的地方，那就是一幢名为克吕尼宅邸（Hôtel de Cluny）的中世纪晚期建造的豪宅，从圣母院和西岱岛（Île de la Cité）往南走一小段路就到了。但是，亚历山大明确表示，他收藏的物件不应该一直与世隔绝。顺应他的心愿，这栋宅邸在他死后的1842年变身为公共博物馆，借此巴黎各阶层的人都能穿越回到中世纪时期的法国。他的儿子埃德蒙就是第一任馆长，他整修并改造了这栋建筑物，还增建了一间长形展厅，那些挂毯终于能悬挂在展厅的墙上。

经过一个多世纪之后，这所博物馆现在称为中世纪国家博物馆（Musée national du Moyen Âge），那组精美的纺织品在2013年经过仔细修复，目前仍在公开展览。虽然这些色彩丰富的布料五百多年来首度重现柔和光泽，但其画面究竟要传达什么，人们还是很困惑。每一幅挂毯都带有繁缛的图案，包含了一位年轻女子、一头狮子及一只独角兽。这些挂毯的尺寸稍有不同，应该是为了配合中世纪时原本要装饰或遮掩的墙面，不过六张挂毯都有同样的三个主角，在一座梦幻绿色圆形花园的不同位置摆出不同姿势。这些挂毯的表面起伏不平，织着绽放的野花、躲藏其中嬉戏的小动物，还有挺立的结实树木，树上长着茂盛的鲜嫩叶子，挂满各种花朵和果实。这种丰饶景象可能是佛兰德斯编织者大展精湛技艺的机会，他们费尽心血把草图上的设计转化成织锦。然而，那位女子却是个谜。她或站或坐，偶有女仆随侍在侧，其他时候则只有异兽陪伴，她穿梭于各种事务之间做出各种手势，仿佛一种微妙的符号语言，一下子伸出手指，一下子轻柔抚触。整个系列都可以明显看到带有纹章的旗帜，似乎可以提供线索，用来推测她的身份，或者找到这些挂毯的原始委托人，但是这三弯新月的特殊象征意义已经失落了好几世纪。我们无法立即获知这位年轻女子在说什么、做什么或想什么，也无法去到事发现场，因为她的小岛与世隔绝，飘浮在满是植物的深红色背景之中，不论观赏者位于哪个世界，都与这座小岛有段距离。

然而，关于这些壁画，有件事似乎是清楚的。在前五幅构图中，女子用簧风琴弹奏音乐给狮子和独角兽听、拿碗中的莓果喂食鹦鹉和猴子、嗅闻一朵野花、温柔抚摸独角兽的角、把玩一面镜子，分别展现了听觉、味觉、嗅觉、触觉和视觉。古典时期和中世纪早期的作者曾经对感觉由何构成有着更开放的理解，包括脑的机能（例如记忆和想象）或极端的情感（像是愤怒以及神圣的爱）。但是到了中世纪晚期，传统的"五感"已经确立为五种发生在身体与周围环境之间的感官交互作用。为了解释这些感觉的运作，这时期的思想家尝试了解每一种感觉背后的基本物质，以及这些物质如何在世界流动：花朵的香气如何乘风传播，或者声音如何通过空气传送。但重要的是，为了掌握感觉的核心，他们需要知道身体如何接收这些感觉信息。

看见景象

　　克吕尼挂毯当中最大的一幅里，年轻女子把一面镀金镜子转向脸带微笑的独角兽，将独角兽的缩小影像投射给观赏者。在精心布置的环境中，她用镜子照了同伴的脸，似乎只是微不足道的小动作，不过是转了一下手腕而已。但是她用这种方式要独角兽观看自己映照出来的影像，同样也在邀请我们思考"看见"这行为本身特有的机制。

　　中世纪有两种截然不同的理论在争夺主要地位，都是从光的交换来理解视觉。第一种理论认同这样的概念，认为眼睛的基本功能是充当受体，接收世界上所有物体投射出来的视觉光线，并把这样的感觉信息经由视神经传回大脑。这种理论称为入射论（intromission theory），拥护者包括亚里士多德和伊本·西那，后者在自己的著作《科学大全》（*Danish-nama-yi ʿAlaʾi* علایی دانشنامه）强烈支持这种观念。"眼睛像镜子，"他提出，"我们可以见到物体，就像东西反射到镜子里一样。"与此竞争的第二种理论也发展自典籍，特别是希腊理论家欧几里得和罗马作者托勒密的著述，但认为视觉的运作方式与上述相反。根据他们的主张，射出光线的并非物体，而是眼睛往外发出光线落在物体上。在这种模式下，视觉几乎是一个触知的过程，眼睛射出无形的光线穿过空间摸索，用透明的触摸照亮世界。

中世纪作者延续了将近千年有关视觉方向性的争论,直至13世纪60年代,英格兰神学家兼作家的罗杰·培根(Roger Bacon,约1220—1292)出面调解,他说在某种程度上,两边阵营可能都是对的。培根写了一本讨论光学原理的书《透视》(*Perspectiva*),这本书影响力至深,巧妙调和了视觉的两个流派,认为视神经的确会把眼睛的感受传到脑的认知官能部位,但是视神经既能传出也能接收信息。因此视觉依赖物体和人体,各领域的自然哲学家似乎相信,视觉光线可以进出眼睛,所以有两种方向,而非只有单一方向。

中世纪对于眼睛的实质组成,同样没有固定的看法。一方面,几个世纪以来,眼睛的解剖构造理论相当一致。医师在论述里描述眼睛时,会说它是中央有透镜的圆形器官,核心周遭有数层黏度和硬度不一的膜包围。对于构造的描述,有许多保留了下来,经过琢磨,甚至变换位置,变成今天的视光学术语:房水、视网膜、角膜、巩膜、结膜等等。虽然对于中世纪的日常医疗人士来说,眼睛的解剖构造比不上理解四种体液在眼睛里如何组成那么重要。当时认为健康眼睛里的体液是湿冷的,如果眼睛肿胀、发炎或出血,采用的治疗方法应该让它恢复到这种自然状态。视力衰退或眼睛受感染,则需要适用于这些体液的药物来治疗,特别是包含与土元素相关的植物(例如茴香、洋葱或蒜)的药方。中世纪的医师或外科医师对其他更严重的眼睛病症并没有那么了解,他们知道这些症状在眼睛的哪些部位发作,并归咎于不同原因。举例来说,白内障有时候会被描述成是雾气的有害聚集,如果真的患上,只有在早期阶段才考虑治疗,医师通常会开给病人草药成分的眼药水,或用细针在角膜上动小手术,但几乎可以肯定,

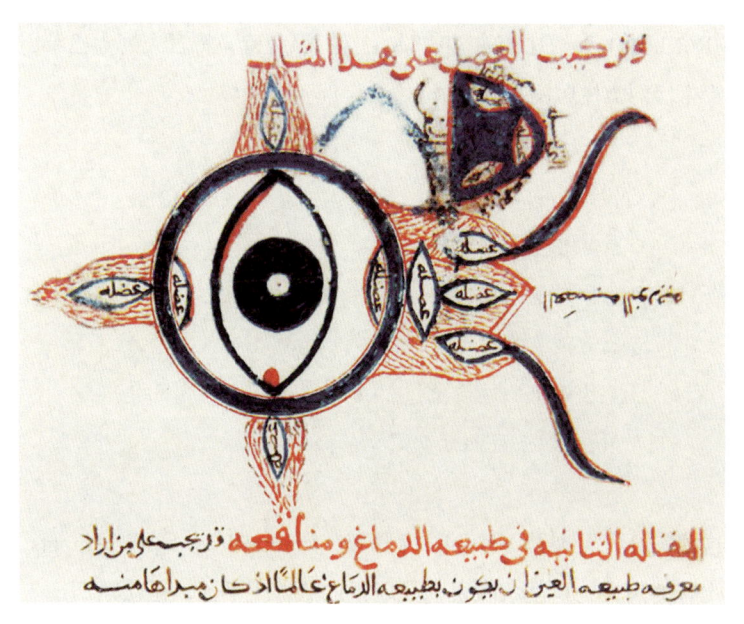

图 14　眼睛的图解。出自景教学者侯奈因·伊本·伊斯哈格 9 世纪的阿拉伯文著作,译自更早以前盖伦关于眼睛治疗的论文。

带来的伤害会多于帮助。

　　由于这样的医疗干预成败参半,其中致人失明的情形并不罕见。在中世纪,"失明"一词未必指完全失去视力,许多现代人若不戴眼镜或隐形眼镜,可能也会归在中世纪的失明之列。他们手头还是有些辅助方法的。14 世纪初或更早以前,西欧读者开始使用阿拉伯式的阅读辅助器具,常见的形式是"阅读石",由绿柱石抛光后制成,带有绿色光泽,被认为对于提升视力尤其有效,其形状如同弯曲透镜,可以放大文字。但是就视力严重恶化或全盲的人而言,真正有用的对策是亲近的家人或该国宗教机构（对于少数幸运者来说）的慈善照顾。13世纪的诗人吕特伯夫（Rutebeuf）大约在1260年以古法文写讽刺诗，将盲人列为巴黎街头生活的常住居民：

> 国王已在某处停跸，
> 虽然根本不知所以，
> 三百位盲人列队站，
> 三人成群穿行巴黎，
> 个个每天叫喊不止：
> "快来对三百人行善。"

这"三百人"是指"十五二十医院"（Hôpital des Quinze-Vingts）收容的病人，这间宗教机构及附近的慈善生活区，是法兰西国王腓力·奥古斯都（Philip Augustus）为了三百位盲人新近设立的。这些盲人三人一组穿越街道，相当引人瞩目，偶尔还有健视人带路，十五二十医院每天会恳求人们施舍，好维护医院的公用设施。然而，许多人抱怨这些瞎眼乞丐出现在这座城市中，一直把他们视为都市害虫，正适合施虐。1425年，巴黎一位不知名的编年史作者记录到一项"娱乐活动"，人们把四位盲人和一头猪关在公园里，让盲人手持棍棒，并告知他们如果杀了那头猪，就能吃掉它。群众围观，显然乐在其中，与此同时那几个盲人几乎把对方打个半死。

虽然视障人士受到这种令人不快的骚扰，但同时也存在让人大力称颂的人，他们对待失明者充满了耐心和信念。马穆鲁克（Mamluk）王朝的埃及哲学家兼历史学家哈利勒·萨法迪（Khalil al-Safadi，约 1297—1363）写了两大本专著，为四百位盲眼或独眼名人立传，这些人克服自身残障建功立业，成为伟大的神学家、学者、医师或诗人。在宗教故事中，对于盲人成就的赞扬甚至更加强烈。基督徒、犹太教徒、穆斯林都将失去视力设想为对个人道德的试验。通过这种考验的人，会因为他们坚持的信仰而在来世得到奖赏，而且由于少了尘世报酬的干扰，他们被认为天生具有可以看到更深层、更神圣事物的潜能。他们没有受到凡人视觉的扰乱，反而可能学会利用所谓的"灵魂视觉"（syght of hir sowle）——由英格兰神秘主义者玛格丽·肯普（Margery Kempe，约 1373—1438）提出，一种可以清楚瞥见神在万物之后超然运作的能力——来观看。

闻到过去

克吕尼挂毯中神秘女子的举止，旨在引导观众去回想和投射，将隐藏于感觉背后的各种中世纪观念，映射到她的五感游戏中。即使在今天，我们接触到这些作品时，也忍不住开始想象自己是图画的一部分，而这是作品的目的。与许多中世纪的身体的图像一样，这些挂毯有意鼓励我们与图中描绘的观察者共存。我们看到年轻女子用镜子去映照独角兽同伴时，或许被提醒了自己有多幸运，能拥有健康的眼睛去欣赏这幅生动的场景。我们将她的经历变成自己的，开始感觉她所感觉到的。

尽管如此，想要真正精确重现中世纪的感觉，当然是不可能的。感觉经验是独特且主观的，因而极难形容或分享。例如嗅觉，特别能唤起回忆,也特别私人。你和我闻同一朵玫瑰花,即便在同一时刻闻,也不能真的确定我们有相同的感觉。而且,我们可能用来比较你我经验的词汇也不足。有几种应对办法。我们能够诉诸科学或生物学术语来解释,比如"那支葡萄酒闻起来有生锈和堆肥的味道"。或许借用其他感觉的形容词,例如"这种奶酪闻起来刺鼻且明亮"。或者可以依赖一套大家公认的抽象文化概念,像是"那款香水是如此 80 年代"。但是,对感觉的各种形容,似乎充满无穷尽的微妙差别和特征细节。在一场语言混战中,我们可能会说到一丝气味、一缕气味、一股气味、一阵气味、一种恶臭、一种芳香,这些描述在稍微不同语境中,代表稍微不同的事物,它们的含义如同一阵阵风不停变动,随风来来去去。这就是历史学家所说的感官考古学(sensory archaeology)遇到的问题:中世纪对感觉的原始描述,与我们此刻此地的身体之间,很难搭建起跨越千年鸿沟的桥梁。我们知道,中世纪思想家提出理论认为,气味穿越空气到达鼻子,再从那里通过人体里的生命灵气,往后传到脑部解读。然而,重现这些过去的气味必定是种迂回曲折的过程,须穿过现象学的厚厚云层才感觉得到。

  幸好有物品能协助我们解决这种嗅觉难题。图中两项繁复的物件在中世纪制作于地中海两侧,年代大约只相隔八十年。两件都是精致的工艺品,用来燃烧熏香或香料,使环境芳香。但是,它们让我们接触到两种迥然不同的文化脉络,来理解中世纪的气味。

  两件物品当中,左边那一件较大也较华丽,制作于意大利北部,或许出自 14 世纪米兰当红雕塑家和画家乔瓦尼诺·德格拉西(Giovannino de'Grassi)的工作室。这是一件精雕细镂的小型镀铜灯座,内部可以燃烧熏香,通过六个窗型开口散发光亮和芳香

图15 镀金的铜香炉或油灯。制作于14世纪中期的意大利北部。

图16 黄铜和银制成的熏香器。制作于约1280至1290年马穆鲁克王朝时期的叙利亚。

气味。穿着《圣经》风格服装的男子站在神龛之前,小天使雕像穿插其间,这两点都显示这件作品是为了基督教环境设计的。气味是中世纪教会实践的基本环节,西方天主教和东正教举行出巡,或伴随仪式的特定时刻,需要焚烧香料。《圣经》经文时常提到馨香是神圣的重要象征,而且记录中几乎都提到圣髑会散发出神奇的香气,呼应福音书的记载,耶稣的身体在从十字架取下来后被

II 感觉　71

抹上香油膏，准备下葬。

气味也在圣人的生平中被用来增添戏剧效果，圣人传记中突如其来的香气，可以显现张力十足的神圣转折。有一位 9 世纪拜占庭帝国的圣女，被称为克里索瓦兰托的艾琳（Irene of Chrysobalanton），我们在她的生平中读到恶魔找上门的可怕时刻，这时圣女正在君士坦丁堡的修女院房间里祷告：

> 那时魔鬼伸出手，在灯芯上点燃一根棍子。他朝圣女的脖子掷过去，火势一发不可收拾，猛烈灼烧她的整个头巾，还有肩衣和长袍，甚至蔓延到她的肉体。火焰遍及全身，烧伤她的肩膀、胸口、脊椎、肾脏和侧腹。

艾琳的修女同伴闻到火烧的味道，很快找到焦臭味的来源，眼前的景象很吓人却又神奇，"艾琳全身着火，但是她静静站着，不动摇，不屈服，毫不在意这火"。火迅速被扑灭，但烧焦的艾琳却宣称，火焰几乎没有造成疼痛。在治疗她烧伤部位的过程中，剥下粘黏在皮肤上的衣服碎片时，原本令人作呕的刺鼻烟味和焦肉味，突然变成一股馨香，从艾琳的神圣伤口散发出来。这份生平特别把"令人窒息的恶臭"与"天使般的美妙香气"拿来做对比，称赞这种新奇甜美的圣洁芳香，说它"无比芬芳，胜过任何香味和珍贵香料，缭绕整个修道院好多天"。

当乔瓦尼·德格拉西为灯座选用了宗教人物，使其环绕散发着芳香烟雾的火焰时，脑中肯定想到类似的神圣气味。镀金的盘旋藤蔓、卷曲叶子、锦簇繁花，令人进一步联想到自然的丰富气息，它们杂聚成堆，蜿蜒缠绕着这座有尖塔与城垛的迷你建筑。

最上面是一个镂空尖顶，系上短链条就能把整个香炉挂起来，或在列队行进时用手提着。某种程度上，这些建筑的装饰细节暗示着宏伟教会或教堂，也就是这些物件的使用地点。然而它们也可能指涉终极的基督之城——天上的耶路撒冷，永恒的美丽国度。天国不仅有美妙的景色，而且从嗅觉来说也是完美的地方，是高尚芳香的所在，充满圣人、灵性，以及4世纪神学家圣奥古斯丁（Saint Augustine）所说的"和风吹不散的香气"。

第二件熏香器与德格拉西香炉的模样相当不同。出于马穆鲁克王朝的叙利亚不知名的匠人之手，制作时会用一套细长尖锐的工具在细致的铜和银表面刻出镂空花样，让里面的熏香通过筛子般的小巧外壳飘出来。然而，就像米兰的灯座，这种精心设计的形式，隐含了与中世纪嗅觉有关的更宏大的理念。基督教与伊斯兰教有一个相同的信念，认为来生是芬芳之境。《古兰经》把穆斯林的天堂称为"天园"（jannah，جنة），时常让人联想到缤纷芳香的花园。中世纪的现实生活中，许多时刻都会闻到刺鼻的气味。尽管比起后来属于前现代时期的几个世纪，洗澡在当时是更受欢迎的消遣，但是民众往往只拥有几套衣服，而且很少换洗。相较之下，天堂花园完全没有恶臭，取而代之的是涓涓水流、从不腐烂的水果，以及永远新鲜芳香的蜜河和乳河。花园里住着仙女（houris，حورية），据说她们是由藏红花、麝香、樟脑、龙涎香等芳香物质经过某种方式形成的，而它们正是会在叙利亚熏香灯里燃烧的香料。

这个小球上的图像也证实了天堂的欢乐。熏香灯表面装饰有七个盘腿坐在圆圈里的人像，七个圆圈象征七颗行星：水星、金星、火星、木星、土星、地球和月亮（当时的人认为月亮本身就是行星）。在这些之上的顶端，中央有一个圆圈，里头是镂空的太阳散发光芒的图案,整个结构反映出当时穆斯林天文学相当先进,他们已经钻研这些天体的运动和意义有一段时间了。这类物件的内部机关甚至比外表更精细。里头有一个装燃烧香料的小盂,安装在常平架(gimbal)上,这种装置由一系列的环组成,发挥着类似陀螺仪的功能,不论精美雕饰的金属外壳哪一侧朝上,里头的香盂总是朝上。这意味着人们可以为了好玩让这种小球滚来滚去,而不用担心会打翻里面的东西。我们可以想象这颗球悄悄滚过桌面,也许那时正值晚餐,在宾客之间传来传去,或滚过旅途帐篷里的地毯,以香料的美妙气味配合着谈话。

这样的气味,还有银制容器,显然是丰裕富足的象征。填充于其中的香料,像是丁香、小茴香、没药、茉莉、玫瑰、洋甘菊,通常是价格不菲的进口货品。然而这些香气的某些特性具有科学方面的重要价值,可能在进食或在新土地上迁徙时尤其有用。中世纪认为,疾病某种程度上是通过污秽水汽亦即瘴气(miasma)传播、感染的。香气能够抵消这些有害气体,净化环境,带来芬芳。如同基督教的类似器具,这种熏香器也承载着许多假设,从天堂的象征到尘世的消费,在人们把它传来传去时,香气在房间里袅袅上升,而熏香器上的微缩行星随之运转,就像在天上一般。

全神聆听

特蕾莎·德卡塔赫纳(Teresa de Cartagena)修女把耳聋定义为使自己与世界隔离的事情。虽然她能够看到事物的缤纷,嗅闻和碰触它们,但是耳朵失去功能,仍使她觉得与其他人疏离:

> 由于耳朵听不到,我被隔绝于人声之外。我滔滔不绝的舌头就此沉默,因为我聋了,因此也无法说话。

她在15世纪西班牙北部的布尔戈斯(Burgos)成长,从小就失去听力,后来写出短篇作品《病人的小树林》(*Arboleda de los Enfermos*),成为最早书写自身失聪的女性之一。中世纪将耳朵描述成通过细管形成的一小片网来运作,这片网覆盖在衬有细毛的小井上,井里充满静止的空气,这些空气会吸收传进来的声音而产生共振。遵循熟悉的人体感官模式,声音接着会借由生命灵气传到脑部去解读和判别。缺乏参与这种复杂过程的能力,对特蕾莎来说悲喜参半:悲伤来自这使她远离了生活的许多方面,然而它也带来了纯粹的喜乐,因为她觉得生活在寂静之中,反而能接收到一些超出人类正常感知的声音。

6世纪的哲学家波爱修斯(Boethius)在他的著作《音乐原理》(*The Fundamentals of Music*)中,把声音分成三种层次,这种影响力强大的观点流传了很长一段时期,直到特蕾莎的时代。首先是器乐(musica instrumentalis),包括人声与乐器(弦乐器、管乐器、打击乐器)发出的声响和奏唱出的曲子,是民众在尘世日常经验中听到的声音。然后是人类音乐(musica humana),这是更复杂的心灵音乐。它并非人们可以听到的声音,而是身体和灵魂之间不停发出的和谐共鸣。更精妙的是宇宙音乐(musica mundana),中世纪人认为,这种音乐是与哲学和数学研究、与天体的流动性之间产生的永恒对话。这种世界音乐也是人类听觉无法领略的,却不断回荡于行星运动和季节变换之中。这可说是存在于理论中的声音:上帝所造的宇宙低鸣不休,而这种声音就是潜藏其中的基本振动。波爱修斯提出的范式当中,正是这种三个层次的音乐,把声音、人类、宇宙维系在一起,通过复调共鸣,形成天籁般的合唱。而特蕾莎觉得她对这种由共振产生的更庄严的旋律有着独特的接受能力。如同失明,失聪赐予了通往神圣境界的特殊途径。

声音可被听见,但又无法被听见,由于这种概念上的基础(几乎等同于灵性上的基础),中世纪氛围浓厚的宗教文化认为能在音乐中找到特别的神圣性,也就不足为奇了。在神圣的场所更是如此。犹太会堂、清真寺、大教堂,尤其是耗费巨资建造的超大型场所,与寻常住宅相比,在两方面显得非常突出:一是建筑方面,它们拥有宏大规模和醒目装饰;另外是声学方面,它们有能引发共鸣的巨大容积。一般住处的空间大都不能隔音,薄木板墙让隔壁房间传来的声响变得单调、枯燥、沉闷,而宗教建筑通常会故意让声音放大和产生回响。君士坦丁堡的圣索菲亚大教堂(Hagia Sophia)是建造于6世纪的巴西利卡式雄伟教堂,后来在奥斯曼帝国的占领下变成清真寺;游客走在圣索菲亚大教堂高达一百八十四英尺[1]的圆顶结构之下,会进入一个远离尘世的声音空间,这很可能是他们未曾有过的听觉体验,充满带着回音的说话声、不停从高墙反射回来的脚步声,当然还有歌声。德国女修道院院长及作曲家希尔德加德·冯·宾根(Hildegard von Bingen,1098—1179)甚至会谴责把音乐和这种灵性空间分开来的主事者。她写给大主教的信中提到:"那些没有正当理由,就强迫教堂保持肃静的人……将会失去他们在天使唱诗班中的位置。"除了美好的气味以外,希尔德加德想象天堂应该还配有一个极度神圣的唱诗

---

[1] 约56.1米。

班男高音。无论是充斥着众所周知的无伴奏基督教素歌旋律，或是伊玛目在会众面前吟诵的《古兰经》诗句，这些尘世空间都能通过声音，使其广阔的区域变得激动人心。

这些庄严声音中最洪亮的一种，是中世纪钟楼上规律响起的钟声，事实上也应该是当时人们会听到的最响亮的一种人为声音。钟和钟响是生活的重要环节，使工作日有规律，而且对于基督教特别重要，从创教伊始便是如此。到了9世纪和10世纪，大型铸青铜钟愈来愈普遍，声音可以传到方圆数里外，召唤民众去做礼拜。这些钟是复杂的物件，需要具相当水平的技术能力，才能成功熔化金属，塑造成形，为它们调音。这些钟通常是在建物施工过程中现场铸造，有时候是在半完工的宗教场地，于其具有象征意义的正中心挖出的大凹坑里铸造，从吉祥的诞生起，这座建筑的钟便一直忠心地促进信仰并确实地守护信徒。一般认为响亮刺耳的声音具有驱魔作用，可以帮忙赶走不受欢迎的邪灵。于是教堂大钟的边缘有时会铸上圣人的名字，这些圣洁人士的良善灵气具有保护作用，灵气通过声音散播出去，传给远方听到钟鸣的每一个人。13世纪中期，教皇格列高利九世（Gregory IX）捐了一口钟给意大利阿西西镇（Assisi）的一座教堂，钟身铸有第一人称的诗句，自豪地宣扬这口钟的多种用途，重复的诗句随着缓慢悠扬的钟声一同吟咏本身的效用：

我决定安息日

我哀悼葬礼

我分开霹雳

我唤醒懒惰

图17 君士坦丁堡的圣索菲亚大教堂的内部。这座教堂原本是拜占庭皇帝查士丁尼一世（JustinianI）在537年下令建造的，后来在1453年奥斯曼苏丹穆罕默德二世（MehmetII）的统治下变成清真寺。

> 我驯服暴凶
>
> 我散播群风

钟即使再也不能发出回荡不已的庄严声音，仍然具有强大的威力。一旦这些钟遭毁损或出现破裂，可能会被埋在圣地，如同过世的人一般。它们还可能变成俘虏，在重大文化冲突中被当成政治人质。在997年，位于南西班牙的科尔多瓦（Córdoba）哈里发辖地（也就是倭马亚［Umayyad］王朝）的伊斯兰统治者，侵略并破坏基督教在圣地亚哥－德孔波斯特拉（Santiago de Compostela）的重要朝圣地。大教堂的钟并没有被熔化成珍贵的金属原料，而是整个被掳走，挂在科尔多瓦的大清真寺（Great Mosque）里，作为战利品的象征。

教堂大钟要敲出何种音调与模式，是敲钟人必须用耳朵学习的。的确，在9世纪之前，圣乐和俗乐都没有以书写的方式来记录，而是口耳相传，通过经验及重复演练牢记下来。到了12世纪和13世纪，一种日渐繁复的记谱系统开始发展，这些音乐传统才得到了更精确的保存。法国南方与西班牙北方有游吟诗人（Troubadour）会创作轻松的抒情情歌，他们开始把作品记在有五线谱的本子上。随着教会愈来愈常演唱复音祈祷曲，合唱歌本被抄写成很大一本，足够好几位神职人员演唱时一起看。这些最早写下来的旋律，虽然没有像现代乐谱一样明确标出速度和力度，但至少显现出连续音符的音程，以及曲调和相伴歌词之间的关系。即便如此，记忆还是很重要，而且表演音乐的专业歌手和乐器演奏者仍希望事先知道音乐的细节。

这种新兴的记谱法遗留给后世很多引人瞩目的文物，从色彩鲜艳生动的含插画歌曲手抄本，到扁平刀刃上刻有一段乐谱的切肉刀，这种刀估计是为了在餐桌上唱歌用的。意大利有一类歌曲，形式上特别与众不同，它们的谱并非一页一页装订成一般的翻页书（codex），而是连接缝成长幅羊皮纸。这种长羊皮纸有时总长度会超过七米，称为"逾越颂卷轴"（Exultet roll），上面有唱诵用

图 18 　逾越颂卷轴。制作于约 1000 年的意大利南部城市巴里（Bari）。所有这类卷轴中的图和文的阅读方向都相反，以便神父念给面对他的观众听。

的复活节祷词，之后是拉丁文、乐谱、长方形图画并陈，这些占满整个宽度的图画是歌曲中提到的教化场景。卷轴内容的方向似乎颠倒错乱，文字和音乐是一个方向，图画则全部朝另一个方向。然而，这种倒转是故意的。主持仪式的神父唱出卷轴上的长篇祷词时，卷轴的一端会往前摊开，从他站立的讲道台的桌缘垂下。当他的歌声响起，那些倒过来的图画缓慢展开，以正确的方向呈现给面前的观众，随着卷轴延展好几米，图画就变成一种连续流动的展示，提供给祈祷者观看。声音和图像在此结合，成为一场惊人的多重感官交互的表演，依赖信徒敏锐的眼睛和耳朵来欣赏。

嘴巴、舌头、牙齿

如同眼睛，中世纪的嘴巴也被认为是感官上的双向道。中世纪的作者知道，嘴巴在其中一个方向上吸收味道的原始信息，然后才把食物继续送到下方的食道再到胃。而另一个方向则是指嘴巴对外进行沟通：它会说话，把声音直接发射到别人耳朵里的螺旋接收通道。我们很难猜测这些中世纪口语听起来究竟是怎样的。不可避免地，它们的精确语音模式在这几个世纪之间，随着许多历史语言的母语使用者一起消逝了。但是我们可以解构来自不同地区不同语言的方言书面记录，对照字词的音节划分、元音重音、细微响度差异，加以拼凑。

我们会直觉地认为，某些地方的人说话听起来应该轻柔甜美，有些地方的人的语气则清晰低沉。中世纪的资料很常评论不同国家之间的发音差异，把某些口音的悦耳微妙之处，拿来与其他让人听不懂的口音相比。德国人说，东方语言嘈杂刺耳。埃及人认为，很容易从某些人平淡的欧洲语调，认出他们的母语并非阿拉伯语。13 世纪，方济各会传教士卢布鲁克的威廉（William of Rubruck）从佛兰德斯家乡跋涉数千里，抵达蒙古帝国的首都哈拉和林（Karakorum），他在游记里提到，自己很惊讶这些"萨拉森"（Saracen，这是对阿拉伯穆斯林的贬称）神父坐着"闷不吭声"，而且他"用尽各种办法，仍无法让他们开口说话"。对照之下，有些欧洲方言一样遭同时代的人批评为奇怪杂乱的喧闹声音。历史学家雷纳夫·希格登（Ranulph Higden，约1285—1364）尝试在著作里解释，中世纪的英语由来复杂，传承自三种渊源，因而有许多不同口音，但连他也只能总结说，这是一种坏掉甚至有点丑陋的语言：

> 英格兰人一开始在领土之中就有三种方言——北部话、南部话及中部话，因为他们来自日耳曼的三支民族（朱特人［Jutes］、盎格鲁人还有撒克逊人），此外，这些日耳曼人先是跟丹麦人搅和，后来与诺曼人混杂过了，于是这个国家的语言大都已经崩坏，而且有些人用结结巴巴、喋喋不休、咆哮怒吼、咬牙切齿等奇怪的方式说话。

有的民族则因为语言的品质和格调不凡而获得赞赏。早期的穆斯林旅人在 8 世纪深入阿拉伯沙漠时遇到住在偏远地区的贝都因人（Bedouin），他们惊讶于这些贝都因人说的阿拉伯语尚未遭到破坏，没有受都市生活污染，维持更纯正、更具诗意的形式。

个别的说话者会因为口齿伶俐和辞藻华丽动人而受人钦

佩,特别是有影响力的老师和布道者(包括伊斯兰教、犹太教和基督教的),他们是神的专业发言人。帕多瓦的圣安东尼(Saint Anthony of Padua,1190—1231)就是这么一位受到推崇的演讲者,他的演说结构巧妙,落入听众耳中的韵律如音乐一样,因而口才受到赞美。有一位与他同时代的传记作者称,当安东尼在罗马对着来自世界各地的朝圣者说话时,由于这位圣人的演讲美妙至极,各族群的观众都奇迹般听到他是以他们各自的母语进行激动人心的宣道。安东尼死后不久,颌骨被作为圣髑保存,因为那是他敏捷口才的解剖构造基础,而圣髑盒在他死后被重新以金银

图 19 装着圣安东尼的下颌骨的圣髑盒。制作于 1349 年,后来经过多次翻修,添加的装饰品都是在这座城市附近街上加工的。

打造出头部和肩膀，包住这副曾经发表过迷人演说的神圣颌骨。许多朝圣者为了寻求精神上的支持，聚集在帕多瓦圣安东尼圣殿（Basilica of Saint Anthony of Padua），拜谒展示中的圣髑，这些遗物当然令人叹为观止。圣髑盒历经多次修饰，包含珐琅底座，安装在三头蹲坐的小狮子上，一个缀有天使像的镀金光环，还有镶着珍珠、宝石、磨圆玻璃珠的灿烂头冠和项链。脸的部位只放着圣髑，用一片球面透明水晶罩着，让围观者尽可能看得清楚。

但是中世纪信众与这类物品的互动，通常远超过单纯的参见。参拜圣人的神龛也可能成为难得的口头经验。比起只是站在圣人遗物之前，不如碰触（特别是亲吻）这些物品，后者被认为能更直接接触到神，顺着这种亲吻逻辑，各种东西都变成朝圣者噘嘴的目标。拜占庭的圣像画受到过度热情的亲吻，表面的颜料已经脱落，露出底下的木质结构。当时的人描述伊斯兰教和犹太教的圣陵或圣殿时，会说陵墓地上铺有石板，很适合跪下亲吻。大多数宗教派别的现存手抄本也显现类似的磨损迹象，逼真的圣像或者圣名的装饰文字，现在已经出现脏污或水渍，有时甚至因为反复亲吻羊皮纸而完全破掉。嘴巴成为宗教交流的关键接触点。

有别于嘴巴，品尝味道的舌头与其说是表现宗教热情的地方，不如说是察觉疾病即将发作的器官。如同所有感觉，味觉可能由于体液偏差而失衡，或许表现为长期口苦、舌头味孔发炎、舌下呈现可疑颜色。医学权威建议用一小把含有鸢尾茎和大茴香籽的香料来摩擦舌头，以处理这类问题。舌头即使很健康，仍可以当作治疗身体其他部位的管道。对于智障或喑哑，9世纪有一本书建议，应将药物送入病人口中，但在他们把药吞下去前，要先在舌下做十字记号。如果这类处方需要用到特别苦或刺激的香料也不要紧：接下来随时都可以采用被后世药典推荐来对付口臭的有效方法，包括喝下芳香的葡萄酒，或者含一片月桂叶在舌下。要是病人够有钱，甚至可以吞下金屑或磨碎的宝石，将材料的费用在舌上转换为医疗效果。

中世纪流传下来的考古遗迹，加上清洁漱口药物的证据表明，当时的口腔卫生程度显然高过预期，不像我们按刻板印象认为中世纪人都是满口黑牙，虽然不同饮食代表各地与各社会阶级的标准也大不相同。有钱人在食物中加入愈来愈多昂贵的进口糖，容易因为饮食过甜造成问题，农民则是由于面包中使用便宜的粗糙面粉，产生长期的牙齿毛病。提供牙科咨询是学院派医师关心的事项，但更常落到中世纪多数大城镇里的实务派外科医师、理发外科医师或专科牙医头上。如果民众去看受过合格训练的行医者，而非冒牌医生或江湖郎中，这些治疗者起码可能提供一些可靠的建议。他们告诉有敏感性牙齿的人避免在短时间内吃热食又吃冷食，并且用合适的调制药水漱口可以减轻牙龈不适。然而，严重的情况下，治不好的牙齿必须拔除，蛀牙得用药草和香料，特别是胡椒来治疗，胡椒被认定对于口腔尤其有疗效。追溯到古代的权威文献宣称，拔掉疼痛难当的牙齿，是为了找到和拔除"牙虫"，这种小虫被当成牙痛的罪魁祸首。但是到了近代早期，大家普遍同意，拔除牙齿后，露出来的其实是残余的树根状神经，有时候看起来挺吓人的，就像一条虫。

在中世纪的欧洲和中东地区，健康灿烂的笑容似乎不是美丽的关键要项，当然不像在今天那么重要，在中世纪图画中难得看到微笑的人像。尽管如此，中世纪牙齿矫正技术的水平，对于负担得起的人而言，已经到达牙齿拔除后能够填补起来，确保露齿而笑不缺牙的地步。外科医师阿布·卡西姆·扎哈拉维（Abu al-Qasim al-Zahrawi，936—1013）是一位影响力十足的多产作者，活跃于穆斯林统治下的西班牙，在拉丁语世界以阿尔布卡西斯（Albucasis）这个名字广为人知，他能把别人的牙齿拔掉换成假牙。这些假牙通常用动物骨头刻成，然后用黄金细线将其和相邻牙齿绑在一起固定。原本的牙齿后来会有什么下场，似乎就是牙医的事了。英格兰作者詹姆士·勒·帕尔默（James le Palmer）在14世纪中期编纂了一部百科全书，里面有一幅展现牙医在工作的插图，

图20 牙医手握一串牙齿，正用钳子为病人拔牙。出自百科全书《所有好事》（*Omne Bonum*）里关于牙科学的一个条目，该书由英国作者詹姆斯·勒·帕尔默编纂于1360至1375年间的伦敦。

他正俯身严肃地看着病人,还有一把黑色钳子,原先是画成银色的,但已随着时光流逝黯淡了。牙医似乎抓着一条绕在肩膀周围的项链,项链上挂着许多夸张的大牙:看来至少有人从牙虫的可怕作用中得到好处。

为了克吕尼挂毯中的女子着想,我们只能希望她拿那些足以蛀坏牙齿的甜美莓果喂鹦鹉和猴子时,自己没有吃太多。频繁纵情大吃甜食,会带人尽速前去拜访如同詹姆斯·勒·帕尔默书中提到的牙医,甚或那位牙医也会用嘴巴里的一大堆东西盛装打扮。然而,这种关联正是克吕尼挂毯的目的,鼓励中世纪观众在年轻女子和自己的感官经验之间来回跳跃。一副身体能够通过感官以五种方式体察周遭世界的信息,而事实上,五件挂毯定义并区分出这五种方式。但是由于有同一组常设角色在整套人类感官五重奏轮流演出,这些挂毯同时有助于把人类感觉经验拼凑在一起。它们终究不是让人一一分别观看的事物,而是在展览室的宽阔墙壁上合而为一,环绕观众。它们整合成套,把各种感觉层层叠加起来,如同在中世纪的日常生活一样。第六幅也是最大件的克吕尼挂毯,正展现了这种感官的齐鸣。这是整个系列中最神秘的一幅。年轻女子再度出现于舞台中心,在充满树木和植物的飘浮岛屿上,这次她站在帐篷之前,正从忠心女仆手捧的盒子里拿起一条金项链,也或许是正要把项链换下来。帐篷入口的上方标示着一句含义暧昧不明的话:"致我唯一的愿望"(A MON SEUL DESIR)。这种愿望究竟是什么,只有她自己知道。不过,在来自前五个场景的动物,猴子、狗、兔子、鸟,当然还有狮子和独角兽的包围之下,我们可以推测,不论她所说的极乐为何,只有通过身体五种感官结合起来的感知,才能使人真正达到并充分享受这种快乐。

图 21　克吕尼挂毯的第六幅，也是最后一幅。画中年轻女子和动物聚集在帐篷之前，帐篷上标示着一句神秘的文字：致我唯一的愿望。这句话的意义还有待破解。

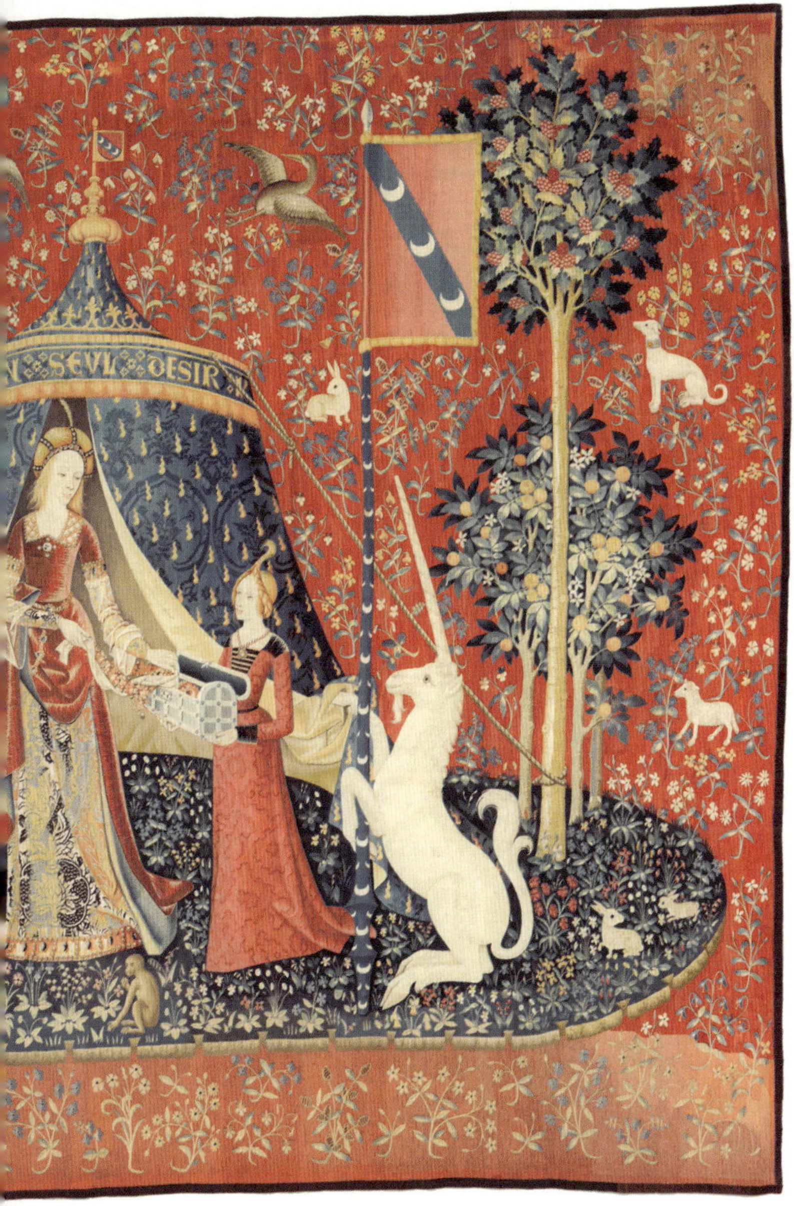
N SEVL DESIR

SKIN

III

皮肤

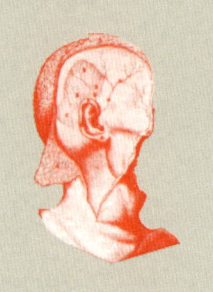

皮肤将身体复杂的内在运作系统包起来加以珍藏，这种方式使得身体内在既安全又有神秘感。然而，皮肤也要面对外界，从表皮把身份和种族议题投射出去，塑造一个人的公众形象，这个人同时是皮肤保护的对象。保护隐秘的内在活动，以及形成外在的社会特征，这两种观点是中世纪关于身体表层的重要构想。

人体之内

在某本手抄本的页面中央，蓝色方形中站了一个人。他赤裸裸的身体没有毛发，一抹淡淡的玫瑰色颜料把头和大腿染成很显眼的粉色泛红。他身姿慵懒的曲线流露出稳定闲适的气息，有一种平静的感觉，眼睛向外看，似乎心不在焉，凝视紧邻左方的空白处。但是再靠近一点审视，我们就意识到这人不可能茫然望向不远处，因为他没有眼睛和眼皮，只有空空的眼窝。事实上，这具身体缺少外面那一层皮，他的皮就像坚挺的布料被对折起来，挂在他肩膀扛着的长竿上。虽然这副皮被如此折叠、披挂，但我们仍可以清楚看出手和脚的形状，因为手掌和脚掌部位的皮还是

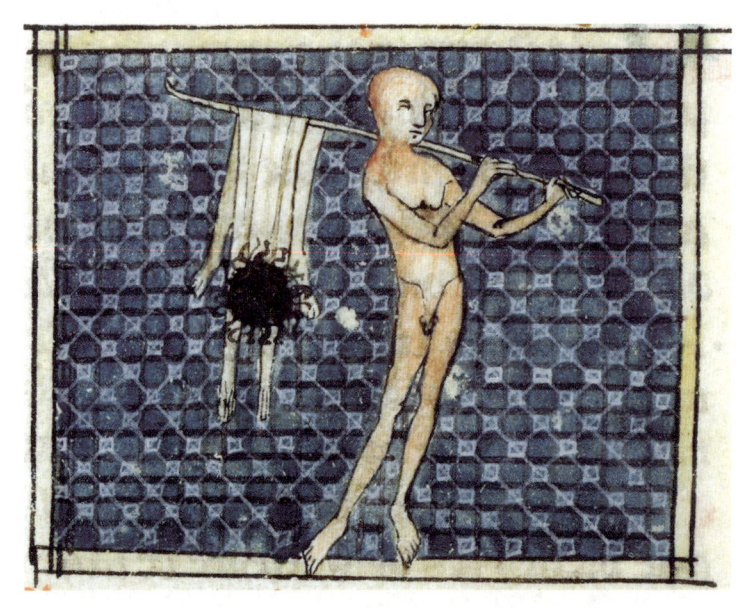

图22　一个人用竿子扛着自己的皮囊。出自亨利·德蒙德维尔《外科》（Chirurgia）的手抄本，该书抄写于1306年的巴黎。

很完整，而且能看出这具身体曾经拥有的浓密头发，现在变成头皮上奇特的黑色编发，一卷一卷翘起，就像一圈皇冠。

从我们曾经看过的圣人事迹，包括他们被砍下来的头以及其他残忍刑罚，可能会认定，这是来自宗教文献中殉教者牺牲场面的画像。这确实很像当时对命运多舛的圣巴多罗买（Saint Bartholomew）的描述，他被活生生剥皮后钉到十字架上，作为考验虔诚的一种痛苦磨难。然而，这并非使用有创意的方式，向读者展示自己的皮的圣人。这位裸体男子也不是属于中世纪惯例的趣味边注，这类边注大部分乐于用荒诞情景来增加幽默气息，例如巨大蜗牛与骑士对战，或者两只迷你兔子用刀子帮彼此活剥皮这类出现在书页边缘的幻想图画。这人横跨了内文一整栏,醒目得不得了。他的地位相当重要,并非只是攀在页缘的滑稽配角。

他其实是《外科》这本书中的要角,该书由技术高超的法国外科医师亨利·德蒙德维尔(Henri de Mondeville)写于1306年前后。蒙德维尔在法国和意大利的大学担任老师,备受尊敬,想借这本书提升外科医师这种职业不怎么高的地位。绘制精细、造价昂贵、质量上乘的插画一般只出现在宗教书籍或知识专著中,这些书是由更受社会肯定的中世纪作者为富裕精英阶级而写的。《外科》这类书籍出现之前,外科医师不能跻身杰出人士之列,这种技艺不算是一门学术,外科医师往往沦落到医药界权势等级的底层,和其他实务经验派医师一起。蒙德维尔为了扭转这种现况,基于对广博外科学的愿景,试图呈现宏大的理论基础作为严格的知识指引,以指导这门技艺的各种要素,涵盖解剖学和外科治疗的许多方面,从腿部截肢术和伤口烧灼术,到切开疖引流和尸体防腐。这些理论被辅以一套共十三幅的解说图,用来升华并阐述内文,其中一幅就是这位被剥皮的人。这幅图下方配有以中世纪法文写成的说明,解释了他的具体情况:

> 图四是一个皮被剥掉的人(把自己的皮挂在肩挑的竿子上),以及他带有毛发的头皮、手部的皮、脚部的皮,皮被剥掉后的肌肉还附在身体上,白色部分是胸部和排泄器官,上腹部旁是肥肉和脂肪。

这个人出现在皮肤解剖学这一章节的开头部分,有文字说明细节:肌肉呈红色,头上有毛发,皮下脂肪以白色调表现。

尽管很简略，但这样的一幅图足以帮助我们看见难以接触到的身体内部。正如蒙德维尔那个时代的人经常证实的，比起去看一副真实的中世纪人体表皮下的组织，观察画中人物的表皮之下终究容易多了。在现代，我们成年之前可能就已经看过各种 X 光和医学扫描影像，不论是出现于真实生活中或充斥于犯罪电视剧里，这代表我们相当清楚我们或其他人的皮肤之下是什么模样。对于中世纪的观众而言，情形并非如此。虽然皮肤被认为具有通透性，可以吸收气候和季节周遭的流动，但它仍是不透明的障壁，包在里面的东西并不完全看得清楚。主要的医学中心大都严格禁止实践人体解剖。这种实务总是惹出一大堆极度令人不安的社会问题。这样侵犯尸体是正确的吗？应该选谁的身体来伤害？中世纪早期传来响亮且清晰的回答："不"以及"不是我"。当时三大信仰的教义不厌其详地提及死后审判、天堂复活、身体和灵魂最终合一这类事情。如果你的身体在埋进坟墓前被一群医者千刀万剐，就几乎没剩下什么东西好复活，以得到永恒的救赎。即使死后也要维持肉身完整，这对于许多中世纪人来说极其重要。

然而，就在蒙德维尔《外科》这本书的插画工作正在进行之时，有一种另类方法首度获得接纳。萨林贝内·达帕尔马（Salimbene da Parma）是意大利的编年史家，他在 1286 年记录，意大利北部有市政当局不寻常地允许对一名男性的遗体进行内部检查。不过这情有可原：他死于一种迅速蔓延整个区域的不知名疾病，当局怀疑这次的地区流行疫病是通过当地的鸡以某种方式传给人类的。一位来自克雷莫纳（Cremona）的医师奉命调查，剖开几只受感染的母鸡寻找线索，发现多数动物的心脏带着异常的独特脓肿。于是，死者的胸腔也被剖开，其心脏果真出现类似的标志，当局认为与鸡瘟有关的想法获得证实。当地有一位医师非常警觉，他广发小册子警告民众不要吃鸡肉或鸡蛋，里头就引用了这起颇具见地的早期尸检案例。

这类调查虽然粗糙却似乎很成功，随之而来的是，该地区的专业人士逐渐愈来愈关注解剖。接下来几年，意大利少数几例法律案件的法官会下令进行一些中世纪最早的遗体解剖。医师开始在审判中作证，说明尸体内外的检查情形，它们的结果慢慢被当成一种新型的重要可靠证据。1302年，一个名为佐利诺·德利·欧内斯提（Azzolino degli Onesti）的男子被发现身亡，可能是遭人下毒。然而，几位医师和外科医师公开剖开他的尸体，发现他的心脏附近有严重的内出血。检验的医师认为这是自然死亡而非他杀的迹象，下毒嫌犯因而获判无罪释放。尽管如此，这种调查在道德上仍然遇到极大阻碍。长久以来，意大利的葬礼传统需要替亡者打扮，在出殡过程中让他们的脸露出来，因此把尸体肢解成一块一块的显然有违习俗。除非绝对需要，少有人希望他们挚爱的人接受这样的处理。不过，似乎愈来愈清楚的是，遗体里面含有某种实证上的事实，有一系列线索和原因藏在皮肤之下。

尽管14世纪时法庭可能已经正在适应偶尔出现的验尸证据，学院派医学界却大都反应冷淡。有一些为了教学而进行的早期解剖，的确大约与那些审判同时期出现，例如蒙迪诺·德柳齐1316年在他的《解剖学》中提到的博洛尼亚解剖案例。但这并非我们今天认为的解剖，它们更多是一种仪式，切开身体仅是为了确认伟大古典传统的至高无上。影响力十足的大师所写的重要专论，经由分量十足的医师朗诵出来，而被拆解的身体只是用来辅助说明。这些只是医学教科书的表演，并非真正的探查解剖。蒙迪诺自己的专著的后期印刷本中，有一幅图可以让人大致理解中世纪的解剖场景是如何展开的。遗体被放在临时搭的木桌上，围观的是大学的学生和研究员，他们正围着尸体讨论。坐在高座上的人，看起来很像在讲道台上的神父，担任宣读者（lector）的角色，他是职级较高的学者，负责把获选即将与遗体对照的拉丁文大声读出来，而下方的解剖人员中有两人俯身靠近尸体。一位是下刀者（sector），手里拿着一把长刀。从没有穿着学术袍判断，他很可能是外科医师，正准备从尸体胸骨到耻骨划下第一刀，如同照蒙迪诺的说明。站在下刀者身旁，离尸体头顶最近的是讲解者（ostensor），是解剖台旁的这群人当中最资深的，负责翻译和仔细讲解宣读者念出的拉丁文，指导围在旁边的那些人，帮助他们理解。除了下刀者和讲解者，其他人几乎完全无视那具尸体。

由于涉及社会禁忌，这些解剖活动的实施方式极其谨慎，制约了许多细节。课程排定一年举行一次解剖，虽然通常发生频率更低，而且向来在较冷的冬季才会解剖遗体，这意味着教授与学生不会在暑热时，被迫和迅速腐烂的尸体一起在狭窄的解剖临时阶梯教室。这些用来剖验的尸体大都仅限于最近才处决的罪犯，在市政府监督下遵循严格界定的条件捐给大学。这些尸体男女都有：事实上，女性身体由于多了生育功能，被视为是两性之中，生理上更有趣的性别。但这些尸体大都是外国人或起码是出生于离当地市镇相当远的外地人的，意大利小型社区里的大学试图尽量避免解剖到自己人，而引发当地民众的担忧。管制这件事，就是为了减少这样的焦虑，然而这些解剖并非总是能顺利举行。1319年，博洛尼亚的医学巨擘阿尔贝托·德赞卡里斯（Alberto de' Zancariis）和学生聚集在博洛尼亚大学附近的圣萨尔瓦托雷礼拜堂

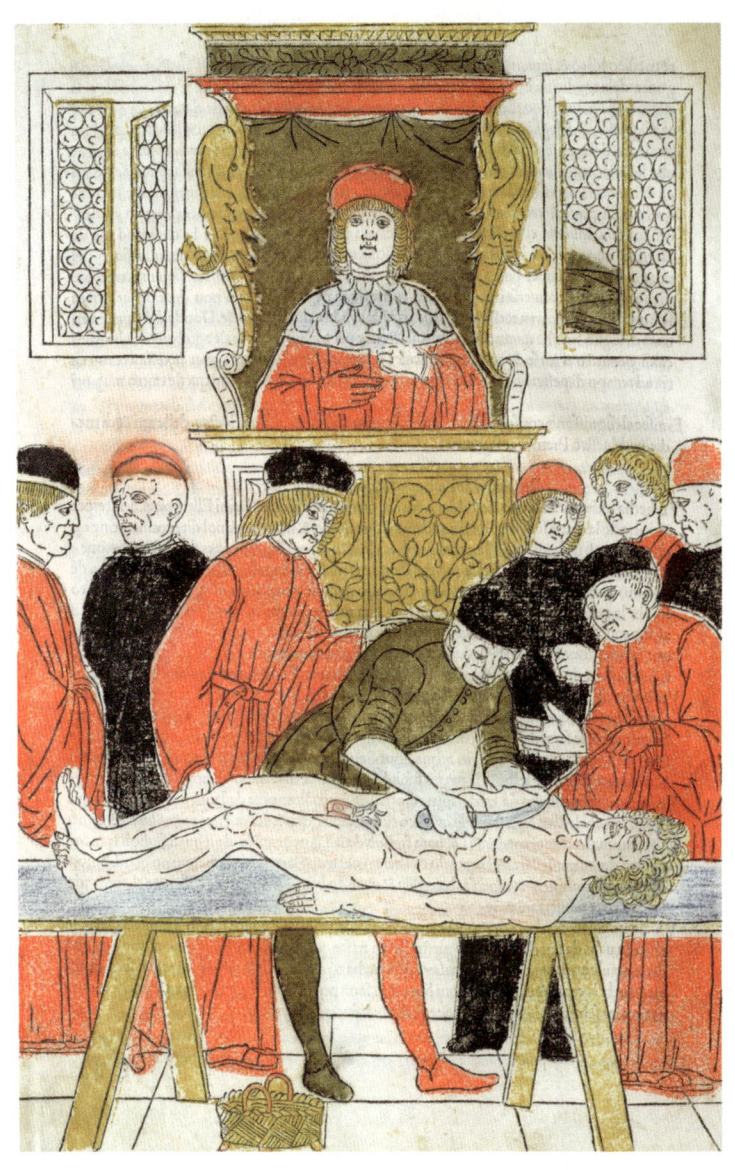

图 23 解剖场景。出自医学汇编《医学精选集》(*Fasciculodimedicina*)，该书印制于中世纪末期 1493 年（以今天的历法来推算是 1494 年）的威尼斯，收录有蒙迪诺·德柳齐的《解剖学》以及这幅图。

(Cappella di San Salvatore)，解剖一具从附近墓园非法挖出来的尸体。这件事震惊了小镇，阿尔贝托的几名学生被判盗墓罪而下狱。

这类故事深深干扰了中世纪的想象力，而且针对这些离经叛道的亵渎遗体案件，法律经常加强管控或至少重申立场。尽管如此，接下来的两个世纪，从蒙彼利埃、佛罗伦萨，到莱里达（Lerida）和维也纳的学院派治疗者，愈来愈渴望展现他们对于人体内部的知识。于是医师愈来愈频繁地小心掀开皮肤，仔细观察底下的情形。

表面特质

中世纪医学认为，皮肤由两层生长在一起的构造组成：外层被称为"原皮"（skin proper），里面的肌肉层被称为"肉层"（panicle）。这种双层构造合起来提供双重保护，让人体内部能正常运作，而且有许多综合特点。蒙德维尔如此描述这双层构造：

> 其特性是，紧绷、强韧、有抵抗力、中等结实、有弹性、非常敏感、薄透、冷热适中，包围整个身体的表面。

对于那些经常受托去划开表皮的外科医师来说，详细了解皮肤的多种异变尤其重要。截肢术需要把皮肤剥开，才能接触和锯断骨头。在皮肤上进行切开术或对口切开术，是为了扩大伤口以移除异物，或者减轻从身体脱离开来的部位的压力。当时经常施行的放血术，需要刺穿皮肤，让血流出来。当然还有许多疾病和治疗是与皮肤问题有关的。皮疹、烫伤、面疱、疥疮，甚至雀斑，都可以用搽剂、油膏来治疗，可是肿块或溃疡，就要用锐利的薄刀把它们从皮肤表面切除。

从15世纪起，外科医师也带动了整形外科市场的扩大，这些各式各样的美容手术起源于拜占庭的医学与技术，在约莫一千年前从印度次大陆传入。4世纪的作者奥里巴西乌斯（Oribasius）讨论到，用取自脸颊的H形皮瓣来修补鼻尖，到了15世纪仍沿用同样思维进行鼻整形术。这类手术特别受到在暴力事故或战场中毁容的人的欢迎，而且对于15世纪90年代欧洲第一次梅毒大爆发的受害者尤其重要，因为这种疾病在后期会造成鼻梁部分或完全塌陷。中世纪时，这项手术在西西里外科医师布兰卡·米努蒂（Branca Minuti）和他的儿子安东尼奥（Antonio）手中赢得声誉，他们主张利用手臂而非脸颊的皮肤来修复鼻子。这可以在病人脸上留下较少疤痕，但也意味着他们得用许多复杂的绷带让手肘抬高到嘴边，维持这种姿势好几个星期，等待移植的皮肤从肩膀逐渐长出来。

尽管如此，皮肤不仅仅是身体瑕疵或是操作手术的所在。皮肤的颜色、温度和质地，可以显现出许多缺陷的征兆，而且就像头发一样，皮肤是使隐藏于表皮之下的问题浮现出来的重要界面。医师的皮肤检查可能会暴露出病人饮食或体液平衡方面的问题，但也可以突显出病人在道德或灵性操守上的缺失。例如麻风，那个时期医学文献中最常讨论到的一种疾病。从皮肤上出现令人不舒服的典型病变，像是结疤和龟裂，可以清楚辨认出得病的患者来。然而，许多医学或其他领域的作者认为，疾病会穿过"肉层"深入到性格所在的更私人的隐蔽处。麻风病人衰败的身体被认为

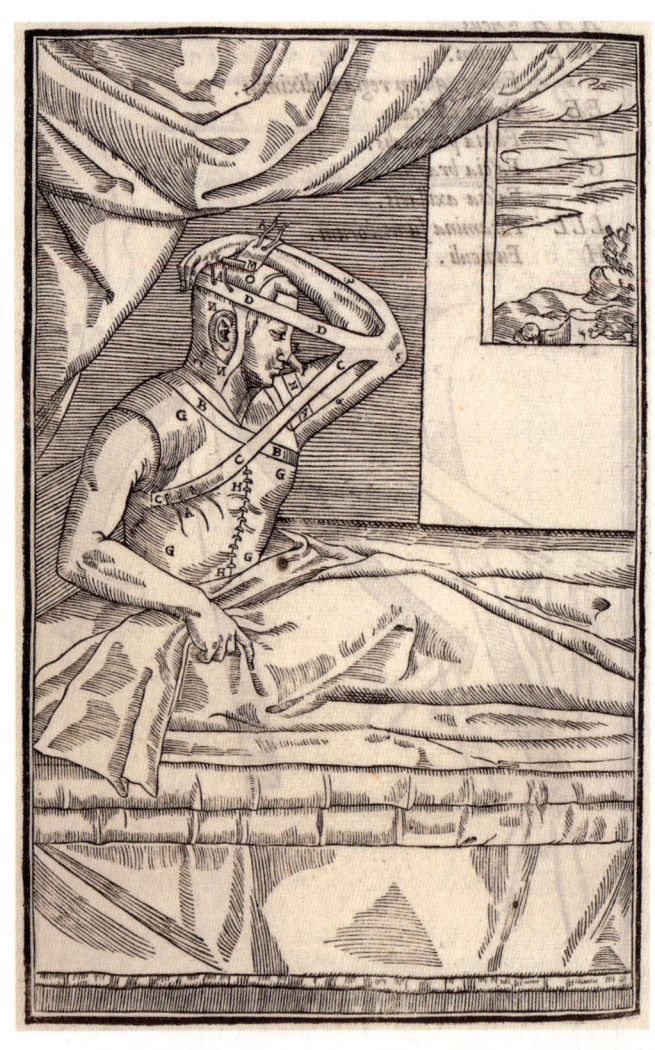

图24 15世纪的鼻整形技术:从病人上臂割取一块皮,并促使这块组织长到有缺陷的鼻子上。出自博洛尼亚外科医师加斯帕雷·塔利亚科齐(Gaspare Tagliacozzi)的专著《修补缺损的移植外科学》(*De curtorum chirurgia per insitionem*),该书印制于1597年的威尼斯。

图 25 努西亚的圣本尼迪克特（Saint Benedict of Nursia）治疗麻风病人的情形。半裸的病人身上遍布黑斑，令人联想到麻风病人皮肤上会出现的病变。罗马圣克里索戈努斯圣殿（Basilica di San Crisogono）中的壁画，绘制于 11 世纪。

是内在道德衰败的后果，这导致他们蒙上严重的污名，民众尤其焦虑疫情的蔓延，还毫无根据地担心麻风病人可能试图蓄意破坏供水系统，使得无辜人群染病。我们现在知道得麻风病的概率非常低，只有超过好几个星期或几个月持续密切接触有传染性的个人才会患病。但是在中世纪，一位9世纪的《古兰经》评注者的忠告听起来更准确："你应该躲开麻风病人，就像躲开狮子一样。"然而，有些人则采取比较温和的观点。他们把麻风病诠释为对旁人耐心和恻隐之心的考验，而非上天给病人的惩罚。《旧约》和《新约》提及了对麻风病人的同情，这无疑影响了一些作者，例如纳西盎的格列高利（Gregory of Nazianzos），身为拜占庭神学家及4世纪时君士坦丁堡的宗主教，他谴责那些拒绝了解这种皮肤病痛的微妙之处的人。"胆小的人被愚蠢言论误导了，"他写道，"看看医师，还有照顾病人的典范人物，他们没有人因为去看病人而陷入危险。不可鄙视你的弟兄。虽然这场苦难使他外表变得畸形，但他仍是自己人。"

互相冲突的颜色

中世纪不只对疾病留在皮肤上的印记持有两极化的观点，在讨论到身体表皮时，也揭示了关于种族议题的一连串复杂立场。

我们偶尔会听到中世纪有一些神奇的事迹，故事中不同肤色的人齐聚一堂，就如同纳西盎的格列高利等人所主张的那种社会包容。这样的例子出现在圣科斯马斯（Saint Cosmas）和圣达米安（Saint Damian）的传记所记录到的一场奇幻的手术中。这两位圣人是生活在3世纪的一对兄弟,由于医术高明,以及为了早期基督教事业而虔诚殉道,他们晋升为圣人,成为医疗专业人士的守护者。在描述两人圣洁生活的记载中,我们听说有一名来自罗马的教会人员,他的腿被一种不知名感染或癌症侵蚀。他向科斯马斯和达米安祷告,希望获得协助,有一晚睡着后,他梦见这对兄弟带着药膏与铁制的外科器械到来,要帮忙截除病肢。两位圣人切掉他的腿,并接上同一天才下葬于附近教堂墓地的埃塞俄比亚人的腿。那人第二天早上醒来,发现自己痊愈了,完全不觉得痛,也换上一只新的腿,梦中的治疗实现了。这短篇故事的作者没有想到这样跨种族的移植对于当时的读者而言是多么激进,甚至没有给出评论,而是专注于宗教成就带来的振奋人心的感觉。

然而,与这种虔诚宗教叙事所暗示的不同,中世纪的种族关系通常更为恶劣。当时的人民并非不知道有其他种族存在。至少在大型港口都市,民众可以接触到形形色色、来自地中海沿岸或更远地区的旅人。从东方和西方到圣地的朝圣之路,以及异国货物和日常物资的繁忙贸易,都需要频繁的跨大陆交流。但是伊斯兰教从阿拉伯湾快速向外扩张时,遭到西方势力同样猛烈的回应。随之而来的,是前现代持续最久的文化冲突时期,掀起了一系列暴力且血腥的宗教战争。自11世纪末起,基督教十字军和伊斯兰教吉哈德(Jihad)之间的战役和反击,使得两方族人陷入有组织的对立,宗教对抗宗教,种族敌视种族。

肤色的不同很快成为辨识、诋毁、妖魔化敌人的主要依据。有一段时间,中东医学界流行一种理论,认为西北部的欧洲人体内有好几项基本的体液缺陷。地理学家兼历史学家的阿布·哈桑·马苏迪(Abu al-Hasan al-Masudi,约896—956)表示:

图 26 圣科斯马斯和圣达米安正在进行奇迹般的腿部移植手术。西班牙佚名艺术家的画,绘制于约 1495 年。

> 至于在北象限的人，因为远离太阳，太阳对他们的影响力很微弱……他们正在流失温暖的体液。他们身材高大、天性粗俗、态度严酷、理解力迟钝、舌头笨重。他们的肤色极度苍白，白到偏蓝。他们皮薄肉厚。

后来的穆斯林宣道者乐于把这些由来已久的医学评论带到12至13世纪的冲突之中。他们把敌人身体上的不同点变成智力方面的缺陷：欧洲人剃光毛发后奇异的白色皮肤，以及令人不安的蓝眼睛，被曲解成他们在战场上的无能和具有懦弱本质的证据。对冲突另一方的基督教宣道者来说，他们更着力于把肤色和体质变成强调差异的工具。关于西方十字军的历史书籍中，其插图把握各种机会描绘穆斯林或非洲敌人在外观上的区别，强调他们穿着异国款式的服装，加深他们的肤色，以突出被视为最基本的生理差异的事物。

此外，欧洲艺术家还响应基督教将黑色或深色与罪行联系起来的作为。倘若基督如《马太福音》所说的是"世上的光"（lux mundi），那些与他对立的，例如撒旦、鬼魂、恶魔、外邦人，形象应该与他相反，无论道德上或实际上都笼罩在阴影之中。教皇乌尔班二世（Urban II）在1095年号召第一次十字军东征，为了支持自己兴兵从穆斯林手中夺回耶路撒冷的命令，发表长篇谩骂，暗示伊斯兰教的追随者是懦夫，而且这是他们的血统、体液和肤色先天决定的。他无意间呼应了马苏迪的话，谴责说："众所周知的事实是，诞生于东方气候中的每一个民族，会因为太阳炙热而枯干。他们血管中的血液较少，这就是为什么他们会从近身作战中脱逃。他们知道自己没有多余的血液可以流失。"这种思维一部分是强力宣传,一部分是伪优生学,为十字军战士把扭曲但有效的医学逻辑混入对深色皮肤的敌人的想象中,后者被视为暴力、野蛮、不洁的"非我族类"。讽刺的是,基督徒和穆斯林的煽动分子都利用同样的人类生物学理论,强调对方的肤色是带来危险的歧异点。

讽刺画比战时宣传更深入。中世纪社会大都处于明显缺乏多元性且宗教保守的环境下,普遍的种族刻板印象可能悄悄渗入日常生活的许多方面。《勒特雷尔圣诗集》(*Luttrell Psalter*)是在 1320 至 1340 年间,为了林肯郡的富裕地主杰弗里·勒特雷尔(Geoffrey Luttrell)制作的个人宗教书籍,书中某一页的下方出现了一幅微型画,场面别具意义。十字军东征早期历史中的两位英勇人物,穿着浮夸华丽的服装,骑着马在羊皮纸底部持长矛比画。从图中左方的人盾牌上张牙舞爪的狮子纹章,可以看出他是英格兰

图 27 理查一世和萨拉丁骑在马上的长矛对决。出自《勒特雷尔圣诗集》页缘的讽刺画,绘制于 1320 至 1340 年间的林肯郡。

狮心王（Coeur de Lion）理查一世（Richard I，1157—1199），也是 12 世纪 90 年代第三次十字军东征的将领。右方穿着更奇特的铠甲，戴着贴有金箔的闪亮头盔的人，就是萨拉赫丁·优素福·伊本·阿尤布（Salah ad-Din Yusuf ibn Ayyub，约 1137—1193）苏丹，西方世界称为萨拉丁（Saladin），他创立了统治埃及和叙利亚的强盛的阿尤布王朝。这幕场景完全是虚构的。这两人从来没碰过面，只通过各自的王家军队代为交战，而且到了 14 世纪的这个时期，这些领袖和几次东征已经变成一种浪漫的文类，而不仅仅是军事行动的真实编年史。即便这一真实事件发生的一个半世纪后，在杰弗瑞的手抄本中，关于谁是胜利者这一点仍是毋庸置疑的。理查的长矛往前猛刺，撞得萨拉丁失去平衡，在马鞍上往后倾。眼看萨拉丁就要掉到地上、被马蹄践踏。这次交手中，他那奇丽的头盔被甩向后方，让艺术家得以揭露这位苏丹最惊人的特征。这里就如同教皇乌尔班的形容，萨拉丁的东方肤色如此深、与白种人如此不同（皮肤被涂成了深蓝色），以至于他看起来比盾牌上夸张的黑色穆罕默德头像还更怪异。尽管萨拉丁坐骑的马衣中有奇怪的蹼状花饰，自己身上的鳞甲有强烈的鲜红色鳞片，这些格格不入的特异性中，最鲜明的标记仍是他那变了色的不寻常皮肤。

写在皮上

皮肤不见得必须附着在身体上才能传达同样强大的意义。到了要写书的时候，好比说是十字军东征的编年史、外科治疗的专论，或任何主题的书，中世纪的作者可以选择材料。在信仰伊斯兰教的中东和北非地区，写作的人大都选择纸，他们早在8世纪接触中国文化时就引入了造纸术。但是在西欧和中欧，承载知识和图案最普遍的材料是羊皮纸，这是经过处理的干燥兽皮，它们已从会呼吸的活生生的表皮，变成一张平坦干净的页面。

  中世纪早期，羊皮纸大部分是在修道院或王朝宫廷的缮写室制造的。这些缮写中心成为当时几位作者的容身之处，他们关注于制造能长期流传的书籍，可能是宗教或科学主题的知识巨著，或者更实用的国家法律和财政方面的永久记录。到了13世纪，已经有专业羊皮纸制造商负责制备羊皮纸，抄写员和插画家可以向他们购买单张或订在一起的羊皮纸，然后着手制成手抄本。这些工匠的店聚集在中世纪大城市的文艺区一隅，有时候占据好几条街。这样做部分是为了集中资源和专门技术，因为制造羊皮纸需要精心规划的繁复步骤，有赖于独门技术和昂贵原料。

  首先需要购买兽皮。这得要高品质、尽量没有瑕疵的皮，还要根据受委托制作的书，挑选来自大小和颜色合适的动物的皮。好比说，有深色毛或斑纹的小牛，就会做出比较大张的带有黄褐色斑点的犊皮纸；而毛色较淡的羔羊，就制作出较小张的浅色羊皮纸。这些皮会先经过清洗，再置于流水中漂洗一天左右，然后放进稍具腐蚀性的碱性溶液里浸泡更长时间，这里使用的碱性物质有脱毛液、生石灰，甚至尿液。这些物质造成兽皮里的细胞腐败分解，使皮上的毛自行脱落，留下一大片平坦表面。羊皮纸匠接着会把这张皮移到木框上绷紧，还要确保它不会干掉，并用形状像弯月的月形刀（lunellum）仔细刮过皮面。有一幅来自15世纪20年代纽伦堡（Nuremberg）的插画，展示了羊皮纸匠弗里兹·皮尔梅特（Fritz Pyrmetter）正在进行这道工序。弗里兹的姓氏，极

图 28　羊皮纸制造者弗里兹，在制作羊皮纸的最后一个阶段，用月形刀刮绷紧的兽皮。出自所谓的《十二兄弟之家纪念册》(*Housebook of the Twelve-Brothers*)，这是一本制作于约 1425 年的大部头，其中罗列了德国纽伦堡一个慈善基金会的退休工匠成员。

可能是从德文的羊皮纸（Pergament）借来的，而"Pergament"又源自拉丁文的"pergamina"，意思是"帕加马的东西"，帕加马（Pergamum）是一座希腊化时期的城市，据说最早是以羊皮纸藏书丰富的图书馆而闻名。弗里兹满脸络腮胡，身穿简单的束腰宽外衣，工作方式和他同姓氏的祖先一样，用宽刀刃在展开的羊皮纸上来回刮，刮刀两头弯曲，确保他在迅速动作时不会划破紧绷的兽皮。

无论羊皮纸匠工作时多么小心翼翼，兽皮难免会有自然的缺陷，羊皮纸上仍可能出现小裂缝。为了避免裂缝在绷紧兽皮的过程中扩大成圆形开口，这些小裂口会很快被针线缝合起来，用到的技巧和外科医师的谋生本领一样。许多中世纪书籍里依然可以看到这样的修复，这些小缝线使得书页维持数个世纪的完整。有人用普通的线缝入羊皮纸的浅色表面，有人则特意缝成彩色的花样，突显制造者的针线技巧。要是洞太小，缝起来嫌麻烦，也能被书籍作者当成乐子，他们可能在这些缺陷的周围涂鸦，画出动物或面孔，低调点出这些表皮的生命源头。不管是哪一种方式，羊皮纸匠在最后刮走皮面的瑕疵时，都会持续转紧木框的栓钉，让这张皮变得平滑又有光泽。干燥的羊皮纸质地像薄塑料片，反而不像松软的纸张。无论是将其连续缝成一长幅羊皮纸卷起来，或是裁成一页页长方形羊皮纸再装订成翻页形式的书，羊皮纸既有弹性又很坚韧，意味着它极度耐折、不易起皱、耐刮且抗污，可说是一种难以摧毁的书写表面。

考虑到光是准备一个跨页所需的工夫，就不难理解为什么在中世纪书籍被视为如此费工和奢侈的物品。一套有许多卷的大型翻页书，其中几本用了超过五百张羊皮纸，那么整套书就可能包

图 29 经 12 世纪抄写员改造过的羊皮纸上的小洞。抄写员在抄写克莱尔沃的圣伯纳德（Saint Bernard of Clairvaux）对《雅歌》的评论时，抽空将小洞画成了一张脸。

含好几群牲畜的皮，还需要数个月的辛劳，才能让文字或插画为页面增添光彩。14 世纪 80 年代早期有一本为威斯敏斯特主教制作的豪华书籍，根据主教的账簿记录，单是其羊皮纸的费用就达四英镑六先令八便士。与之相比，技艺高超的抄写员托马斯·普雷斯顿（Thomas Preston）花了整整两年在写这本书，而他收到的酬劳总共只有四英镑多一点,和纸的造价相当。事实上,羊皮纸的费用不止在久远的中世纪是个问题。英国的法律条文长久以来都记录在小牛皮上,直至2017年年初,议会议员表决要裁减经费,改用较便宜的纸本装订保存。反对使用小牛皮的人认为,这是中世纪污浊政权的古老残余,该是现代化的时刻了;《每日镜报》(*Daily Mirror*)大刺刺地下了很讽刺的标题:《议员只花两小时讨论,每年是否继续浪费八万英镑把法条印在小牛皮上》。然而,英国仅存的一家犊皮纸制造商威廉考利公司(William Cowley)的总经理保罗·赖特(Paul Wright)反驳说,正是因为犊皮纸,威斯

图30　威斯敏斯特的法案室拥有成千上万件犊皮纸卷,记录了英国五百年来的法律条文。那里保存的法令最早可以追溯到1497年,与诺福克(Norfolk)羊毛产业的学徒有关。

敏斯特的图书馆才能保存那得以回溯至 1497 年亨利七世（Henry VII）在位期间的法条原文。如同莱特所说："你能把犊皮纸卷起来，放在架上或洞里保存五千年。但是你找不到任何造纸商敢保证，纸张能保存超过两百五十年。纸张只能带我们回到大约 1750 年，而更早的历史我们就只能吻别了。"

第二层皮

如果医师和外科医师治疗皮肤的疾病，羊皮纸匠把皮处理成可以书写的平坦表面，那么第三组中世纪工匠则是运用自己的技术保护皮肤不受风吹日晒的摧残，让身体包在行家精心制造的纺织品里。人的皮肤天生的颜色和状态是固定的，服装则不一样，它们使中世纪的穿戴者拥有可变换的皮肤，这种皮肤更具可塑性，可以用来标示一系列不同的身份。然而，服装修改师、裁缝师、织布师、刺绣师制作出来的成品，属于很少从中世纪流传下来的物件。束腰宽外衣、长裤、长袍、连裙装、礼服、短外套、斗篷、衬衣，都是特别容易在日常生活中变旧磨损的东西。从开始使用的那一刻起，它们的有机染料和布料就开始颓败，绝大多数没有腐烂的中世纪纺织品，仅来自恒定和干燥的保存条件下，从干燥的沙漠遗址中挖出（通常在埃及），或发现于教堂地下墓穴中原封未动的坟墓里。

那些得以保存下来的，特别是来自中世纪早期的纺织品，似乎大都制造成拜占庭与伊斯兰工作室的风格，受到高度的赞赏。棉、亚麻、丝绸衣裳是中东特产，用的是从周遭西班牙、西西里

图31 孩童下葬时穿的羊毛束腰宽外衣。可能制作于5世纪或6世纪的埃及。

或叙利亚这些农业和养蚕业盛行地区进口的原布料。有一件5世纪或6世纪的儿童束腰宽外衣，现保存于伦敦的维多利亚和阿尔伯特博物馆（Victoria and Albert Museum），展现了这类服装需要的精致做工。这是下葬时穿的上衣，用来包住坟墓里的人体，虽然衣服历经时间而变得脏污，但它也曾整洁地呵护着死者，这是逝者最后一次隆重打扮。这件衣服以一块未染色的简单布料做成，为死亡增添了一股简洁、高雅的气息，布料从上端对折，用亚麻线缝起来收边。然而在领口和腰部仍可以见到巧妙的装饰。一系列带有重复图样的精细编织补缀片和镶边，以圆形图案、卷曲藤蔓、抽象形状来装饰身体，同时小人头、花朵、鸟兽一起为布料和穿着者增添了一种细腻的个人风格。

衣服可能反映出主人的状态，这种想法在生前或死后都很重要。这些人经常会宣示对国家、政治或宗教的效忠，有时候这些举动会变得铺张且刻意。战场上的士兵在制服标示记号、头盔插上羽毛、铠甲加上王家标志,来显示自己属于哪一个阵营。修士和修女可能通过特定颜色和款式的长袍,来表明自己拥戴的修会;如果他们违反会规并遭免职,这种身份就会被剥夺。但其他时候,衣服的指示作用更微妙隐秘。在市民生活中,高级服装的花费和变换通常会加强社会阶级的形成。对于少数负担得起高级服装的人来说,短版罩衫、波形皱边袖、特殊领口的上衣、连着长尖尾的兜帽、双角头巾,诸如此类的时尚细节标志着他参与了流行风格的快速更迭。在如此浮夸的时尚氛围下,各地出现了大量讽刺画。斯堪的纳维亚人被和他们买卖的珍贵毛皮联系在一起;中国人与波斯人因为生产精美花纹丝绸而受到称赞;到过中东的西方旅客往往把对有色皮肤的非难与鲜艳"异国"服饰混为一谈,他们尤其讨厌大部分伊斯兰教徒戴的头巾,以及蒙古人宫廷中染成俗丽颜色的制服。

然而,对于大多数中世纪人来说,要穿什么衣服通常没有太多选择。许多人受限于较普通的职业需要穿着实用的工作罩衫和制服,不仅如此,自12世纪起,地中海沿岸各地区纷纷扩大法律规范的框架,开始管制消费和服装。这些法律就是众人所知的禁奢令,由地方政府强制执行,为特定类型的民众限定合适的风格时尚。这在某种程度上是保护当地制造者的一种方法,惩罚穿着外国纺织品的民众,提供贸易保护,支持在地市场。在卢卡(Lucca)或伦敦等主要大型城市,纺织可以成为一门大生意,而且仰赖纺织业的成功发展,这一行的专门人员形成一支有男有女的劳动大军,不像中世纪一些小众工艺的匠师那样单打独斗。在国家的协助之下,制造衣服变得相当有利可图。托马斯·卡尔顿(Thomas Carleton)是英格兰最成功的纺织工人之一,自1368年起被任命为英王爱德华三世（Edward III）的王室刺绣师，他留下来的账本显示，生意蒸蒸日上的过程中，他在城市各处置入了多套不同类型的房产，每套都包含一个小店面，装有折叠式护窗板，这些护窗板翻下来便可当作贩卖商品的柜台。

但是，限奢令还可以更具强制力，甚至变得很邪恶。一方面，这些法律尝试从衣着方面维护社会安定，这相当合理。1375 年，意大利中部阿奎拉城（Aquila）的法规坚持任何人不得穿着"过短的裤子，以致使生殖器暴露出来"。说得有道理。不过，法律也经常试图通过社会监督来加强道德规范，例如避免社会高低阶层的服装混淆，立法者认为这是令人不快的情形。在纽伦堡，农民若佩戴珍珠或者脚穿开缝镂空的时髦鞋子，将会被处以巨额罚款；而在马穆鲁克时期的开罗，非穆斯林必须穿着特别颜色的衣服，犹太人穿黄衣，基督徒穿蓝衣，以突显他们的异常身份。几乎在东方和西方的所有大城市中，妓女也不准穿着特定布料，以防被误认为普通百姓。她们只能使用黑色或黄色的布制作头巾，有时还要佩戴铃铛，好提醒别人她们来了。

关心性工作者的特定服装，不过是举例说明，中世纪对于为皮肤穿上衣服的想法，与淫荡和罪恶的观念是多么紧密地绑在了一起。但妓女并非总是因为职业而被妖魔化。或许令人惊讶的是，宗教权威人士偶尔主张对性工作持宽容态度，至少对异性的交合是如此。犹太作者参考经文指出，《圣经》里面有好几位女性都当过妓女，像是喇合（Rahab）与他玛（Tamar），却仍被推举为忠于信仰的女英雄典范。基督教初期的教父也把性工作者视为一种社会需求，如同圣奥古斯丁在他的第一本书《论秩序》（*De ordine*）中写到，如果社会要消除妓女，那么"世界将因过剩的欲望而动荡"。伊斯兰作者甚至认为,性工作者的酬劳是她理应赚得的嫁妆。然而,中世纪妓女对社会构成的真正危险,并不在于她的财务状况,而是她太过于容易脱掉衣服,露出裹在里面的皮肤。有些宗教思想家即使表面上似乎可以容忍,但同样经常表达出意料之中的观点:卖淫时随意裸露,暗示道德的敷衍。裸体相当于永不满足的欲望,这种观念从最开始就是这么假设的,真的。亚当和夏娃在伊甸园享受堕落前的至喜和恩惠,裸露自己的肌肤也毫不在意。只有在他们吃下分别善恶树的果子之后,这里引用《创世记》的文字来说,"他们二人的眼睛就明亮了,才知道自己是赤身露体,便拿无花果树的叶子,为自己编作裙子",这就是最早的衣服。神圣的经文中,这种别有含义且会造成问题的裸体在各种时刻一再出现,总是被当成带有侵犯和耻辱意味的举动,例如挪亚(Noah)被儿子发现他喝醉酒且赤着身子,异教徒巴比伦人由于随意裸体而遭羞辱,以及圣人常常在迎向神圣死亡时,最后遭受衣服被脱掉的侮辱。衣服本身带有道德意味,对于城市的管理者来说,监督穿着是监督虔诚百姓的操守的一环。

宗教权威人士亟欲在这方面树立典范,仔细思考在信众面前该穿什么样的衣服,特别是在面对圣道的庄严时该如何装扮。尤其基督教神职人员是当时欧洲社会最具权势的人物,他们委托制作奢华且有强力象征意义的教会祭衣,成为这段时期留下来的几件保存得最好的中世纪手工绣品样本。与羊皮纸书的情形类似,后续几代的使用者习惯把这些服装拿去剪裁修改,有时候衣服的整片图案会被拆下来,重新制成新的袍服。然而即使变成布片,先前的威力仍在。以马纳尔绣带(Marnhull Orphrey)为例,这是14世纪绣有宗教场景的镶边,曾经镶在神父的衣服上。这件作品使用十分精致但如今已褪色的丝线绣成，描绘了基督受罚的情景：其中一幅图是他被两个人拿鞭子挥打；另一幅图展现他扛着十字架前往各他（Golgotha）的路上一直遭到斥责和奚落。这些图画本身点出了衣服的社会功能，图中的基督几乎赤身裸体，他的尊严只靠一块银色缠腰布维护，然而施暴者却穿着精致的异国服装，色彩鲜艳，还有花样醒目的裹腿裤，以及赭色外衣。这些纺织品的色调强化出双方在谦逊方面的明显差异。不过，基督的裸露也让人注意到他光彩焕发的皮肤。他的皮肤以明亮白色丝线绣成，呈现出一片令人崇敬的圣洁纯白，与旁边矮小施暴者特意加深的肤色形成对比。

和占据《勒特雷尔圣诗集》页面下方、被撞得即将掉下马背的蓝脸萨拉丁一样，这些没有信仰的人对基督犯下罪行，他们精神上的黑暗转化为真实的黑色，显示在脸上、手上和脚上。如此奢侈、昂贵的衣服，让穿上它的神职人员更添权威感，同时展现出教会对于种族和服装的明确看法。衣服上的人物并非单纯以黄色丝绸来衬托，而是绣上金镀银线为背景。当神父主持基督教仪式四处走动，服装会捕捉到从窗户流泻进来的光线或者摇曳闪烁的烛光，使得丝线熠熠生辉。神父赋予马纳尔绣带以形体时，十字架、鞭子、基督身上的斑斑血迹全都开始闪耀，于是这件没有生命的沉重织物活了过来，成为礼拜仪式上的第二层皮。

图 32 马纳尔绣带上的两幅场景，表现了基督背着十字架和受鞭笞的画面。可能绣制于 14 世纪早期的伦敦。

BONE

IV

骨头

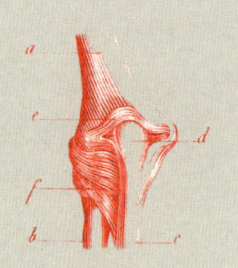

早在中世纪以前，众人就皆知骨头是人体的基础，是一种结构框架，肌肉、神经、血管、肉体等所有东西均围绕附着于其上。中世纪早期的作者在论述中提到了大多数部位的骨架，描述得相当彻底，包括个别的骨头和它们各自的功能：肋骨增加胸部的强度，头骨保护里面柔软的脑组织，锁骨经由肩部把手臂和胸部锁在一起（锁骨的英文"clavicle"，来自拉丁文"clavicula"，意思是"小钥匙"）。尽管如此，关于人体含有多少骨头，并没有确定的总数。有些作者主张总共有二百二十九块骨头，有些作者认为男性有二百二十八块骨头，相较于女性的二百二十六块，多了两块。另外有人明确表示，男性比女性少了一根肋骨，呼应《创世记》所述的，神用亚当的肋骨造出夏娃。

如此众说纷纭，是因为实际操作的问题。想要看见骨头呈现干净洁白、很容易计数的模样，首先需要去除坚韧的肌腱和韧带，它们是连接肌肉和骨头的组织，这在以前和现在都是很费时的工作。四肢和身体其他部位必须小心熬煮，让肌肉的纤维松开，促使中间的部分像炖羊腿的骨头那样轻易脱离出来。在中世纪，先不谈烹煮这么充满争议性的炖菜，光是把人体剖开就窒碍难行。此外，水煮取骨的方式缺点也很明显，过程中遗体大部分会遭受破坏，把尸体摧残到难以接受的地步，而且最终无法用来观察。只有到了近代早期，解剖教学用骨骼的制作才逐渐兴起，即便在当时，解剖过的尸体也往往不是利用水煮方式去除肌肉，而是使用比如生石灰水这类稍具腐蚀性的溶液来浸泡，分解肌肉。

骨头显然很重要，却藏在皮肤之内，难以接触，成了令人挫折的事物。这也限制了它们在当时医学图像里的出现。当骨头真的成为画中主角时，虽然看起来很熟悉，不过会有一点走样。那儿的头骨只有一些锯齿状缝合线从中心往外延伸。方形下颌骨有时候正确画成独立的骨头，但更常与颅骨融合在一起，形成一大颗奇怪的骷髅头。骨盆也往往画成弯曲圆滑的形状，就像与骶骨合成为一个半圆形的结构。长得像一排钢琴键的脊柱从脖子延伸到尾骨，还向外延伸出肋骨，但通常没有一节一节的脊椎骨，看起来就像一根不太稳固的管子沿着背部生长。骨骼深藏于内部，现实中很难看到，为了与这一事实呼应，有时人们会努力把骨头排成一个互相连接的架构，置于身体之内（这一点是可以核实的）。围绕着骨骼画出一层层肌肉与软组织，以深紫浅红相间的凹陷条纹表现。然而更多时候，这类描绘完全没有真实感。

有一幅1488年的图，和波斯作者曼苏尔·伊本·伊利亚斯（Mansur ibn Ilyas，约1380—1422）的文章一起被复制，展示了这样的骨头图解。这个人变形得很奇怪，有颗扁平、心形的头，而且这颗头似乎是上下颠倒的，眼睛和鼻子往上朝着页面顶端。那些想探求一个"蒙昧无知的中世纪"的人，可能会立即把这当成一项错误，认为画这件作品的插画家不清楚人类骨架的真正情形。然而，我们如果看得更仔细一些，就会明白这实际上是一幅背视图。如同西方类似的图画，这画的是从背面看到的骨架：其手肘和手掌朝向观看者，正面朝下躺着，头以极大角度往后仰，以便让人完整看到脊柱上端的脊椎骨。伊本·伊利亚斯的读者关注的重点，显然不在于看到正确呈现的骨架。毕竟，经验丰富到能阅读这类深奥理论书籍的治疗者，应该更熟悉真实人体的细节。确切来说，他们想从这样的图像得到不同种类的知识。这些人骨非写实轮廓的周遭，满布一小段一小段的解释文字，列出骨头的名称，并区分了它们的功能。这是作为演示装置的骨架，旨在使这些骨头的细节更容易记忆。它传达了围绕人体骨头而建立的术语，是理解医学的知识架构。

更实用的医学采取不同途径来接触骨头。中世纪的骨科保健有一整套成熟的方法，特别是外科医师用来治疗损伤和骨折病例的专门技术。脱臼及其治疗，被深具影响力的意大利外科医师泰奥多里科·博尔戈尼奥尼（Teodorico Borgognoni，约 1205—1298）称为"关节脱位的复位"，一般认为最佳处理是通过牵引在伤肢上用力推拿，牵引就是用手或一些新奇装置施加拉力到患处。对于髋关节脱臼，要把小腿从胫部绑起来，在大腿之间塞个充气的小兽皮袋，将髋关节顶回原位。至于脊柱脱臼，则会使用特殊设计的木头架子，加上医师的身体重量，来检查或拉伸病人的身体。仅是这样的拉伸，可能无法对病人提供长效的帮助，但或许能有效减轻受压迫神经的压力，并减少过度拉伸的肌肉发生痉挛的频次，使病人得到真正的缓解。

对于不完全骨折和完全骨折的复位，更有效的方法是使用支架和绷带缠紧来固定伤肢，让骨头重新归位，接着施用药膏和药物来协助骨头愈合。我们对这些方法能有相当的了解，是通过 1440 年左右的一本综合了医学、宗教、魔法的希腊文书籍，其作

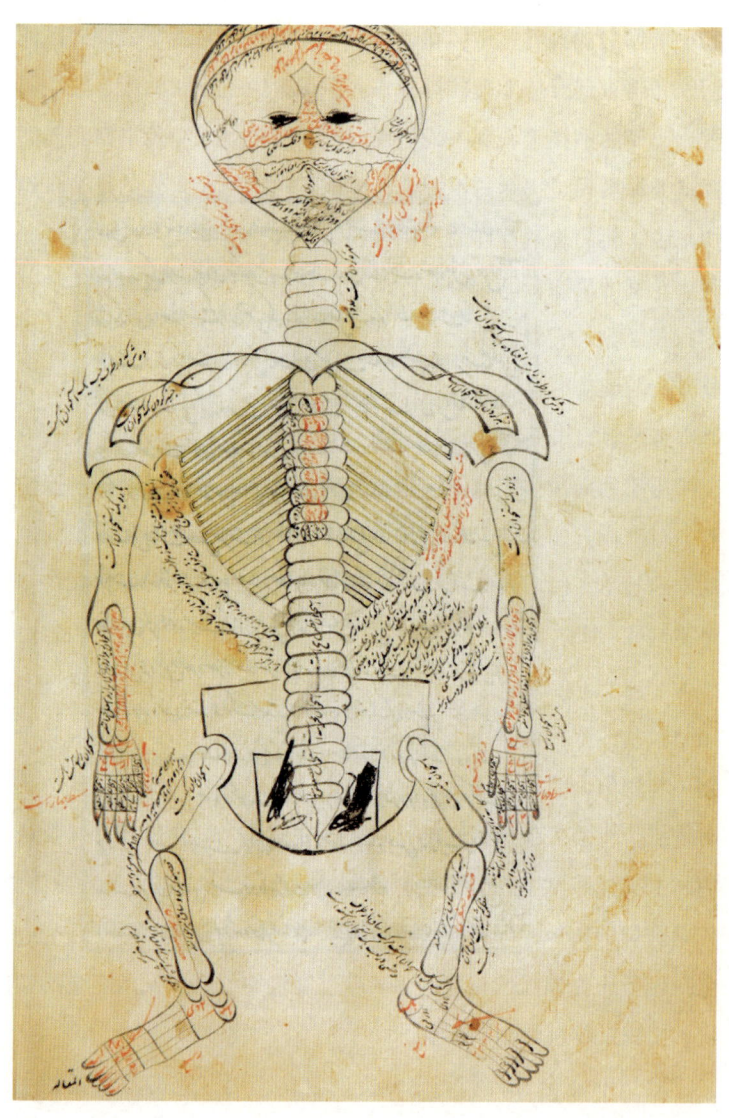

图 33　解释人体内骨头详情的骨骼图。出自波斯作者伊本·伊利亚斯《人体解剖学》(*Tashrih-i badan-i insan*, تشريح بدن انسان) 1488 年 12 月的复制版本。

者阿隆的约翰（John of Aron，Ἰωάννου τοῦ ἀρο）是鲜为人知的治疗者。这本手抄本的羊皮纸保存状态不太好，表面磨损且遍布污渍，或许代表经常有人翻阅参考。尽管如此，其中一页仍然清楚显示一组九张并排的人脸图，每张人脸都交错缠绕了褐色绷带。不同的包扎法是用来固定各种骨头损伤的，各按包扎形式来命名，例如"头盔式"（περικεφαλαία）、"交叉式"（πλής）、"菱形式"（ρόμβος）。同一本书的另一幅插图，则展现了更复杂的接骨场景。

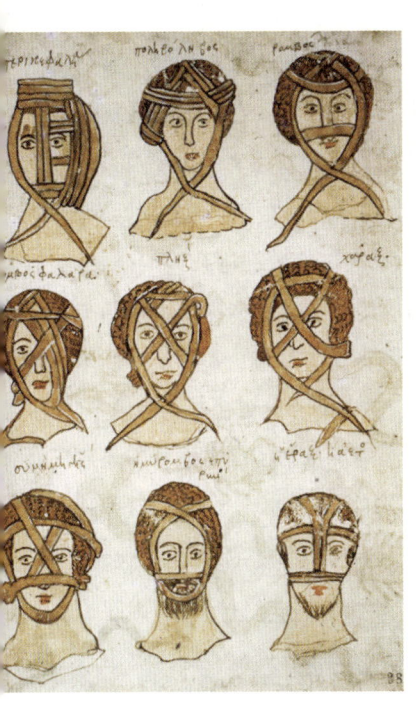

图34　左页是脸部包扎的各种方式，右页是通过扭转病人身体以减轻其关节所承受压力的情景。出自1440年左右的一本希腊文医疗书，作者阿隆的约翰是一位治疗者。

病人脸朝下架在牵引机械上拉伸，两名助理从两头拉紧架子。整件事的场面似乎相当盛大，在有顶篷的华丽拱道下进行，挂灯和圆顶让人想到豪华公共浴场的马赛克装饰。当时应该很暖和，因为助理赤身裸体，而主治医师使用木板推拿病人背部时，只在腰间围了一条毛巾。

这种医术不限于人类骨头。14世纪的兽医阿布·巴克尔·贝塔尔（Abu Bakr al-Baytar）是在马穆鲁克时期为埃及宫廷效力的专家，他详细论述了制造大型夹板的详细流程，这种夹板可以用来处理马或牛的骨折，也阐述了可以当作治疗药物或止痛药的成分，其剂量远高于人类所使用的。诸如此类的动物医学，通常不会留下记载。大部分农夫无法读书写字，不太需要为已从事好几代的畜牧业留下长篇大论的记录，他们靠观察和口述来传承。这类兽医著作通常是像贝塔尔这种照料高级牲畜的饲养者的专利。健康、稳定且能工作的动物，对于各项国家大事的顺利进行非常重要，包括游行、庆典、外交旅行和战争。因此关于动物复杂手术的指引是很有价值的事情。当中充满了各种迷人细节，提到手术如何下刀才能接触到骨头，还有如何注射镇静药物可以避免动物挣扎，以及手术后烧灼创口的技术。其他的书列出了调制极度黏稠的药膏的配方，这些药膏可以用来稳定、补强、保护轻微骨折的伤处，甚至在棘手的情况下也能派上用场，例如贵族精英养来打猎的鹰偶尔折断翅膀时。由于这项活动在地中海周遭地区的有钱人圈子里大受欢迎，有关如何治疗鸟类骨头的知识，就变得和人类病患手术的知识同样重要了，也同样可以牟利。

图 35　可能出自 12 世纪伊朗的塞尔柱（Seljuk）陶匠之手的碗，其上的画表现了一位王子骑在马背上，带着鸟一起打猎的画面。这些鸟兽正是马穆鲁克的兽医阿布·巴克尔·贝塔尔会治疗的那一类高级动物。

埋骨之处

中世纪的治疗者认为自己能够照顾活着的人类和动物的骨头，并使之康复，而与这种充满希望的关怀截然相反的是，骨头在中世纪的死亡文化里，象征着近乎永恒的存在。骨头代表人和生死大事最亲密且最公开的关系，这是骨头在中世纪最刻板，也是目前为止最显著的角色。骨头最终安息的地方可能极其重要，因为那是充满悲伤、喜乐、回忆，以及死者和生者进行精神交流的地点。

这个时期的大多数时候，一个人希望自己埋在何处，是生前就决定好的事情，而且是在离年老或生病还很久以前。大家都认为，尊重这种愿望至关重要。我们最容易在一些位高权重者的例子看到这一点。不论是国王、女王、苏丹或皇帝都十分富有，有能力四处旅行，因此他们在远离领土关键政治中心的地方过世，并非少见的情形。对于追随者和国家来说，这些上位者的身体仍掌握了可观的王朝财富，因此皇位继承人会发现自己身负重任，需要将远方的遗体运送到适合举行隆重葬礼的地方。然而，穿越大陆运送尸体并不容易。加洛林（Carolingian）王朝的国王秃头查理（Charles the Bald）于877年驾崩于阿尔卑斯山的阿夫里约（Avrieux）小镇，遗体的内脏被取出后，再塞入芳香防腐剂、盐和酒，希望能维持尸身完整，运回六百千米外位于巴黎市郊的圣德尼大教堂（Cathedral of St. Denis）。无奈遗体的恶臭实在令人作呕，一行人只护送国王到南蒂阿（Nantua）附近。直到七年之后，有一位特别有冒险精神的虔诚修士，挖出国王的遗骸，送回首都。经过几个世纪，这种搬运过程已经更有效率，但仍然是一项重责大任。法兰西国王路易八世（Louis VIII）于1266年在奥弗涅（Auvergne）逝世，当时他的跟随者面临着一段同样复杂的遥远旅程。这次尸体加盐腌渍，裹上蜡布，然后包在牛皮里缝起来，救运送者的鼻子于骨臭。

这种对死地的执着，尤其是中世纪三大信仰不可或缺的一环。从宗教观点来看，死亡不是寿限的终点，而是进入另一个领域的过渡点，也就是从生命的尘世阶段到达另一个更不可知的阶段。基督教在这方面讨论得最多。早期希腊–罗马习俗作为它的源起，往往从家族世系来强调逝者的个人传记：这些男男女女已经死去，但是他们与亲属和宗族的联系仍在。《新约》将其重塑，更接近一

图 36　位于法国中部偏南的孔克镇（Conques）的大教堂西侧大门上方的雕刻画。这幅雕刻画带给信徒强大的视觉震撼，每次他们进入教堂，都能看见最后审判的景象，中间的大型画面是正在进行审判的基督，好人归在他的右手边，恶人归在左手边。该教堂建成于约 1107 年。

种灵气的永存。中世纪的神学家同意,强大的生命灵气只是短暂存在于身体之中,尽管死亡代表一个人会腐朽的尘世形式的终止,但那不过是灵魂的漫长旅程中的一瞬间。这旅程一直持续,只有到了最后清算的时候才会结束,也就是末日最后审判即将到来的时刻。不过,有两种人例外。如果你生前犯下不可饶恕的滔天大罪,灵魂一旦离开身体,就会立刻下地狱。而如果你因行善或殉道而特别圣洁,灵魂离开死亡的身体后就会直接上天堂。然而,对于大多数普通人来说,死亡代表灵魂转移到灵薄狱,处于有点复杂的状态,等待末日的最终判决,无论那一天到底何时会到来。

托马斯·阿奎那(Thomas Aquinas,1225—1274)等这些13世纪神学家写下关于炼狱的论述之后,这个概念才由中世纪教会赋予血肉,而且他们的想法明确表示,尘世的骨头在这个临时的幽域有重大影响力。人活着的时候,过着良善教徒的生活,即展开有利于审判的过程。良好的生活不只需要精神层面的虔诚祷告和符合基督教精神的善行,还要从物质方面投入教会活动,例如朝圣、参与十字军东征、资助圣物和圣地。可是,一旦你死了,不朽灵魂的永续幸福就完全托付到活着的人手上。每次他们在祈祷中唤起你的名字,你的炼狱刑期就会缩短,刑责也会减轻。于是一些有钱人试图通过协议让自己死后受到缅怀,从而得到更多精神方面的支持。他们建立并资助整间宗教机构,像是隐修院、修女院、修道院、主座教堂,而这些机构在章程中写着,作为交换条件,所有神职人员每天会为慷慨的赞助人祈祷,世世代代持续下去。尤其那些具有神奇力量的圣髑的存在,早已显示身体和灵魂之间有一种萦绕不去的联结,即使灵魂离开了,在坟墓边的祈祷被认为宽减力量更为强大。不论对于富人还是穷人来说,骨头所在之地似乎都是一种人体天线,可以向已经脱离身体的灵魂传达精神支持。

《古兰经》对于处理遗体和埋葬地的合适方式,没有太多讨论,不像基督教经文有相当详细的叙述。于是中世纪伊斯兰思想家不得不在一系列论及埋葬尸骨的指导手册中提出自己的建议。12世纪阿富汗作者侯赛因·巴格哈维(Husayn al-Baghawi)的《先知教诲的明灯》(Masabih al-Sunna, مصابيح السنة)中提到许多细则,包含穆斯林普遍相信,人死后应该尽快下葬,最好在一天之内,这种习俗仍维持至今。对于伊斯兰早期社群来说,这是很重要的务实做法。在阿拉伯半岛的炎热沙漠或其他温暖的伊斯兰国家中,死者的身体无法长时间保持安好,因此要尽速安葬,死者仅裹着简单的白布,身体朝右侧,向着基卜拉(qibla, قبلة),也就是朝向麦加的神圣方向。但灵魂要做的则更加仓促紧迫。人们认为在一个人死亡时灵魂将迅速离开身体,造成物质世界与灵性世界之间一种形而上学的分离,只有在审判日(Qiyamat, القيامة)之后,灵魂与理想形式的身体复合,才能结束这种分离状态。考古证据显示,遍布中东的穆斯林族群都遵守这种殡葬传统,最西甚至可达南法的尼姆(Nîmes),那里是8世纪早期,信仰伊斯兰教的奥玛雅王朝军队从穆斯林统治下的西班牙,往北越过比利牛斯山脉(Pyrenees)后攻占的地方,期间曾有几群人短暂定居下来。这里发现的遗体有正确的入殓穿着,呈正确的摆放方向,他们的手覆在脸上,遗骨呈现出凄美的姿态,表达出永恒的虔诚崇敬与感恩。

至于中世纪犹太人最后的长眠地,情形揭示和解释起来可能比较复杂。犹太人在整段中世纪时期都属于少数族群,完全生活在其他信仰的统治之下。《箴言》提到"富户穷人在死后相遇",

这意味着物质财富只对活人有用。根据这种规劝，犹太人通常不会在骨骸之上修建豪华或饰满标志的坟墓及墓碑。这段时期，遍及欧洲各地的犹太人历经长期迫害，物质上的匮乏情形更加恶化。犹太人 7 世纪时在西哥德王国的西班牙受到排斥；11 世纪在德国遭到屠杀，这是第一次十字军东征的次要目的；1290 年英格兰国王下令，将境内全部犹太人都驱逐出去……这里只是举出几件重大的例子，犹太人鲜少有按照他们希望的方式埋葬死者的政治自由。即使他们有足够的自由，中世纪的希伯来文献在介绍葬礼习俗时，也往往集中在指导如何悼念。文章要求注意特定的对立情形：建议悼念者可以私下表达悲伤，但在公开场合则要将情绪收藏心底，克制、沉默；可以在死者床边撕破自己的衣服，但是要向外界宣告有人过世，则只能通过在屋外挂一小块布并打开所有窗户的方式。对待遗体的态度也有类似的反差，认为它们亟须守护，但同时也是潜在的不洁事物。直接碰触尸体被视为不敬，除非是因丧礼为逝者进行净身仪式、抹油、以亚麻布和衣服包裹时，而祭司阶级的人（kohanim, כהנים）绝对不可接近尸体。遗体一旦裹好，会送到允许犹太人下葬的墓地（通常远离市中心），放在棺材里或木板上埋葬。坟墓一般只用简单的石板当作墓碑，上面有葬于底下的人的姓名，而像这样根据合理的物质指示保存身体，符合犹太教教义中一项神秘的观念——弥赛亚时代（ha'olam ha'ba，העולם הבא），指弥赛亚到来之后的"未来的世界"。到了未来那一刻，死去的人会从坟墓中起来得到救赎，返回以色列地，尸骨复生，永恒活在天堂。

实际上，跨越几个世纪的时间，这三个宗教对于死亡和埋葬的理论架构在不同群体之间也有巨大的变化。而它们彼此之间也在许多方面有所交流。犹太人把为遗体涂油的习俗传给基督徒；基督徒国王下葬时裹着的昂贵布料，可能是由伊斯兰纺织工人所织出来的；穆斯林墓园和犹太墓地在城市边缘比邻并排。这种互动并不是需要避免的事情，反而可能是中世纪可以引以为傲的具有多元文化意识的标志。12世纪的西西里，是各种信仰关系相当融洽的王国，出现于该国墓地的语言反映出宗教世界的千变万化。在巴勒莫（Palermo）的大天使圣米歇尔教堂（Church of San Michele Archangelo）发现了一块大石板，记录了一位名为安娜（Anna）的妇女的过世。这块石板很可能是石棺的一端，石棺是安娜的儿子格里桑托（Grisanto）为了母亲定制的，他是西西里的诺曼国王的基督教神职人员。石板中间有一片简单的圆形马赛克，周围分成独立四区，每一区都有一段哀悼安娜辞世的文字，以四种不同语言写成，分别是希腊文、拉丁文、阿拉伯文，以及采用希伯来字母书写的犹太－阿拉伯文。这些文字从她的坟墓齐声呼唤，促使来访者缅怀安娜的一生，以她的名义祈求美好祝福，不同语言的文字诉说同样的一句话：安娜长眠于此，格里桑托的母亲，1148年埋于这座教堂。

✠ תופית אנח אם אלקסיס אכרסנת קסיס אלמלך אלמעטם עאל ✠

✠ XIII KALENDAS SEPTEMBRIS ✠ OBIIT ANNA MATER GRISANDI ET SEPULTA FUIT IN MAIORI ECCLESIA SANCTE MARIE ANNO MCXLVIII

☦ ἐκημήθη ἡ ἐν μακαρίᾳ τῇ λήξῃ Ἄννα ἐν μηνὶ αὐγούστου κ'. καὶ ἐτάφη ἐν τῇ καθολικῇ καὶ μεγάλῃ ἐκκλησίᾳ ἔτει ϛχνς' ☦

☦ توفت انّه ام القسيس اكريزنت قسيس
الحضرة المالكية الملكية العالية العلية العظمة السنية القديسية ☦

图 37 刻有四种语言的墓碑，1149 年为纪念一位名叫安娜的妇女而制作，她在墓碑制成的前一年去世。为逝者祈祷的文字，以拉丁文、希腊文、阿拉伯文、犹太－阿拉伯文写成。

骨头之上的石头

如果这些殡葬习俗和追悼话语指导失亲者在墓地的声音与行动,那么死者本身又会怎么样呢?他们会复活吗?除了在地下腐烂中的肉体,以及逐渐露出的骨头,他们冥冥之中的存在,会带来什么样的感觉?对于这些问题,中世纪匠人借由建造让凡人死后的存在仍可以长久延续的坟墓和纪念碑,提供了有力的回应。

坟墓是交流哀悼之情的地点,到访者的虔敬行动会直接影响逝者得到何种程度的永恒救赎,因此某种空间政治开始影响这些死亡场所的布置和美化。无论在小村落或大城市,大部分人都会依据其信仰埋葬在墓园中的公共墓地。但是有一些不幸的例外。非常穷困的人可能付不出在宗教墓地下葬的费用,他们的葬礼需要依赖其他人的慈善施舍,而这些善人由于承担了穷人的债务,因而得到许多精神上的回报。被认定死于传染性极高的疾病,例如鼠疫或某些麻风病的人,一般会被隔离于大部分民众之外,最后埋在通常位于城墙外的大型集体坟场里。社会阶级的另一端,起码在基督教社会是如此,更多力争上游的公民,像是突然发迹的商人、地方贵族或高级神职人员,能够出资在教堂举办特别隆重的葬礼,争夺崇高祭台这个神圣空间旁的贵宾席。事实上,他们是在炫耀,为了争取在炼狱至关重要的祈祷。事实上,那些位于社会上流阶层的人全都想要避免这些问题,于是他们请人为宗教建筑扩充侧厅,或者捐助建立整间新机构,让他们的家族能一直在这里下葬。这些精心规划的空间,实际上变成王朝的陵寝,用有形的大红毯展示家族一脉相传的血统,支持他们活着的亲戚继续正当地统治千秋万代。这些坚实的纪念碑,好比说英格兰王室在威斯敏斯特的雕刻坟墓，或者马穆鲁克苏丹在开罗的圆顶陵墓，一直都是伟大的工程，使古老身体的政治影响力延续到未来。

这些中世纪逝者的地位，除了体现在其坟墓的显眼位置上，也体现在坟墓里的丰富物品上。生前富有，死后依然富有。镀金的金属、首饰、款式精美的宝石，都提升了死者身体周遭的环境，也使旁观者更留心于死者闪闪发亮的遗产，而没那么关注埋在里面即将归于尘土的身体。波斯各朝的君王故意忽视当时伊斯兰教禁止建造铺张丧葬建筑的命令，盖起有尖顶的高耸陵寝。有一座这样的建筑仍矗立在波斯古城卓章（Jorjan）的废墟上，位于现今伊朗北部，高达五十三米，是在1006年为了齐亚尔（Ziyarid）王朝的卡布斯·伊本·武什马吉尔（Qabus ibn Wushmgir）而建造的，他的名字出现在环绕陵寝一圈的库法体（kufic）铭文中，以作纪念。有一些坟墓转而利用更具情感的复杂意象来感动观众。15世纪的勃艮第公爵父子，勇敢的菲利普（Philip the Bold）与无畏的约翰（John the Fearless）一起长眠于精致的个人纪念馆，以雕刻坟墓为中心，还有众多小型雪花石膏材质的哀悼者雕像当支柱。罩着兜帽的每一座小雕像都引人瞩目，摆出各种令人动容的姿态，凝结成守在坟墓周围的人可能有过的多种哀痛的举动。或许最重视坟墓材料的是拜占庭历代的皇帝，他们遵循君士坦丁大帝的先例，选择了大型的大理石棺，安葬于君士坦丁堡圣使徒教堂（Church of the Holy Apostles）的古老陵寝之中。这些统治者似乎对繁复雕刻或动人装饰不特别感兴趣，反而很注重岩石裂隙中彩色填充物所呈现出来的多样特质。他们的石棺非常庞大，就像异常沉重的柜子，以形形色色的大理石刻成，例如绿色的色萨利大理石（Thessalian marble）、有斑点的玫瑰色萨卡里亚大理石

图 38 齐亚尔王朝的卡布斯·伊本·武什马吉尔的陵寝。高五十三米,建造于 1006 年的波斯古城卓章,该城位于现今伊朗北部,靠近土库曼斯坦的边境。

（Sagarian marble）、多彩的希拉波利斯岩（Hierapolitan stone）与普罗科涅苏斯岩（Proconesian stone），以及紫色的斑岩（porphyry）。这种紫色大理石具有重大意义，象征帝王的地位，甚至有一位皇帝以此为名，那就是"生于紫室者"君士坦丁七世（Constantine VII Porphyrogennetos，905—959）。

然而，并非人人都满意没有太多装饰的拜占庭棺材盒风格。外观和辨识度也很重要，尤其是在西欧。负担得起费用的人，会定制自己的肖像，通常是自身的浪漫化形象，让它们出现在坟墓的某个地方。把这类雕像安入埋葬地点的做法，从中世纪很早的时候就开始了。起初只有贵族或神职人员会把简单人像刻在供人缅怀的板材上，放在可能正为其祈祷的哀悼者面前，使他们想起逝者的真实模样。这些很快演变成逝者的华丽肖像，唤起大家对他们生前言行的回忆。王室坟墓上的雕塑能够骄傲地缀饰整副隆重派头，佩戴黄金王冠，包在丝绸般长袍中，将他们在尘世的风光仪态永恒保留下来。而纪念雕像的动作和姿势也很重要，用来强调死者的地位和个性。例如教皇和总主教，通常会呈现出祈祷的动作，或冻结在为国王加冕的瞬间，这也是他们在社会上最受敬重的角色。而目前在伦敦的圣殿教堂（Temple Church），里头有骁勇善战的贵族第二代彭布罗克伯爵威廉·马歇尔（William Marshal，1190—1231）的坟墓，他的雕像采取了转身的姿态，就像准备一跃而起，手握在剑柄上，停在正要拔出剑来的刹那。这座陵墓让伯爵的英勇领袖地位永垂不朽，展现了他随时保持警惕的样子，即使死后仍随时准备好要去战斗。

中世纪坟墓也不避讳死亡呈现的原始丑陋和有限性的含义。中世纪人特别挑选光秃秃的头骨和骨骼，把满满的骷髅图案装饰在黄铜铭牌或墓碑上,表示他们对于目睹人生易死之如蜉蝣在世,或许没有像我们这样焦虑,不论是因为他们令人宽慰的来生信仰,或由于熟悉死亡而产生的自在感。然而,有些纪念碑把这一点发挥到了极致。艾丽斯·乔叟(Alice Chaucer,1404—1475)的遗体长眠在尤厄尔姆(Ewelme)的圣母教堂(Church of St. Mary),这个风景如画的小镇位于牛津郡的丘陵上。她是著名诗人杰弗里·乔叟的孙女,是富裕王朝的一分子,她依靠自己的能力成为老练的政治操纵者,争取到不可动摇的地位。艾丽斯前后嫁过三位丈夫,每一位的社会阶层都比上一位高,分别是勋爵、伯爵和公爵,每一任丈夫都比她早逝,留下大笔财富和大片土地,由艾丽斯严格管理。这种社会智慧的战利品,在她死前不久为自己委托建造的昂贵而独特的坟墓中显露无遗。艾丽斯的雪花石膏雕像仰躺在这个墓葬纪念建筑的顶部,头枕在由天使托着的雕刻枕头上。她面带安详微笑,身穿厚重斗篷大衣,头戴一顶小冠冕,显现出公爵夫人的尊贵地位。左手戴着一小条绶带,骄傲展示她曾获得嘉德勋章(Order of the Garter),这是只有国王才能授予的最高骑士荣誉,当时几乎从不颁给女性。她身上充满生前显荣的象征,以华服和头衔当装饰。然而,精明的观察者可以通过精巧的雕栏,在这具理想化的雕像之下看到一个截然不同的艾丽斯雪花石膏像,这也是她请人打造的。有一具正在腐朽的遗体躺在雕刻精致的裹尸布上,等待入殓。身体僵硬得诡异,凸起的肌肉毫无生气,就像一片薄帆布盖在一具骷髅上,这雕像在底下呈现痛苦景象。她的鼻子不见了,乳房完全干瘪,瘦骨嶙峋的下巴因为死后僵直而崩开。碍于世俗考量,她在外表上唯一的妥协,是用僵硬的右手抓着裹尸布盖住骨盆,遮住羞处。

图 39 艾丽斯·乔叟坟墓的两具雪花石膏雕像。位于牛津郡尤厄尔姆的圣母教堂。

艾丽斯选择呈现在世人面前的模样,似乎很令人诧异,特别是在上方美好雕像的衬托之下。然而,这类坟墓的意义,正是在于这种比较。下方的雕像造成一种优雅的对比,也就是出现在艾丽斯两种身体的二元死亡观点:尘世的成功,相对于尘世的腐坏。而这提醒了观者,诸如此类的中世纪坟墓呈现出的永恒的关键状态:在那一刻,艾丽斯既是衰败中的卑微骨骸,也是正在等待神圣审判的抽离的灵魂。只有当造访者来到她身边,陶醉于她留下来的物质遗产,并在她腐败的身体旁祷告,她才能在天堂得到最终的救赎。

利用骨头

艾丽斯·乔叟的阴森坟墓,只是中世纪晚期一大类艺术作品中的一件,这类艺术品试图从中世纪生活的艰难现实中找回一些美学潜能。我们以利德盖特——那位生动描写过福尔图娜之轮无情转动的诗人——的中世纪英文诗《死神之舞》(The Dance of Death)开头几节为例。这首作品写于15世纪早期,成为中世纪晚期对于死亡日益增长的兴趣的核心。诗的头几行暗示,人们看待死亡的方式,有特定频率和普遍性:

喔,你们这些人,心硬得像石头,
把你们全部的关注都献给世界,
仿佛世界会持续到永远与永久。
你的理由何在?你的智慧何在?

> 能看到残酷死神在你面前
> 突然袭击,他如此英明睿智,
> 将一切生灵以瘟疫全歼,
> 无论老少,不分贵贱高低。
> 死神不放过低微,也不漏掉高位,
> 教皇、国王、尊贵的皇帝都躲不过。

利德盖特并非完全把诗呈现为对时间流逝的哀歌,而是继续从本应很恐怖的情境中提取出更广泛的道德材料。这首诗接着以悲喜剧的方式沉思死亡的力量,上从皇帝和国王,下至劳工和孩童,让这些社会地位不同的人与一个像奇怪骷髅的拟人化死神展开一系列对话,这位死神还招他们一起来跳舞。没有人能逃过死神之手。人类"不过稍纵即逝",所有人最终都会成为"死亡的灰烬"。但是,利德盖特的风格带有某种程度的轻佻。虽然不可否认,这首诗的基调是黑暗的,他却通过高贵或卑微角色的回应,巧妙地掺入了社会批评,这些角色都亟欲尽快拒绝死神恼人的跳舞(死亡)邀请。例如,有一位警卫官被要求参与时,他装腔作势回应说,死神不该胆敢要求地位这么高的官员从事如此肤浅的活动。天文学家则尝试预言星象,从中得出一个不加入这群致命狂欢者的理由。风流的乡绅只答应,只有给他机会和情妇们道别,他才会跟死神走。而国王最后向死神坦承,其实自己根本不会跳舞。

利德盖特这首诗的灵感来源,是这种艺术类型中最有名,或许也是最早的例子——法国的"死神之舞"(danse macabre),那是他于1426年造访圣婴公墓(Les Innocents)时看见的,这片公墓是中世纪巴黎最大的墓园。这里不是安静、单纯的墓地,而是百

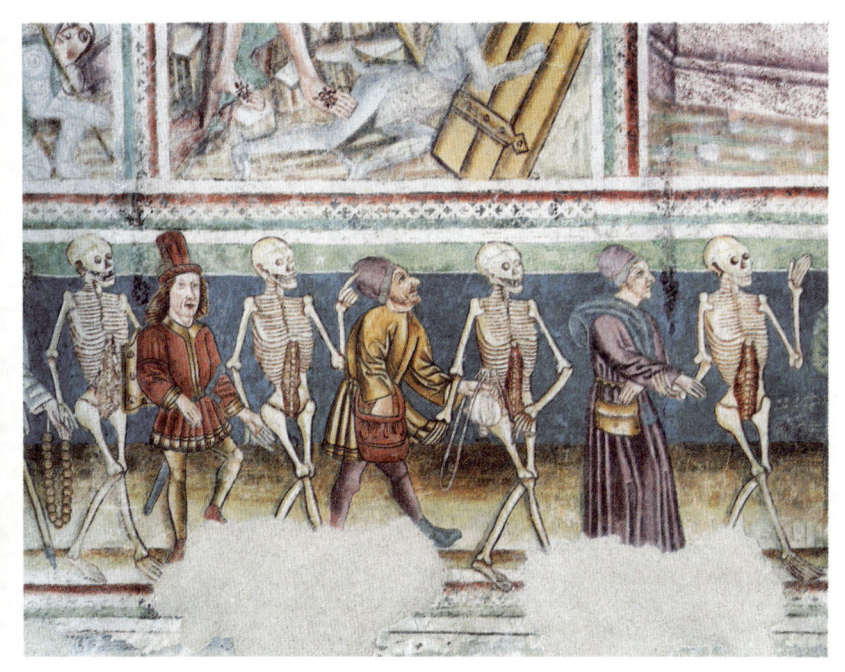

图 40　圣三一教堂（Church of the Holy Trinity）的壁画《死神之舞》的局部。由艺术家卡斯塔夫的亚内兹·伊兹·卡斯特瓦（Janez iz Kastva）绘制于 15 世纪末。该教堂位于斯洛维尼亚的赫拉斯托夫耶（Hrastovlje）。

无禁忌的繁忙公共空间，既是穷人集体合葬的大坟冢，也是巴黎人举办大型公共活动的场所，从市集到节日游行都有。利德盖特发现的并非写在书上的诗，而是延伸好几面墙的壁画，就在公墓边缘回廊式藏骸所的墙壁上。在半开放的建筑里面，屋顶椽条之间塞满了圣婴公墓长期"居民"的骨骼和头骨，这些骨头是从公墓中央的坟坑里挖出来的，好腾出空间埋葬新尸。然而在骨头的正下方，死神之舞的诗句和精致图画，沿着藏骸所廊内的墙壁展现出来。巴黎在 18 世纪后期的现代化过程中废除了圣婴公墓，但是我们可以从约莫同时期的其他壁画清楚了解其情形，而且事实证明，这些画日后在中欧和波罗的海地区教堂的墙上特别受到欢迎。正在嬉戏的骷髅沿着砖造建筑跳跃和旋转，伸出手攫住诗中焦虑、夸张的人物，一群络绎不绝的男女，挽着手臂，拖着脚步随死神的最后舞步行进。

还有一些中世纪物品，甚至比这些壁画更进一步表现了死亡和骨头的有趣交织。巴尔达萨雷·德利·恩布里阿基（Baldassare degli Embriachi）是14世纪的佛罗伦萨雕刻家，在雕刻各种奢侈品上取得了非凡成就，这些物品的外部都以动物骨头精雕细刻而成。其作品的标志性风格是使木头、动物的角、河马牙齿、牛骨、马骨的镶嵌片互相形成对比，再组合成花样细致的镶板，以及镶嵌式的微缩人像。有数百件作品从恩布里阿基的工作室流出，在14世纪90年代从佛罗伦萨运到威尼斯，包括小十字架、长方形盒、圆形首饰盒、人像三联画、西洋棋，以及西洋双陆棋二合一棋盘，甚至还有巨大的尖顶祭坛画，都是与骨头相关的风格。不过，恩布里阿基家族转而创作其他受欢迎的小物件，它们由更奢华的象牙材料雕刻而成，虽然象牙看起来很像骨头，但是昂贵多了。象牙受到高级顾客和工匠的青睐，显然是一种奢侈品。无论是进口的非洲象牙，或从北欧极地来的海象牙，都来自当时已知世界的尽头，需要经过长途运送，才能抵达地中海地区。当发现这种珍贵材料被拿来雕刻出恐怖意象时，我们就明白，和利德盖特的诗一样，对骨骼和头骨的这种意象的极度执迷，并不是一种玩笑。有一件类似的雕塑，创作于15世纪将要结束之时，或许是用来绑在一串念珠末端的。乍看之下，像是年轻爱情的一幕缩影，捕捉到一对情侣正在接吻，女子推开男子在她胸前游移的手，或许是在鼓励也不一定。但是，当

图 41　一颗象牙雕刻念珠，一面是一对接吻中的情侣，一面是一具披着布条的骷髅。可能制作于 15 世纪末的法国北部。

这颗小珠子在手指间翻转过去时，我们会发现完全不同的景象。一具得意非凡的骷髅高高挺立，仿佛刚从坟墓里冒上来。他身躯有一半的肉体消失了，象牙的乳白色完美呈现出人骨的惨白。他披着一个布条，上面以法文醒目刻着 "EN VOVS MIRES TES Q IE SUI SERES"，意思是"从我身上看到你即将变成的模样"。从少不更事切换到急遽死亡，如果你希望让珠子再度翻转，那就倒回去，这种，兀然切换带来一股黑色幽默与剧烈震撼的意味，像在诉说：生命飞逝，快乐过活。

　　对现代人来说，这类小物件非常逼真却又无情，就像圣婴公墓的建筑物，其中堆满了头骨，又用手舞足蹈的遗骸壁画来点缀。无论是穿过城镇，或只是低头注视一串念珠，不幸的是，从中世纪

IV　骨头　　149

的骨头中似乎经常可以见到暴力和即将来临的死亡。但是，在对来生的坚定信念，以及与死亡之现实更亲近的关系这两种因素的调和之下，上述表象对于它们原主人的冲击，和对我们的冲击可能不一样。的确，毫无疑问，骨头是可怕的东西，必然与死亡、悲痛、哀悼逾恒连在一起。然而，把这视为一种恐怖的中世纪迷恋，那就错了。对于中世纪人来说，这是他们接近骨头的各种复杂方式。是的，有些可怕，但也带着敬意，充满希望，甚至有点好玩。

HEART

V

心 脏

1308 年 8 月 17 日，意大利中部蒙特法尔科（Montefalco）圣十字隐修院的基娅拉·文真特（Chiara Vengente）女院长，在床上咽下最后一口气。围绕在院长身边的修女没有记录下确切死因，她们希望守护院长安然离世，这位女士是她们十八年来的精神指引。但是，对于院长临终前随侍在侧的弗兰切斯卡（Francesca）、伊卢米纳塔（Illuminata）、玛丽娜（Marina）、凯瑟琳（Catherine）和海伦（Helen）修女来说，有一件事很清楚：基督在基娅拉的心中。基娅拉在健康衰退时特别坚持这一点，一再宣称自己觉得基督在那里支持她。因此基娅拉过世后，她的身体奇迹般地撑过了意大利 8 月的高温，整整五天没有腐烂败坏，甚至没发出一点恶臭，这群修女决定相信院长的话。她们把她剖开，取出心脏，放在盒子里。

　　这些修女不太可能在基娅拉的身体里面特别精确地下刀操作。有些人或许曾经使用药剂师的草药和香料为其他过世修女进行防腐处理。但是，就像大部分没受过训练的人，她们在探索身体内部时，可能只隐约知道基娅拉的心脏位于哪里，也大概知道心脏长什么样子。我们不清楚，她们是否曾期望会在院长未腐坏的遗体里发现特殊的东西。她们似乎是根据超脱世俗的本能行事，并非想要进行精确的解剖。

第二天晚祷之后，弗兰切斯卡修女不由自主想回去看看盒子。基于某种原因，她不满意第一次即兴的尸体解剖，而一心想要深入探索日益神圣的基娅拉遗体，于是用剃刀把心脏一剖为二，检查里面的情形。就在这一瞬间，弗兰切斯卡意识到，这群修女的探查终将得到精神上的深刻回报。她在心脏里面看到基督钉在十字架上的微小图像，除此之外，还有一整组与基督受难相关的小型物品图案，从钉入基督身体的钉子、鞭打他的鞭子，到士兵朗基努斯（Longinus）扎进基督肋旁的长枪。但是，这些缩影并非使用传统艺术家的材料，好比金属、木头、陶器或象牙刻出来的，而是基娅拉的心头肉自己长成的。

这个显现奇迹的器官，以及里头的东西，立刻被送到教会当局前。有些人持怀疑态度，但也出现了一些狂热的虔诚信徒，他们确信基娅拉的心是神圣力量特别挑选出来的，代表她对宗教的坚定不移和先见之明。接下来的数十年，甚至好几世纪，有许多画家受到委托，以基督自己把实物大小的十字架直接植入基娅拉的心中为主题作画，然后这些画再被用来布置这群修女的教会。人们也将这颗心和内含物刊登在印刷品上，使得这项神迹能传播开去。虽然经历几次没有成功的尝试，1881年，教皇利奥十三世（Leo XIII）最终确定擢升基娅拉为天主教的圣女。她的心脏，连同里头的人肉十字架，被供在华丽的大型金属圣髑盒中，放在蒙特法尔科教堂的高祭坛上。这颗心脏随着岁月流逝而变黑，但依然没有腐烂或败坏。这是上天的旨意，抑或自然的干燥过程所造成的，完全由观看者自己认定。

既然基督能够居于蒙特法尔科的圣女基娅拉身上的任何地方，

为何圣十字隐修院的修女会理所当然地以为（其实圣女自己也这么认定），基督会奇迹般地在她的心脏现形？这个器官有什么特殊之处，诱使弗兰切斯卡修女下刀切入位于更深处的腔室？这个处于身体核心的重要部位，在中世纪民众的脑海里还会激发什么想法？

心病难医

从最简单的层面来看，心脏是我们最能感觉其存在的体内器官。它在我们的胸膛里不停跳动，是为数不多我们能真正感受到的内脏之一。我们的胃偶尔会紧缩，或者发出尴尬的咕噜声响，但和胸口中的心脏跳动相比根本不算什么，我们在突然激动之后、剧烈运动当中或面对极端恐惧时，心脏的脉动会在我们的耳朵里大声作响。这种内在生命活力奋斗不懈的性质，使得即使在精细的人体扫描技术出现以前的时代，行医者仍然十分重视心脏和它的功能。

在了解这个器官时，古典希腊-罗马世界的遗产发挥了重要作用。亚里士多德的论述尤其重要，他在名为《论灵魂》(De anima)的专书中，延续了柏拉图的论点，宣称控制人类动作和智力的，并非身体器官的自发性作用，而是灵魂的支配力量。但是，有别于柏拉图，亚里士多德没有把灵魂定位在脑部，他主张有感觉和知觉能力的灵魂存在于心脏。他认为，人类的全部活力和欲望都源自心脏，并非头脑，心脏是动作和情绪的制造者。古希腊人显然根据解剖鸡的早期胚胎而得到的证据，推断人类胎儿在子宫发育时最早形成的器官是心脏。后来盖伦和伊本·西那等作者，把这些理论加以扩充，主张心脏也是身体治疗能力和生殖生长的源头。接受亚里士多德学说的中世纪思想家，认为心脏很大程度上是身体最主要且最强大的部位，相当于身体理论上的核心，也是行动和理解的代理发起者。

尽管心脏就像灵魂的住所，拥有重要的地位，然而在中世纪的医学实践中，只占了相当小的部分。医学论文中当然会对心脏有所着墨。13世纪英格兰的一本选集中，心脏紧挨着页面内文，还配上各种体内器官，心脏下半部的心房画成红色的心叶，上半部的心房及一根长长的大静脉血管则画成白色羽毛状构造，上下形成对比。即便如此，这些书中对心脏的关注和治疗，其实往往只是专注在身体其他问题的治疗时岔出来的主题，例如提及腹部的一般功能或发烧过程时，认为心脏也有一小部分影响。即使在这些论述中，心脏的确切形状、大小和功能也不一致：有的说心脏是圆的，而有的认为它更偏向椭圆形，还有其他文章认为，心脏的特征就是呈三角形，有尖尖的凸起，像金字塔那样。

理论家都同意一件事，就是心脏对于体温有重大影响。心脏是身体的热核，被比作体内的炽热太阳，其他器官会接收到来自心脏的温暖，获得滋养。冷与热是中世纪体液学说的重要二分法之一，因此心脏对于身体需要维持的体液平衡也非常重要。如果心脏的状态失衡，人体特别容易陷入危险的衰竭。这种突发的灾祸的征兆包含脉搏过快、心跳微弱、心脏出现杂音和震颤，这些迹象可能预示着即将发生心跳骤停。除了以上身体症状的预警，心脏病也被认为与强烈情绪相关，由极端的情绪变化，尤其是震惊或急怒而引发。在这些情形下，医疗人士自知不能减轻病人的痛苦，几乎无计可施。医师的诊疗箱中一些具有药效的材料偶尔

图 42 人体许多维生器官的图像。心脏在左上方，被内文环绕。出自拉丁文医学手抄本，制作于 13 世纪的英格兰。

被，建议用来治疗心脏不适，从贵重的黄金和珍珠，到较常见的草药和香料，特别是有甜味和辛味的植物，以及用糖和紫罗兰做成的糖浆。然而，整体来说，这些方法的疗效被视为聊胜于无。如果医生成功救回凄惨的病人，大家会认为他的运气太好，而且医学汇编中列出的疗法读来带着明显悲伤的语调，仿佛暗示病人已经不在了。

缺少有效的心脏药物，从本质上来说，是由于亚里士多德、盖伦和伊本·西那等人的经典著作变成当时熟悉的主流想法。这些论述主张要全盘了解心脏的半灵性（semi-spiritual）内涵，因而阻碍了人们去尝试更进一步找出心脏内部真正机制的细节。在这期间，人们似乎从未对心脏进行系统性的探索，对它的特定功能所知甚少，例如不知道两个心室是独立的，也不清楚心脏有两种输送血液的模式。直至17世纪英格兰解剖学家威廉·哈维（William Harvey, 1578—1657）的研究，大家竟然才了解心脏是循环系统的一部分，而循环系统是让血液流经全身的系统。在这之前，身体明显感觉到的心跳以及流血，让医师很容易追查得知，血液是从心脏流出的，通过延伸出去的动脉和微血管往外输送到身体末端，但是他们还没有发现从四肢连回心泵的静脉，无法把整个循环连接起来。这种单向思维，导致了开放式心脏的观念的产生，认为这个器官是多孔且可渗透的。心脏并不是处于封闭循环中，并未与身体其他部位或外界完全隔绝开来。更确切地说，他们认为，心脏的物质会受到外界的影响，不论是长枪这类实质性的东西，或是像爱这类概念性的东西，这种想法深刻影响到他们关于人体的各种思考，从解剖学到诗歌皆是。

真心真意

长期以来,人们把心脏与情感状态关联在一起,且这种关系渗透到现代的语言之中,像是我们会说到"满心欢喜""用心学习""促膝谈心""下定决心"。我们如果对某种想法投入很多情绪,可以将它"发自内心"地表达出来。我们会觉得"心痛",这同时指身体和情绪上的痛。要表达负面的意思时,我们会说"狠心"、"不尽心"或"变心"。许多与心有关的英文表达,都是从过去欧洲各地的语言辗转流传过来的。形容心理状态的词"勇敢"(courage),源自古法语的"心"(coeur)。与此类似,"友好的"(cordial),来自拉丁文的"心"(cor 或 cordis);由此,我们有了动词"记录"(record),心其实就是把情感刻画下来的储存器。甚至说到某样事物的"核心"(core),也有同样的拉丁文词根,暗示心脏是所有事物的中心。

用心脏来表达的语言如此丰富,唤起各种联想,中世纪思想家熟知这些表达,也经常使用。许多作者特别同意,在所有可能和心相关的情绪中,最主要和最有力的一个就是爱情。例如,10世纪的犹太医生和诗人摩西·本·亚伯拉罕·达里(Moses Ben Abraham Dar'i)沉迷于一种观念,即心脏是灵敏积极的浪漫力量,而不是被动的作用物。他的犹太-阿拉伯文诗句反映出一种被广泛引用的感官情感层次,而且把玩着以下想法:虽然一个人可以凭借视觉这种感官,看出另一个人的爱人,然而心之所向,最终才是爱之所向:

致那位要我透露爱人名字的人,

> 我要呐喊："你受困于被蒙蔽的心！"
> 纵然一个人眼中的光芒变得黯淡，
> 心之眼永远可以看见。

我们也能在这段时期的各种诗歌运动中，观察到相同的心与眼的搭配，特别是游吟诗人用法国中部和南部的古奥克西坦语（Old Occitan）所写出来的浪漫歌词。吉罗·德博内尔（Giraut de Bornelh）是其中一位，他活跃于12世纪80年代，明确表示自己也把心视为感情的前哨：

> 所以，爱透过眼睛到达心房。
> 因为眼睛是心的哨兵，
> 眼睛在寻觅，
> 心该拥有何物，才会欢喜。

自11世纪晚期起，这种传统下的诗歌协助塑造出中世纪对于爱的新视野。放纵情欲或者心怀不轨的邂逅，容易使恋人沮丧或排斥，相较之下，这种新的情感模式被标榜为坦诚又健康。这就是"典雅爱情"（courtly love），一种被高度形式化的爱慕关系，在中世纪后期兴起，蔚为风行。无论是遵循大胆朝臣示爱的戏剧性故事，还是恋人两地相思的曲折情节，这种具骑士精神的浪漫文学通常采取可预期的模式，纯洁却浓烈：两人远远地偷看对方，然后相隔遥远渴慕彼此，男士尝试做出引人瞩目的英勇行为来追求淑女，最后她终于点头，两人得以幽会。在欧洲，游吟诗人和类似的德国情歌诗人（Minnesänger，意思是"典雅爱情歌手"），成为这种迅速盛行的贵族文化的记录者。这种恋情非常注重仪式和求爱细节，最重要的是，它的核心就是与心有关的各种浪漫运动。

有一本歌谣集，是在1300至1340年间的苏黎世由马内斯家族（Manesse family）出资制作的，这个商人家族像王朝般显赫。这本歌谣集展示当时对爱和心的诗意主题有兴趣的人处于多高的社会阶层。整本书超过四百页，收集了中世纪的中古高地德语叙事诗歌，是最完整全面的收藏，包含一百四十位诗人将近六千首诗。有趣的是，这些内容并非按照年代或特定诗歌的流行程度来编排，而是依据作者的社会阶级，从国王、公爵、伯爵，依序往下到游吟诗人、犹太人及一般平民。位于这种等级顺序最顶端的，就是神圣罗马帝国的皇帝亨利六世（Heinrich VI, 1165—1197），他在年轻时写了一系列浪漫情诗，为这本书开场，让读者惊叹于爱情纯粹的、令人心碎的威力。亨利六世宣称，再多的财富或权势，都比不上爱人所唤起的感觉：

> 放弃她之前，
> 我愿意先放弃皇冠……
> 她有一种力量
> 能释放我的悲伤，
> 自久远以前的青春岁月起，
> 我带着忠诚的心，一直。

这些德文情诗除了如此扣人心弦的诗节，还在遍及古抄本的精美页面上，根据高位者的薪俸，以作者小肖像的形式，依序展示浪漫诗人的形象，遍及古抄本的精美页面上，这些浪漫诗人依序以作者小肖像的形式出现。有一些诗人像是康拉德·冯·阿尔施特滕（Konrad von Altstetten）骑士大人，躺在爱人怀里，待在花朵盛开的树下，暗示之前可能有一场相当成功的诗词朗诵。有些诗人出现在戏剧性的英雄行动中。乌尔里希·冯·利希滕施泰因（Ulrich von Lichtenstein）大人穿着有金星纹章的铠甲，头盔上嵌着一整尊女神，在两头搏斗中的海怪之上，他正从浪花中冉冉升起。诗句告诉我们，乌尔里希大人在经过意大利和奥地利，前往波希米亚去会佳人的途中，大战不下三百回合，所向披靡。骑士、国王，乃至皇帝，似乎都把心看成有力的隐喻，象征典雅爱情的两大柱石：一种柔和、历久不衰的浪漫感觉，以及一种进取、充满男子气概的热情表现。

从另一方面来看，作为身体精神感受和情绪状态的有效象征，心脏也可能出卖其主人，透露他原先或许会躲过注意的道德瑕疵。留下银舌金颌圣髑的帕多瓦的圣安东尼，其生平有则故事，记载他到托斯卡纳（Tuscany）参加一位富人葬礼的过程。安东尼正走在送葬队伍之中，突然间得到天启，指出送往坟墓的那个人不适合埋在神圣的土地之下。圣人大喊，要出殡行列停下来，宣称那人的灵魂该受惩罚，如果去检查遗体，就会发现他没有心脏。在托斯卡纳，像这样的丧葬仪式长久以来是社会礼俗大事的一环，在富人中意义重大。不出所料，安东尼的声明造成了恐慌和骚动。当众人请圣人说明，他转而引述《路加福音》（12:34）的经文："因为，你们的财宝在哪里，你们的心也在那里。"围观群众接受了安东尼的说法，就像圣基娅拉的修女姐妹一样。他们立刻请来外科医师剖开死者的胸腔，惊讶地发现里头完全是空的。这时安东尼才向在场的官员透露，他们应该去看一看富人的保险箱，就藏在

图 43 三幅典雅爱情诗人的肖像,左上是康拉德·冯·阿尔施特滕大人,右上是阿尔布莱希特·冯·海格洛赫(Albrecht von Heigerloch)伯爵,下边是乌尔里希·冯·利希滕施泰因大人。出自 14 世纪的《马内塞古抄本》(Codex Manesse)。

他的床底下，当中可以找到那个不见的器官安然藏在黄金堆中。果不其然，众人就在那里发现心脏，吝啬的守财奴被自己的身体出卖了，最终他被马车拖到附近的一条河边，草草埋葬。

后来的意大利文学继续把心脏置于类似善恶恐怖故事的中心。托斯卡纳作家乔万尼·薄伽丘（Giovanni Boccaccio, 1313—1375）写下著名的《十日谈》（*Decameron*），内容是一群年轻男女为了避开佛罗伦萨的瘟疫而躲到附近乡间的别墅，在那段期间他们所说的故事的集结，包括恋人幽会故事中的几段丰富曲折的情节。有一个故事与萨莱诺亲王的女儿绮思梦达（Ghismonda）有关，这位郡主想拒绝父亲为她抉择的出身高贵的夫婿人选。当郡主与情人陷入一段不伦恋，亲王命人杀了她的情人，把心脏放在高脚杯送去给女儿。接下来的情节很洒狗血，绮思梦达大哭，眼泪流满高脚杯，她混入毒药，一饮而尽，结束了自己的性命。薄伽丘的另一则故事中，有位骑士发现妻子与别的男人外遇。他立即用长枪杀了妻子的情人，挖出对方的心脏，但没有就此罢手。他把这个器官交给主厨，吩咐炖成一道菜，让不知情的妻子吃下去：

> 厨师把银钵端上来时，他推说食欲不振，搁在妻子面前。妻子胃口没有受到影响，一尝觉得味道不错，把那颗心全吃了下去。
>
> 罗西廖内见妻子吃完了，便说：
> "你觉得那道菜怎么样？"
> 妻子回答：
> "我很喜欢。"
> "谢天谢地，"骑士说，"果然不出我所料，活着时讨

你喜欢的人,死后也比任何什么东西都更讨你喜欢。"

妻子听了这话不禁一愣,过了半晌问道:

"你给我吃了什么?"

骑士回答说:

"老实告诉你,你刚才吃的是你这个不要脸的婆娘所爱的圭列莫·瓜达斯塔尼奥的心。绝对错不了,是他的心,我回家之前亲手从他胸膛里掏出来的。"[1]

中世纪作者运用丰富的文学技巧,把"心"玩弄于文字之间,通过爱,还有激情、贪婪和报复的隐喻,驾驭这个器官的生命力。如同砍头强力象征政治体中的社会控制,若要选择一个身体器官来代表人类存在的昂扬高点和沉重低谷,而且兼具亲切善良和凶暴残酷的特质,那么很难有器官比得过这个身体的终极中心,而医学思想和风行一时的浪漫故事,都证实了心具有强烈的情感效价。

注视爱

正是在这些关于爱、失去和拒绝的典雅爱情故事所附带的视觉作品之中,中世纪最早代表心的图案才开始出现在医疗领域之外。然而,这些文学作品中的心,看起来并不像我们期待的模样。

最早一批图案中,有一幅出现在法国 13 世纪 50 年代的手抄

---

1 译文引自王永年译《十日谈》(人民文学出版社,2003)。

本，书里有首叙事诗，有个特别的诗名:《梨之传奇》(Le Roman de la Poire)。它其实是一个相当简单的故事。这颗梨子是一位女子送给作者的水果，带有强烈的情欲象征，女子是他已分开的恋人。他陶醉于梨子的味道，满怀渴望无法压抑，于是到巴黎寻找她，他在路上与拟人化的情感和美德，像是美丽、忠诚和仁慈对话，最后终于找到爱人，对她唱出自己的故事。恋人重逢看到彼此的第一眼，是众多此类典雅爱情故事的关键时刻，但是在《梨之传奇》这首诗之中，这次的眼神交会并没有被描绘成真正的一瞥。它变成另一种拟人化的描写:一位跪在地上的信使，在这对恋人之间来回奔忙，就像游吟诗人吉罗·德博内尔(Giraut de Bornelh)的敏锐双眼。信使名叫杜兹·勒加尔(Douz Regart)，这个名字语带双关，意思是"甜蜜的注视"，在一本有插画的诗集手抄本里，艺术家把这位信使的形象保留在图饰大写 S 的书法曲线之中。杜兹跪在淑女面前，献上作者的心，他把心高举到女子胸前，仿佛要让这颗心直接与她的心交流。心，成了情意相通的最佳象征。

然而，经过仔细审视，杜兹捧着的心，形状比较像诗名中的梨，并不像我们现在所认得的象征爱情的心形符号。它不是具有巧妙曲线和平滑外形的对称的♥，不是我们现习惯在情人节卡片上看到，或者从神魂颠倒的卡通角色胸口冒出来的那一类图案。部分原因是，这种椭圆形的心比较符合中世纪的医学描述，例如伊本·西那说心脏这个器官的形状像"松果"(ad pineam)。但另一个原因是，中世纪的♥形图案大都和心脏没什么关系。中世纪的各类物品上当然会出现♥，不过仅仅作为装饰的基本图形，和许多藤蔓卷饰、交叉阴影线、棋盘图案、圆形螺旋一起出现。

我们目前还不能确切知晓，这种定型化的抽象图案到底如何

图 44 杜兹·勒加尔捧着一颗心,他是恋人眼神的拟人化形象。出自收录有《梨之传奇》的 13 世纪法文手抄本。

演变成如今代表心脏和心意的象征。或许是它的形状像常春藤及其他那时被当成春药的植物的叶子。又或许是 ♥ 形装饰图案早已存在,只是很符合对于心脏这个器官的描述(拥有两个部分,一头比另一头更尖),自然而然被挪用了。不管是哪一种原因,这个符号似乎到中世纪快要结束时才固定下来,出现在欧洲早期的印刷图案中。新兴印刷技术的诞生,意味着从 15 世纪 50 年代起,图案的创造容易得多,散播到不同地区给不同受众也快得多。这种广泛流传似乎是达成共识的因素,大家都同意用 ♥ 符号代表心,尤其在传达情意方面。这个符号起初出现在当时才开始丰富起来的新式图案，特别是印刷纸牌上，后来很快涌现在中世纪晚期和文艺复兴早期形形色色的物品上。作为浪漫恋情信物的精致盒子，一打开来就泄漏了秘而不宣的爱情，因为里面铭刻或浮雕有心形图案作为象征。送给心上人的梳子可能会在中央装饰一颗心，确保佳人在梳妆打扮时，脑海中会直接浮现追求者的身影。有些时候甚至是整件艺术品都打造成符合这个符号的形状，就像荷兰特有的一系列心形书，心形的书页中，包含的都是与爱和浪漫邂逅有关的图画、诗及典雅情歌。除了典雅爱情的宏大叙事，中世纪很少有真正的情书或情感方面的文学宣言流传下来，因此这些心形小玩意儿给我们提供了难得的机会，一窥必定曾经存在的复杂而亲密的个人情感网络。

在这些例子中，爱心图案有助于为中世纪民众提供一种生动的方式，用来展现原本难以表达的内在情感，心脏这个器官扮演着身体的某种代言人。然而，如同铁石心肠可能会出卖其吝啬主人，同理，以这种方式交换心里的情感，也容易让人受伤。无论一方多么坦率表达浪漫情感，都得另一方有愿意接受的心才行。通常两颗心要使天平两端保持平衡，才能呈现成功的真挚关系，这种衡量仿佛是恋人美好心意的明证。但无可避免的是，有些例子中，接受者的心是空荡荡、轻飘飘、无动于衷的。大约1360年生产的一件德国挂毯上面，有一个小圆章图案，一对恋人在称量双方的心，但这场恋情有一方付出较多，因此天平倾向一侧。男子微微地举起手指表达不悦，脸色不怎么好看。他的伴侣指着自己的心，也就是比较轻的那一颗，看起来毫不在乎。

这种悲伤可能如同涟漪，从心向外扩散到全身，影响肉体和情绪。例如愤怒和欲望这些感觉，被认为是由心脏原有的热所产

图 45 一张圆章挂毯中的九个圆形细节图，表现了恋人之间的九种场景。上排中间的小图中，一个恋人把自己长着翅膀的心交给典雅爱情的象征——明纳夫人，但是她却将箭刺入这颗心中。中排右图则是一对恋人在称两颗失衡的心，把自己的心与对方相较。制作于约 1360 年的德国。

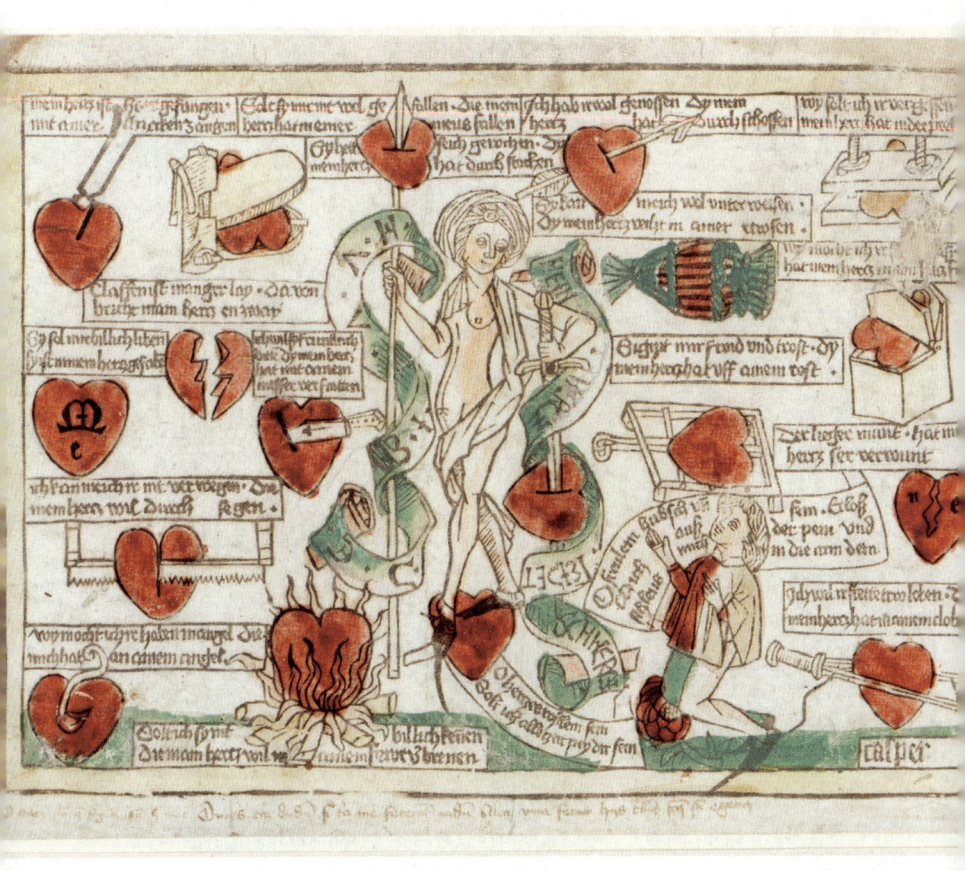

图 46　如同维纳斯般的明纳夫人，正在用十九种方法折磨爱人的心。卡斯帕·冯·雷根斯堡大师在 1485 年左右创作的版画。

生的，会很快传到身体末端的手指或脚趾，其他例如悲伤或嫉妒这类强烈的情感，会造成寒冷空虚，使得心脏变硬且沉重。如同14世纪的意大利作者雅各布·达米拉诺（Jacopo da Milano）曾颓丧自问："哦，心比石头还硬；哦，心不是心，为什么没被爱燃烧！"在如此浪漫的比喻中，心可以出声、悲伤、哀痛、叹息，或甚至在情感折磨下满是伤痕、受困及碎裂。有一幅15世纪80年代由卡斯帕·冯·雷根斯堡（Caspar von Regensburg）设计的德国版画，展现的是"典雅爱情女神"——明纳夫人（Frau Minne），她就像维纳斯一样是爱情的化身，当德国艺术家想要描绘爱人的愚蠢可爱举动，就转而借助于她。明纳夫人昂然立于版画中央，践踏、砍击、刺穿，她受到多达十九颗心的包围，它们全都表现为♥形，正在被她残暴虐待。有一颗心遭受火刑，其他的心被钳住、钩住、锯成两半，或者被捕熊陷阱啪地夹住、被压榨机轧碎、被箭、刀、长矛刺穿。明纳夫人的爱人身形较小，看起来很无助，只能眼睁睁看着，束手无策。他张开双手，向她下跪，苦苦哀求她住手，怀抱希望说出押韵的三行联句：

小姐啊，你美丽又好心！
请拯救我远离苦辛，
并将我拥入你怀襟！

这恳求没有受到理睬。版画的底部出现了15世纪某个人的笔迹，或许出自中世纪后期的版画主人，它宣告了判决。文字写着："你这个傻瓜"（Du Narr）。

对神的爱

关于心脏的观念，除了这种贯穿中世纪的尘世爱恋，还有另一种形式的爱，甚或更强烈，它在中世纪作为一股遍及欧洲的强大力量而涌现。这就是宗教之爱，是持任何信仰的理论家都很重视的议题。犹太思想家长期以来把对神的爱视为本分，以及一种判断灵性气质的标准。如同西班牙权威拉比及哲学家的迈蒙尼德（Maimonides，1138—1204）的意见，犹太律法的主要目标是通过知识改善灵魂，信徒的知识愈丰富，热切爱神的渴慕就愈强。基督教中与此类似的想法则是受到圣奥古斯丁文章的影响，他把关于爱和友谊的古典概念，延伸到涵盖两类特定的基督之爱。一方面是"贪爱"（cupiditas），一种尘世之爱，这种对其他人的爱是以自我为中心的，也是想拥有某种事物的强烈欲望。这与古典神话中顽皮的丘比特（Cupid）有关，也和"贪婪"（cupidity）这个词有关，这种爱带点轻浮的意味，相当于以亵渎且危险的方式来关注物质世界。与此成对比的是"纯爱"（caritas），这种概念后来衍生出"慈善"（charity）一词，暗示一种相反类型的爱，这种爱更有养分，是良善的人应该为彼此，更应该为神保持的爱。

后面这种神学上认可的爱，后来特别与心的形象交织在一起。到了12世纪，法国神学家克莱尔沃的圣伯纳德（Bernard of Clairvaux，1090—1153）最早提出，可以直接对着基督的心祈祷，而不用对着他本人。对伯纳德来说，圣朗基努斯把长枪刺进钉在十字架上的基督的侧腹，造成的创伤不仅止于胸膛表皮，还从肋骨之间刺入基督的心脏。正是基督心上的那个孔洞，才向凡人揭露了他是天上圣灵的秘密。这种礼拜的关注成为后人所知的圣心崇拜（Cult of the Sacred Heart），并且把祈祷和宗教情操借由真正的灵性热情，推向仰慕基督内在本质的方向。到了13世纪，德国的神秘主义者埃克哈特大师（Meister Eckhart，约1260—1328）写下祈祷词，让教友与基督的心对话，甚至更主流派的神学家，例如意大利的作者博纳文图拉（Bonaventura，约1221—1274）也曾提到，只要足够虔诚，良善的基督徒可以尝试真正住在基督的心里。专注于基督的核心器官成为一种精神工具，特别吸引过着专心致志的生活的修士和修女，他们中的许多人讲述的奇迹或神启体验，从今天的常理来看相当令人震惊。亨利·佐伊泽（Heinrich Seuse）是13世纪的多明我会修士和宗教作者，他把IHS这三个字母（IHS是耶稣的拉丁文圣名的缩写）直接刻在心脏外的胸口上，创造出永恒的"爱的徽章"。另一位是锡耶纳的圣凯瑟琳（Saint Catherine of Siena，约1347—1380），在几次神奇的飞升腾空时，她和基督都把心撕了出来，在两者身体之间血淋淋地互相交换。

其他宗教也经常从字面意义上思考，心在爱神时所起的作用。穆斯林评注者，例如8世纪的历史学家穆罕默德·伊本·伊沙克（Muhammad ibn Ishaq，约704—767）曾经生动讲述先知一生中的传奇故事，先知穆罕默德年轻时见过天使，天使把他的心摘出来，依照仪式进行清洗，再放回他的胸膛，使得穆罕默德获得了神学上的净化，接受《古兰经》的教诲。但是，这类极端而熟悉的故事在基督教里更常见，之所以具有很大的影响力，部分原因是基督的心以及关于它被刺伤的相关叙事，在人们的日常生活中被反复提及。卢森堡的西吉斯蒙德（Sigismund of Luxemburg）是神圣罗马帝国的皇帝，统治着中欧大部分疆域，他于1424年把自己收藏的大量圣物从帝国首都的布拉格迁运到纽伦堡，其中包含圣朗

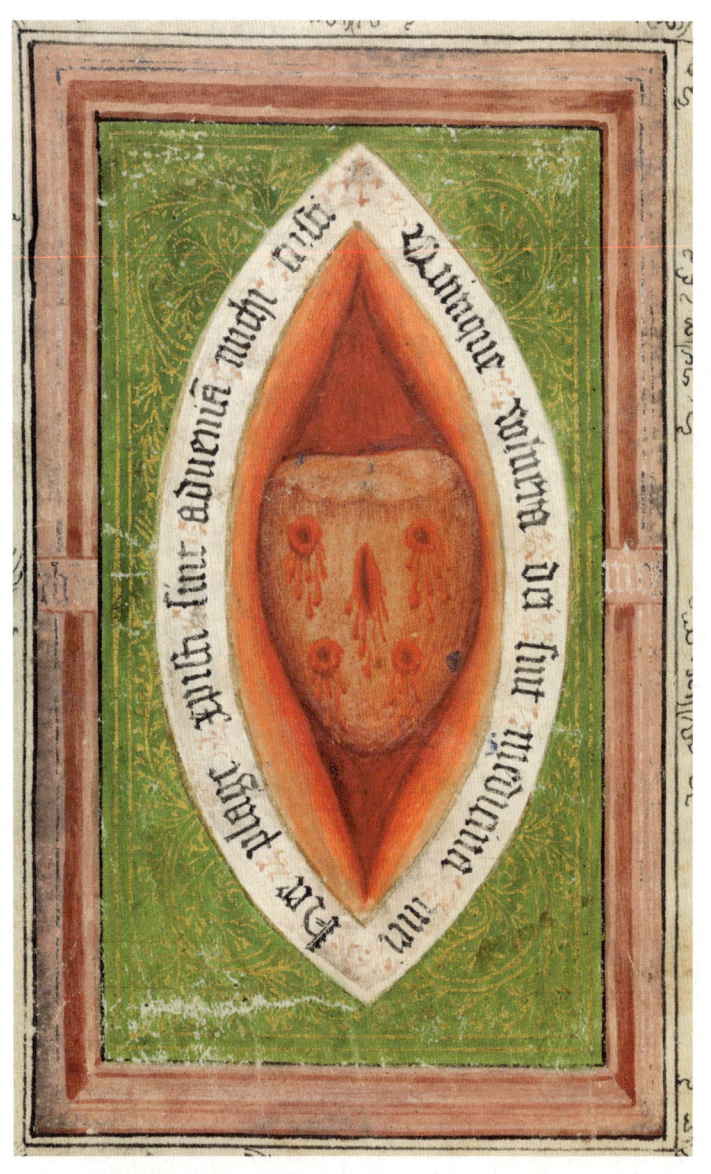

图 47　从基督侧腹伤口所看到的心。出自一本时祷书（Book of Hours），该书制作于 1405 至 1413 年的荷兰。

基努斯刺进基督肋旁的那一根长枪的原件。实际上,当时有数根圣枪在欧洲流传。有一根长枪据说是在第一次十字军东征时,由大军于1098年从位于现今土耳其的安条克(Antioch)运送到罗马,保存在梵蒂冈圣彼得大教堂(St. Peter's Basilica)底下。另一根长枪,或许就是上面所说的这根,据称有人在巴黎见过。还有第四根,最后一次出现是在17世纪的华沙。然而,搬到纽伦堡的那根得到了更多人的敬爱,比其他几根都多。自圣枪抵达这座城市起,朝圣者蜂拥前来圣灵教堂(Church of the Holy Spirit)参拜。当地居民写歌赋诗,纪念圣枪出现在他们的城镇,每年复活节后第二个星期五的圣枪节(Feast of the Holy Lance),圣枪会被公开展示,就在正对圣母堂(Frauenkirche)雄伟立面的市场。

或许,在纽伦堡对圣物名声最具诗意的见证,是历史学家兼医师的哈特曼·舍德尔(Hartmann Schedel,1440—1514)的一本小书,里面收入了虔敬的文字。这本笔记写于1465年,大约是圣物抵达这座城镇四十多年后。最有意思的部分在于粘在上面的一张纸,那是在装订时加进去的一小幅木版画。画的是一颗大大的心,这颗心印成深红色,有一条粗黑线划过中央。上方有一句话:"这颗心已经被我主耶稣基督的长枪刺穿了。"也是印上去的。像这样的早期版画被称为"长枪图"(Speerbilder),是一种精神象征物,在纽伦堡和附近地区当作纪念品贩卖。图中的深色伤痕不只是印上去的线条,而是真正的伤口,这颗心实际上已经被戳破了。这可能并非是印刷工人用刀子割的,而是用真的圣枪遗物刺穿了纸张,所有的长枪图都是如此。这些快速印制、快速圣化的图片,可以快速卖给来参观的大量信徒,因为它们与圣物接触过,充满了相关的力量。因此,舍德尔书中重现的,除了基督心脏的形象,还有对它所做的复制行为，是备受尊崇的庄严痛苦的深刻再现。

这些精致的个人物品透露出最重要的一点：中世纪的心脏是具有深刻理解力的器官，是一种联结人与人，或联结人与神圣的独特方式。即便当时对心脏所知甚少，它仍在中世纪的情感世界中心鲜明地跳动着。而且不论在文字或图像中，心脏都是宗教或浪漫生活里的一种象征，代表至高无上的喜悦或者至深无下的低落。回到圣基娅拉的例子，那些满腔热忱的修女想从她的身体中找到无法捉摸的神圣感受，事实上这也正好反映出，心脏是生理和情感的根源。如果心脏是开放的、可穿透的、属于肉体的，又具有灵性，那么基督除了栖息于基娅拉如此深情的灵魂住所，还会想停驻在中世纪身体里的何处呢？

图 48　哈特曼·舍德尔拥有的长枪图，分别是正面与反面。这张纸在约 1465 年被贴在他的笔记本上。

Deus qui nobis signatis lumine vul-
tus tui memoriale tuum ad instan-
ciam veronice ymaginem tuam su-
dario impssam relinqui voluisti
p crucem et passoem tuam tribue ut
ita nunc in terris pspicere et in
enigmate venerari adorare et ho-
norare ipsam valeamus ut te
tuo facie ad faciem venientem sup
nos iudicem secur videre. amen.

Salue o sidarum nobile iocale
es nostrum solacium et memoriale
Esto nobis quesumus dne adiuuamen
Dulce refrigerium et solamen

Quisqs mea opera, labores, meditaiones p̄ui arduus pozram ma-
nimbus: tramite in recto, et cum spẽ debita ut qui sū meam
penuriã plurā, inceptu me deserit uia, ad fines pegrin puenī, ī

BLOOD

VI

血液

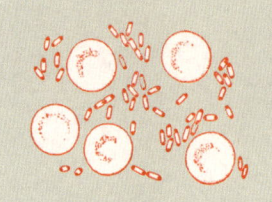

这幅大型人像图来自一部希伯来文的手抄本，会让读者睁大眼睛紧盯不放。他的身体令人恐慌，像是人、兽、物纠缠混杂的结果。红色线条从脸和四肢喷出，希伯来文字构成黑色虚线，似乎正从躯体外缘发出呐喊。虽然如此，他不仅仅是一种奇观。他现身的那本书制成于15世纪初的法国南部或意大利北部，其中收录了许多著名的阿拉伯、加泰罗尼亚和意大利作者讨论如何治疗人体的文章。这个扭曲的人兽混合体，不是故意要设计成像无头人那样的怪物，而是行医者实施血液疗法时的指引。

血液是中世纪身体最重要的物质，它受到的赞扬胜过汗液、尿液或灵气。控制血管中血流的多寡起落，是治疗者维持人体整体平衡的关键方法。尤其是对于避开一种被称为"多血症"（plethora）的人类病症，掌控血流是非常重要的，多血症是体内某种成分过剩的状态，可能引发健康上的问题。令人困惑的是，那时人们认为血液本身就是一种体液，但也认为血液里含有其他三种透过血液流通的体液。用粗短的锐利刀子划出小伤口来疏通血管，让可能造成危险的各种过剩体液排出，或至少让它们改道。这种利用释放血液进行治疗的方法，正式名称是放血术（phlebotomy），是一种全方位的疗法。由于这种方法可以迅速接触到体液，受到各

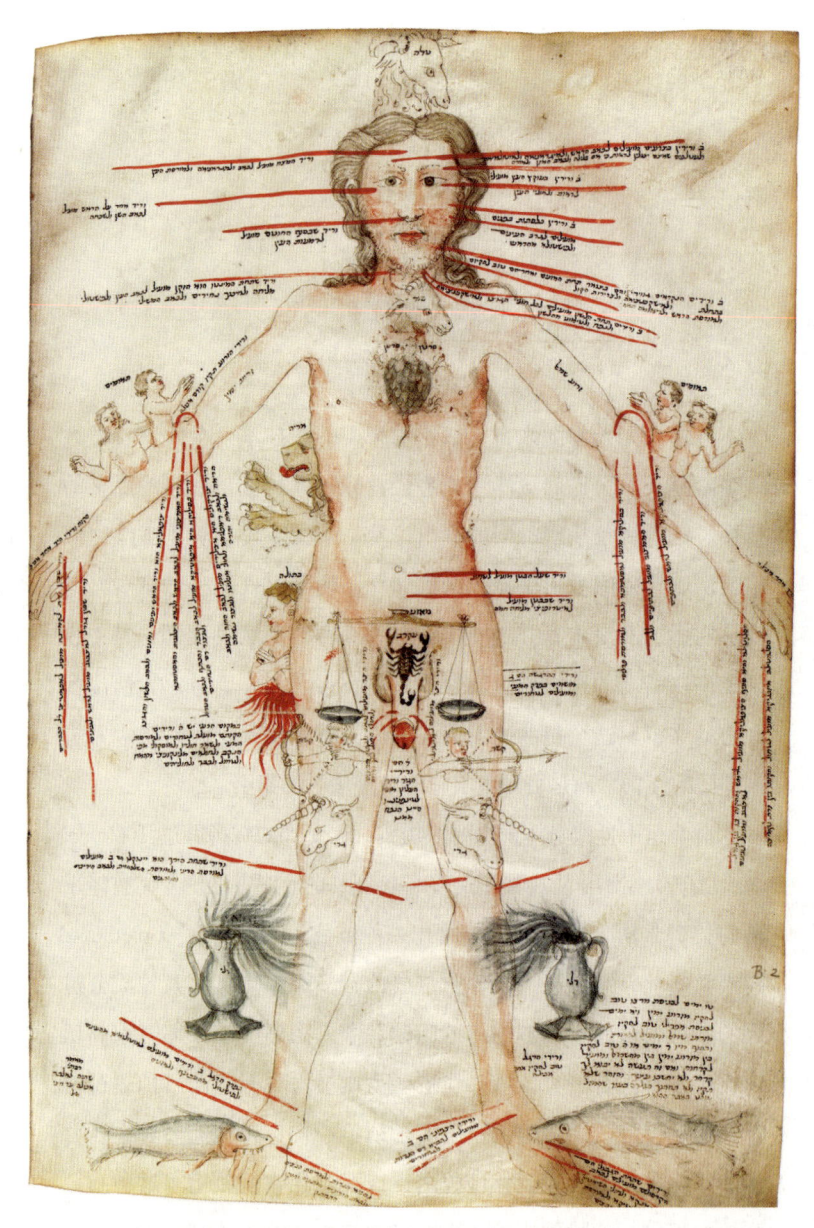

图 49 放血人像图。出自一本希伯来文医学选集,该图绘制于 15 世纪早期的法国南部或意大利北部。

类医疗专业人士的推荐，用来协助不同年纪和性格的成年人，解决各种杂症，甚至能在没有出现特别症状时预先实施。清除血液这种属于温湿的体液，能够使病人的核心降温并通风，而且能当成预防措施，抵挡还没到来的疾病：这种方法能帮助身体做好准备，面对可能造成身体失调的可预见的生理变动或季节变换，从即将来潮的月经，到即将来临的暑热，诸如此类的各种事情。

中世纪的医疗人士几乎没花什么时间去了解，放血对于治疗慢性病或阻止疾病传播没有实际成效，事实上或许还会危害病人的整体健康。中世纪的医学又在此陷入因果循环。医疗人士不能也不愿从头重新构思关于人体的观念，他们崇尚的根深蒂固的古典传统有着不可动摇的地位，即使这意味着要让完全健康的人流掉几品脱的血。另一方面，放血的特殊技巧被认为是行医者的一种技艺。为了治疗特定疾病，可能直接在痛苦的患处附近放血，或者尽可能远离病根处，在理论上的人体相对应部位排放体液。在这两种情形下，位置最是重要，而这就是那些密密麻麻的文字，例如从希伯来文手抄本放血图中宣泄而出的一行行文字，能帮忙引导医疗人士的地方。这个混种人的身体如同地形图，其上标示出不同症状和诊断结果应该放血的不同位置，以有颜色的血线指出特定放血点。例如，在人像的左手臂上，最靠近身体的那一条线，附有文字说明：

> 贵要静脉（就在手臂内侧）能帮助胃和肝……

某些血线与某些病症有特别强烈的对应关系。拇指的血管可以解决头部的疼痛，而且排血时的滴血速率缓慢也很有用，意味着医师不太可能让病人透支过多血液。舌下的紫色粗血管网能减轻头晕和喉咙问题，以及人体更广泛性的血液问题。在双脚足跟和踝部之间的平坦血管放血，再在对侧上臂的相关血管放血，能够帮助改善生殖器疾病。经验丰富的行医者或许会把这样的治疗经验记下来，但是像希伯来放血图这样的图片，有助于行医者之间交流方法，也协助这些专业人士与客户沟通。现存的放血教科书还就如何安抚病人面对尖锐器械时的不安给放血者给出建议，例如动作迅速且专业，并表现出幽默感，面带笑容，避免露出担忧的神情，这些应该会减轻病人在治疗过程中不断产生的恐惧。用如此丰富多彩的方式呈现医疗信息，让那些将要接受治疗的人比较放心，如果他们曾经当面咨询或看过那些治疗的话，充满复杂细节的书面资料不仅确认医师是够资格的，甚或可以让病人分心，不会那么在意即将在他们身上划出伤口的这一令人焦虑的行为。

　　实施这种血液疗法的时机，也被视为攸关成败的关键。人体被认为在宽广宇宙中占有一定地位，因此周遭的宇宙运行对身体有着深刻影响。这种想法出现在一种被称为人体占星术（melosthesia）的观念里，它认为身体各部位与月亮和行星的运行有关。除了放血的位置，这幅希伯来文放血图把黄道十二宫藏在人体某处的上方或里面，显示了宇宙和身体的关系。例如，象征白羊座（הלט）的羊头从人像的头顶冒出来。象征射手座的弓箭（תשק）以及摩羯座的角（ידג）躲在大腿上下端的后面。象征水瓶座（ילד）的水瓶飘浮在小腿旁，正对着小腿前方喷水。象征双子座（מתאומי）的两对双胞胎各出现在两只手臂上，像是从手肘长出来似的。对于医疗专业人士来说，知道人体和星体的对应关系，就能由此建构诊断和医治原则的基础。当月亮进入黄道十二宫的特定一宫——这是由天文仪器或者通常附在医学书里的星座图历表推算出来的——据信这时星体的支配力会吸引潮解的体液到达相对应的人体部位，就如同内在的潮汐作用。在放血的特定时刻，知道这些体液的确切位置很重要，这样才能避开体液大量汇聚的危险地点，从而避免让病人排出太多血，造成伤害。

综合来看，这幅放血人像插图含有各种元素，显示出有许多与血液相关的人体科学观念在一致作用，影响一个人的健康。这些元素也暗示了，这些想法在中世纪是多么容易跨越不同文化。这本希伯来文书籍中的人像图，代表犹太人遵守的一种思想体系，但同样为基督教和伊斯兰教治疗者所共有，见证了血液在不同文化医学中的重要性，这种医学经常在不同人群和地域之间友善传递。然而在中世纪文化的另一些方面，对血液的看法则代表了社会隔绝和社会差异的最恶劣形式，这些情形起初可能始于微小的不公不义，然后全面发展成带着仇恨和恐惧的跨国运动。

恶　血

森林管理员亨利·德斯普洛斯顿（Henry de Sprowston），骑马经过索普森林（Thorpe Wood）的一隅，这一小片林地位于诺里奇这个繁忙的中世纪城市的正东方。亨利无意间看到一具血淋淋的年轻男孩尸体。在 1144 年 3 月之前，这类景象在该地很罕见，但也并非完全没有过。那时英格兰正卷入一场棘手的国内冲突，情势在东安格利亚（East Anglia）附近变得更加激烈，据称有数人因而罹难。不过，亨利觉得这项发现很不寻常，于是展开调查，想厘清男孩的身份。三名当地人认出死者是叫作威廉的年轻人，他是个皮革匠学徒，是附近村庄一对夫妇的儿子。亨利通知他的家人，并把遗体埋在发现地点，显然没举行什么隆重仪式。

若非数十年后诺里奇大教堂一位修士的干预，索普森林就是威廉安然长眠的地点。那位修士叫作蒙茅斯的托马斯（Thomas of Monmouth）。托马斯虽然在斯普洛斯顿发现尸体的数年后才来到这座城市，却对于仍是悬案的威廉遭谋杀事件有强烈兴趣。12世纪60年代，修士详细写下了他所认为的男孩最后行踪，并声称已经找出罪魁祸首以及犯案动机。他的叙述如下。威廉死前没多久，被该市最富有的一位犹太人，打着未能成真的厨房工作的幌子，带去了其家中。他到了那里被强行拘禁数日，然后遭到一群当地犹太人的伤害，他们塞住他的嘴，用绳子把他的脸和脖子五花大绑，剃光头发，拿尖刺戳他全身，再将他瘦小的身躯钉在木柱十字架上，任由他流血至死。在托马斯看来，这些犹太人亟欲渴望的是那男孩的血。他编造出日后被称为"血祭毁谤"（blood libel）的第一件案例，恶意指控这是仪式杀戮，"血祭毁谤"在接下来的一千多年一再出现于反犹太的言论中，即使到了21世纪，依然在某些地方时有所闻。

托马斯究竟是如何编造出这则故事的详细情节，没有人清楚。他的著作引用了一些目击证人的说辞，这些人包括该市几位才改信基督教的前犹太教徒、威廉的家人，加上他自己在受指控的有钱犹太人房子中所做的调查，他显然有机会发现威廉留在地板上的抓痕，不知怎地，几十年前的折磨还能留下可见的痕迹。最重要的是，托马斯利用并加强了这座城市里与日俱增的种族主义情绪。刚到英格兰这一带的犹太人，尽管只有一小群人，人数远远不及诺里奇的基督教徒,却不受欢迎,因为诺里奇的商人阶级经常欠他们大笔金融债务,而这些商人又与诺福克的诺曼统治阶级的贵族关系密切。小威廉的尸体被发现后,威廉的姨丈戈德温·斯特尔特(Godwin Sturt)很快就公开指控诺里奇的犹太人谋杀他的外甥,虽然从来没有举行过审判,但似乎已经足够刺激托马斯编出极端邪恶的仇恨故事,让可怜无辜的威廉无端遭遇被妖魔化的少数族群的想象攻击。

托马斯的作品除了迫害这座城市里的犹太人以外,还有特别的用意,他是为了把死去的男孩塑造成殉教者,为诺里奇神职人员提供一个新的朝圣目标,以从中获利。作为一个在恶意的反基督氛围(指犹太人对基督的故意嘲弄,这真是令人惊讶)之下被杀害的年轻基督徒,威廉被托马斯描绘成圣洁的受难者,肯定会上天堂。这位修士用各种戏剧化的文学词语加油添醋,让男孩的故事益发神圣。譬如他描写到,威廉的遗体入土之后,天上立即发出一道火红光芒,照射在埋葬地点。托马斯还列举了这位年轻的殉教者创造的奇迹(显然是在其死后几年之间出现的),足以写就整整五本书。这种诉诸感情且充满幻想的宣传,果然发挥了影响力。威廉的遗体被仓促地挖出来,重新葬在大教堂的附属建筑里,随着这里名气愈来愈响亮,变成朝圣地,他的骨头又再次被掘出来,这回埋入大教堂的高祭台里,据记载,遗骨在那里被记录到显现了更多奇迹。

托马斯写的故事后来变成《诺里奇圣人威廉的生平与奇迹》(*The Life and Miracles of St. William of Norwich*),这本传记深刻记述了在中世纪萌芽的一场反犹太运动,它如何以生动的虚构情节为基础,演变成以威廉为名义的全面崇拜。最终,这并未如作者所期望的那样变成宗教伟业：几个世纪以后，民众对于威廉的关注几近消失。但是，对于欧洲犹太人群的影响，既久远又悲惨。1168年，一个名叫哈罗德（Harold）的小男孩，被人发现溺毙在格洛斯特（Gloucester）附近的塞文河（River Severn）里，但皮肤上的疤痕让人很快归结出，他是被当地犹太人串在炙叉上活活烤死的。到了12世纪70年代，海峡另一岸的法国通报了几起类似的谋杀案，包括1171年在布卢瓦镇（Blois）发生的一起从未发现被害者的事件，甚至也没有发动搜查，但是仍导致大约三十名犹太人遭到指控。他们大部分是该市镇犹太社区的居民，最后在火刑柱上活活烧死。1181年，贝里圣埃德蒙兹（Bury St. Edmunds）的萨福克镇（Suffolk），一位叫作罗伯特（Robert）的小男孩的死亡案件为这种仇恨火上添油，引发了街头暴动。在各方的互相指责中，贝里的多名犹太人遭到杀害，最后整个犹太社群都被逐出市区。同一年，巴黎也发现一些小男孩恐遭谋杀的类似死亡事件，这些小孩带有被监禁和钉在十字架上的可疑伤痕，与托马斯现在广为流传的《威廉生平》（*Life of William*）情节相同，法兰西国王腓力·奥古斯都因此把领土内的犹太人驱逐了出去。事隔一个世纪之后的1290年，英格兰仿效同样的措施。多达数千人在数月之内全被赶走，流离四散至欧洲的西班牙、德国、意大利等地。令人惊讶的是，这项驱逐令延续了将近四百年，直至1656年，奥利弗·克伦威尔（Oliver Cromwell）才正式重新接纳犹太人进入英格兰。

　　这些四处流传的故事和政治行动伴随着一种强有力的视觉语言，这种语言无疑想要对犹太人进行血祭毁谤。有一本在1493年的德国出版的早期印刷书，作者是哈特曼·舍德尔（就是把被刺穿的基督之心版画装订到他的笔记本里的历史学家），这本书中有

图50 表现特伦塔当地的犹太人对西蒙施行仪式杀戮的版画。该版画被收入哈特曼·舍德尔的《世界历史》(*Weltchronik*)中,该书印制于1493年的纽伦堡。

一幅木刻画,展现了虚构的另一个小男孩的死亡场景。男孩来自意大利南方的特伦塔(Trenta),名叫西蒙(Simon),在1475年似乎遭遇了和威廉一样的命运。这幅图看起来让人很不舒服。画中的犹太人头上都有文字标签显示名字,尽管这些文字只是为了让人认出他们的身份,如同那些令人不快的漫画人物身上的犹太衣服、帽子和胡子的用途一样。他们聚集在西蒙赤裸裸的身体旁,把长针刺入他的皮肤,有一个标示为"摩西"(Moses)的人用刀往西蒙的腹股沟划过去,这似乎是对犹太人割礼的有意误读。

诺里奇事件之后将近四百年还有这样的画存在，表明仪式杀戮的指控在欧洲是多么普遍。这也表示他们的对血液的关注是多么持久。这一块版画在着色时，特别以一道道鲜红色颜料画出西蒙的伤口，以及他脚边逐渐满起来的盘子。在图旁边的内文得意地附上涉案的八位犹太人在酷刑之下所招供的认罪证词，我们还读到，他们计划之后在宗教仪式中把西蒙的血当成基督徒祭品，特别用来制作逾越节吃的无酵饼（matzah）。进一步的阴谋论甚至散播谣言，说古老犹太预言提到，如果有够多的基督教男童流血，犹太人就能奇迹般地回到圣地。分歧的欧洲日渐高涨的恐惧，在此使得中世纪血液的生命力发生了戏剧化转变，从生命的流动物质扭曲成种族仇恨和大陆分裂的燃料。

善　血

这种反犹太迫害行动最讽刺的地方在于，中世纪基督徒是在数个世纪前，从犹太人那里继承到对圣血真诚且根深蒂固的精神崇敬。圣血在中世纪基督徒的礼仪中扮演重要角色，弥撒的面饼和葡萄酒经过神学的实体转变过程，变成基督的圣体与圣血，然后发给教徒食用，这是一种与神达到精神共融的结合形式。仪式的这一刻称为"圣餐礼"（Eucharist），这一词来自希腊文的εὐχαριστέω，就是"感恩"的意思，这是通过司铎祝福、从中干预而展现的日常的神圣证明。这不只是一种带有隐喻的行为，不只是由红色液体引发的类似感受。神职人员参与的一系列最具声望的国际会议已经明确表示，接纳这种直接转变的奇迹行为是正统教义；其中最著名的是 1215 年在罗马拉特朗宫（Lateran Palace）召开的第四次大公会议，影响深远。当司铎对着面饼和葡萄酒念出合宜的祈祷文，物质会发生神圣的基本重组，葡萄和谷物这些尘世物质立刻转变成基督身体的实体。

这种做法的逻辑源自《新约》描述的某个时刻，基督坐在门徒之前，把犹太晚餐的两种元素化为自己身体的一对象征。如同《马可福音》（14:22–24）记载的：

> 耶稣拿起饼来，祝了福，就擘开，递给他们说："你们拿着吃，这是我的身体。"又拿起杯来，祝谢了，递给他们；他们都喝了。耶稣说："这是我立约的血，为多人流出来的。"

早期的基督徒采纳了这种象征主义，作为宗教崇拜的重心，虽然中世纪教会澄清过，只有主祭的司铎才应该是真正吃饼喝酒的代表。在俗教友聚集在一起，将就坐在靠背长椅上看着整个仪式进行，或许每年只能在复活节领一次圣体。到了 13 世纪，主祭的神职人员在祭台祈祷结束后，会把圣餐礼面饼高举到空中，让所有人看到实体转变的那一刻。这迅速变成集会举行仪式的高潮时刻，把遥远历史中基督的生与死，鲜明地带到实际的当下，创造出共同的视觉经验，让在俗会众结合在一起。直接观看这样的弥撒，被认为能把各种正面的神奇力量灌输给亲睹者，而且我们发现，到了 14 世纪，民众会要求观看这样的仪式，希望能在一些情形下得到助力，像是做生意赚钱、庆祝受洗，或纪念过世的亲人。

圣餐礼虽然是最常见的圣血具体化时刻，但并不是这种液体能展现在教徒面前的唯一形式。从经文已知基督死亡之后，他的身体奇迹般地完整升上天堂，然而中世纪的神学家很快注意到，基督在尘世生活时，理论上有好几个时刻必定流过血，例如行割礼或被钉在十字架上时，他的脚、手和肋旁都有穿刺伤。利用这种神圣的漏洞，中世纪时期冒出了几件血液圣髑供人崇拜。有一些圣血保存在布鲁日的圣巴西勒小教堂（St. Basil's Chapel），据说是12世纪第二次十字军东征从圣地带回来的，而西班牙奥维耶多（Oviedo）的圣萨尔瓦多大教堂（Cathedral of San Salvador）宣称，他们收藏了一件从基督遗体脱下来的染血衣服。另一个著名的例子在伦敦，据编年史作者马修·帕里斯（Matthew Paris）所称是由国王亨利三世（Henry III）带回来的。马修记载，1247年10月13日，国王亲自率领一支虔诚的队伍，从圣保罗大教堂走到威斯敏斯特教堂，全程赤足，昂首仰望天空。他手捧盛着基督圣血的豪华宝石水晶瓶，这件圣髑是他从耶路撒冷的宗教权威人士那里获得的，再由一群十字军骑士通过秘密路线运回英格兰。

如同亨利三世的华丽容器所显示的，打造盛装圣血的器皿是不惜成本的。德国北部什未林（Schwerin）的修道院保存着一件这样的圣髑盒，圣血圣髑装在一块碧玉之中，雕有基督小型金属塑像的那一个侧面，还整齐镶嵌着宝石。离北海岸不远的齐斯马（Cismar）隐修院有另一件圣髑盒，也是用基督雕塑把圣血包起来，但这次他的胸口有一个装着铰链的小门，可以在节日打开，展示里面的圣血。如此奢华的关注，也投射到圣餐礼的圣杯上，这种杯子用来盛装质变后的酒。在中世纪较早期，圣杯可能是用相对较不昂贵的材料经过精致雕刻而成，这些材料包括木头、铜、陶瓷、玻璃，以及动物的角。但是大约从800年起，教会更加严格地

图 51　塔西洛圣杯（Tassilo Chalice）。8 世纪晚期为巴伐利亚公爵塔西洛三世（Duke Tassilo III）的妻子丽特佩嘉（Liutperga）而制作。可能是为了庆祝位于克雷姆斯明斯特（Kremsmünster）的本笃会修道院落成。这座修道院屹立至今。

加以限制，只允许最上等的金属接触经过转变后产生的圣血。不许使用价值比银还低的材料，而且我们发现了用宝石和表面镀上黄金的金属雕刻出来的圣杯，其上装饰着珠宝首饰和罗马宝石浮雕。这些圣杯堪称中世纪教会的珍藏当中最璀璨贵重的物件，它们使用奢华材料，是为了能匹配象征上的和精神上的重要性。

教会之外，基督宝血的神圣存在，能够以更个人化的方式来展现。有一本15世纪80年代或90年代的小祈祷书，可能是为了一位不知名的虔诚女信徒而做的，她住在伦敦西南方的萨里（Surrey）。在这本书宗教内文的前头，有一些特别引人瞩目的页面是献给基督圣血的，每一页都印成整面深浅不一的红色。其中最鲜明的一个跨页从上到下都是深红色背景，再以更深的红色颜料画出明显的点状流血伤口，两种伤口交杂布满整个开场。这本虔敬的袖珍书籍只有十二厘米长九厘米宽，翻开书页是一整片令人惊讶的鲜红色长方形，以达到色彩和宗教上的目的。这提供了难以置信的机会，好似真的在近距离观察基督受伤的表皮，让人感受到他所遭受到的永恒苦难，仿佛这些伤口会从书页往外延伸到一条无边无际的鲜红河流。这些血液或许是为了特殊追求而列举出基督苦难的来源。计算基督血淋淋伤口的数目，在虔敬基督徒之间是一种很普遍的做法，他们把基督为宗教所受折磨的程度和情况加以量化，有些文本甚至极端到一滴一滴算出血滴的确切数目。关于这个主题，有一首令人费解的中世纪英文诗是这么写的：

> 耶稣基督为人类
> 流下的宝血之数，
> 有五十万滴等着算清楚。
> 八千和四万都无殊，
> 五千算多也算少，
> 这就是全部的数目。

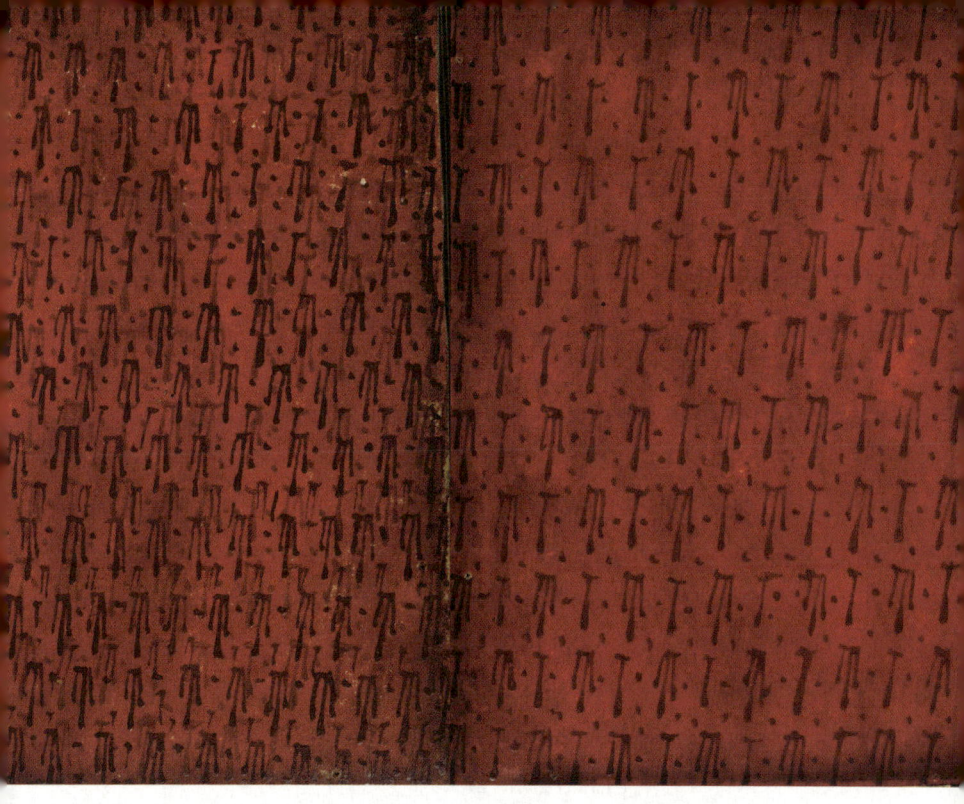

图 52　一本祈祷书的一个跨页，表现了大量的基督圣血，以及他皮肤上的一个个伤口。该书于 1480 年初为一位不知名的英格兰妇女而制作。

总数从五千到五十万，计算这些几乎无穷无尽的基督伤口，会带给人们从容沉思的能力。读者面对这样的书页陷入沉思，从一个伤口数到另一个伤口，这过程中一直在思考并放大基督临死的痛苦，就像虔诚的会计师俯身拨动血算盘一般。

生命之血

这样的血液显现出中世纪宗教生活核心的某种矛盾。虽然许多人似乎相当乐意，甚至渴望理论上多与神圣血液接触，但是实际接触时，他们又变得吹毛求疵。14世纪有一位法兰西妇女提及，她觉得教堂的圣餐礼特别使人不愉快，并承认实体变换没有什么精神性的吸引力。她说，圣血让她想到：

> 妇女生产后排出的恶心胞衣，我每一次见到在祭台上高举的圣体，就会一直想到它就是被污染了，都是因为那个胞衣。这就是为何我无法相信那是基督的圣体。

她在这里的问题，算不上是怀疑这件事本身。虽然她最后因为丑陋的结果而质疑，但她似乎可以接受这一设想，即圣餐会带来真正的、转变后的圣血。相反，她的障碍似乎在于圣血太过真实，太像自己身体里活跃流动的物质。

对于一些人来说，圣餐礼可能过度生动了，而会先唤起血液和活着的概念之间根深蒂固的哲学关联。血液相当于人体在生物学上的引擎机油，也是医学和精神方面的机油，因此血液是最纯粹的标记，代表某个人或某件事情的生气，或者也经常象征恢复生气。12世纪晚期有一些法律记载提到一种普遍的信仰，称为"尸体见血论"（cruentation）。这种想法认为，原本毫无生气的尸体，即使放了几天、几星期，甚至几年之后，当凶手出现时，又会开始流血。这种观念建立在以下设想的基础之上，罪犯杀戮时与下手目标发生了不可磨灭的灵魂交换，凶手的邪恶意图和不可赦的深重罪孽，会以某种方式通过凶器传到被害者的身体里。尽管已经死了，痛苦枉死的尸首还是能借由这种方式短暂复活，让血液从伤口流出来，以这种神奇的原始法医证据，指认出仇敌，尝试进行死后的报复。

这样一来，流血能够展现出各种意想不到的感知能力。有记录提到，早在7世纪，拜占庭的圣像图受到损坏时会流出真的血。数个世代的朝拜者都声称，一件9世纪的塞浦路斯马赛克画"圣母子"，曾在被箭射中膝盖后流出血来。另外一件则是中世纪晚期在君士坦丁堡的画，遭到一位愤怒神父攻击时它流出真正的血。象征拥有活跃精神的流血迹象也同样会发生在其他宗教器物上，从雕像、圣水盂到圣髑盒，乃至圣人遗物本身。14世纪的法国圣女让娜－玛丽·德马耶（Jeanne-Marie de Maille）的封圣文件中提到，她拥有一件真十字架圣物，它被劈成两半时涌出了小股红色泉水，既证实了让娜－玛丽有与生俱来的圣德，也证实了这件圣物真的曾经撑住基督流血的身体。即使最平凡的宗教物品，一样能通过神奇的血液得到鲜活的生命力。14世纪德国北方的维尔斯纳克（Wilsnack），有一位叫作海因里希·冯·比洛（Heinrich von Bülow）的骑士和当地主教起争执，一怒之下烧毁了教堂，事后有人在断垣残壁中发现了三个完好无损的圣餐礼小面饼。面饼历经如此灾难还能保存下来，这件事本身就令人赞叹。这种扁平易碎的面饼是用涂了蜡的金属压机制作出来的，几乎不可能逃过足以吞噬整座建筑物的大火。不过这三片小饼在过程中也受了一点苦，而且是以属于人类的独特方式：就在每一片饼的中心，流出一小滴真正的血。流血的面饼是那时常见的奇迹，尤其是在德国，参观这类事件变成主要的朝圣体验。每一个例子中，毫无生气的物品都因为拥有血液带来的活力，被当成基督存在于它们之内的铁证。在德国南方的瓦尔迪恩（Walldürn）与魏恩加滕（Weingarten）两个城镇，以及意大利的奥尔维耶托（Orvieto）和法国的第戎（Dijon），流血的面饼被供在精致的金属圣饼光座中,供人近距离观看它们重复显现的奇迹,有时候这种奇迹还会每天规律出现。

这种现象在现代的例子,为往昔物品经常流血的特性提供了更加可预见的解释。2015 年,犹他州发现了一个流血面饼,经过仔细研究,人们证实这并非流血,而是红色霉菌在面饼表面旺盛生长的结果。2001 年,雅典郊区有一幅"圣母子"画似乎出现了流血奇迹,吸引了大批媒体报道,但是经过检测之后,它的"血液"被发现只是樱桃汁而已。这些现代假象或骗局很有用,不是因为它们展现了可以推及过去的某些科学事实,而是因为它们提

图 53　一本时祷书中的画,表现了第戎的祭饼流血奇迹。图中是一片圣餐礼面饼,上面有凸起的基督像图案,并且布满神奇的血滴。该书完成于约 1475 年的法国普瓦捷(Poitiers)。

醒我们，善于观察的中世纪人即使十分重视会流血的事物，也未必会毫不怀疑地接受这些事情。中世纪经常揭发伪造的圣髑和奇迹，好比说乔叟笔下那个头发稀疏、售卖赎罪券的可疑教士的东西，因此教会对于这类宣称会系统地谨慎评估。他们会派官方小组到奇迹事件的现场进行严密调查，与目击者做访谈，测试灵性证据，然后才宣布某件物品，例如流血的面饼，是真正的圣物。而在俗教友本身也很善于观察出真血和假血之间的差异。有一出流传至今、重现基督一生的盎格鲁-诺曼语宗教剧，叫作《神圣复活》(*La Seinte Resureccion*)，剧本中的片段提及，这个故事可以通过流血的道具加强表演中的戏剧张力。当时注记在原文旁的舞台指示建议，故事来到朗基努斯把长枪刺进基督肋旁的那一刻，演员要刺在舞台上的一具耶稣大型木雕像上，雕像里面预先藏好灌满动物血的血袋，血袋被扎破时，雕像看起来就会像真的在流血。如此有创意的骗术应该会让中世纪观众印象深刻，当然也会让他们想起真正难解的神圣事迹，就像维尔斯纳克的流血圣饼。但是，观众此刻很清楚，这并非奇迹，而只是巧妙的舞台技术。

止血与缝合

从这些奇迹事件中浮现的，是与生命必需的血液相关的光谱，跨越中世纪文化的各个领域，它们泾渭分明且精密复杂。神学家、神职人员、法学家、医师，这些是流血事件发生后得忙碌起来的专业人士。然而，还有一群人关心的是尽快止住这股红潮。外科医师不时会遇到血淋淋的人体，这已成了他们的日常，从本章开头展现的希伯来放血人像这样的医学图解来看，即便是经过最好训练的治疗者，如果面对有人失血过多，可能也没有办法。这样的病人会迅速流失维持生命所需的体液，肯定不久于人世。不过，我们可以把这个放血人，与这时期手抄本中发现的同类图画做比较，后面这种图似乎更可望能协助拯救出血的病人，即使是最严重的情形。

这种图被称为"受伤的人"（Wundenmann），图中的人眼神茫然地看向书页之外，和他的混种放血同伴一样。然而，他的身体没有标上奇怪的宇宙学符号，却画了许多逼真的伤口。他的皮肤上满是流血的伤口和病灶，被大大小小的刀子、矛、剑割伤或刺伤，有许多凶器插进身体里，凸出一段半截来，让他看起来像只豪猪。有一只匕首从他身侧插入，借由奇怪的透明胸膛，我们看到匕首的尖端戳到心脏。更糟的是，他的脖子、腋窝、腹股沟长出蓝绿色的圆形腺体肿块，暗示他罹患各种疾病。他的小腿和足部满是刺伤的痕迹。他还被各种动物围攻，蛇、蝎子、有狂犬病的狗咬住脚踝，蜜蜂叮手肘，甚至有一只蟾蜍在腹腔作怪。即使遭受可怕攻击，他仍然活得好好的，因为散布在周围的文字提供了身上许多伤口迫切需要的个别疗法。

已知最早附有"受伤的人"的一批书出现在14世纪晚期的德国，特别是与奥尔托夫·冯·拜尔兰德（Ortolf von Baierland）有关的巴伐利亚外科著作，奥尔托夫是在维尔茨堡（Würzburg）行医的著名外科医师。对于像奥尔托夫这样的经验派医师来说，血液尤其重要。他的著作确认了某些支持学术派实施放血疗法的观点，那就是体液过剩的多血症会对人体全面健康造成多重问题。但是，如同令人紧张不安的"受伤的人"图画明白显示的，对于奥尔托夫这些外科医师来说，流血不只是理论关切的主题，更是实际的紧急问题，外科医师经常面对意外或打仗造成的创伤。这些不同种类的伤害中，有许多被归到这幅人像图上，这个人其实就是给外科医师看的人体目录。他的身侧有一些号码和简短说明，指示治疗者可以在这本专著里的何处和后续内容，找到有效的特定处置。爬在他大腿上的一只蜘蛛旁边，有一小行文字写着"被蜘蛛咬到，20"，提示读者找到书中第20段，就有相应的疗法。人像的右手附近是"10. 指甲出问题"，左大腿内侧是"38. 未拔出的箭"。其他文字直接针对血液问题。有一根长矛刺进这个人的左侧身体，穿入腹部，沿着这根矛的说明是"如果大肠受伤，14"。如果我们翻到相应疗法，会看到：

> 14. 项目：如果大肠、腹部或内脏受伤，你可以这样治疗——用细线缝合，撒上红药粉。这种药粉对于所有伤口都有益处，最好的一种可以这样调配。取九份深红色的黑酒、一份赤铁矿、肉豆蔻和白色乳香各一份、三份阿拉伯胶、龙血（苏库特拉龙血树的树汁）和木乃伊粉各一份。把所有材料一起捣碎，做成药粉保存起来，以备不时之需。

这是一种止血剂的配方，配出可以抑制出血的药粉，外科医师能用来止住特别严重的伤口出血，有助于伤口顺利缝合。

诸如此类的中世纪晚期外科技术，得益于数个世纪以来接收到的专业知识。我们前面已经遇过提供牙科医疗建议的扎哈拉维，这位10世纪的阿拉伯作者列出了一些缝合出血伤口的方法，从八

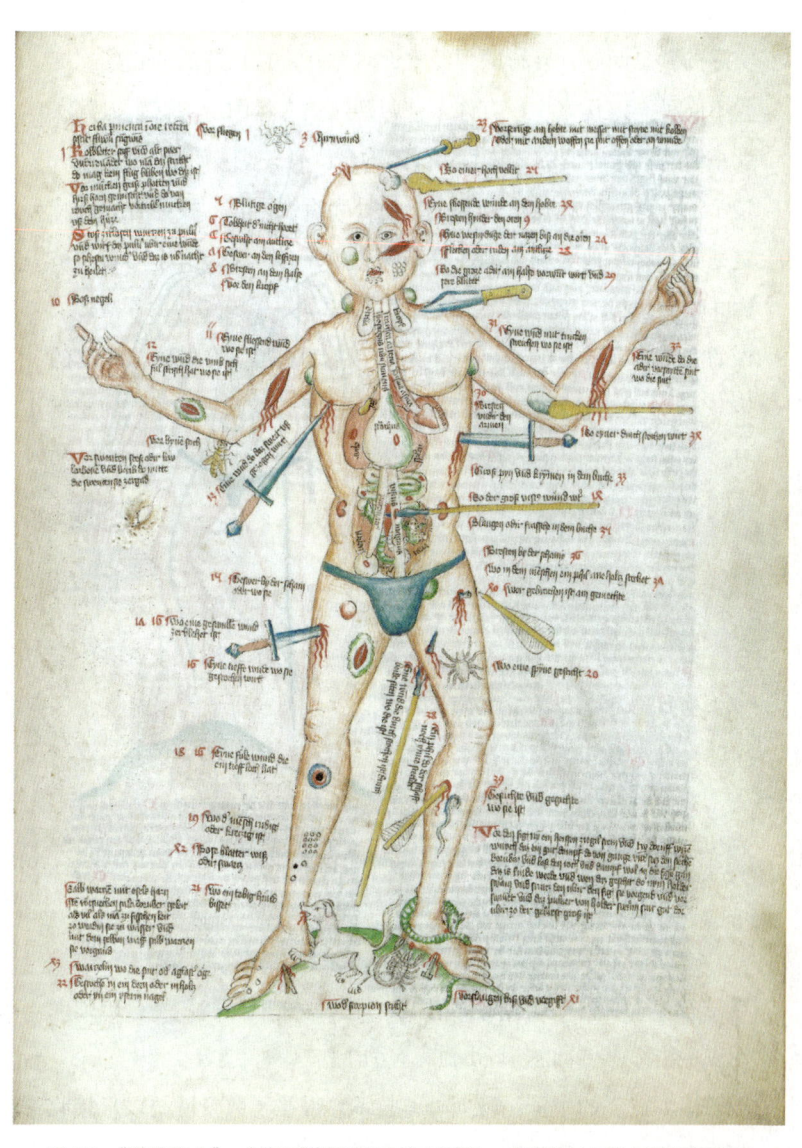

图 54 "受伤的人",全身画满各种伤口与其疗法。出自约 1420 年的巴伐利亚手抄本。

字线法到困难的双针缝法。另一位作者，埃伊纳岛的保罗（Paul of Aegina）明确指出，手术缝合线应该用细绵羊毛制成，以及治疗者缝伤口时必须仔细了解人体的各层构造，在把表皮开口缝合起来时要清楚软骨、肌肉和皮肤的差异。但是"受伤的人"止血药粉的内容，又让人联想到中世纪药学要务中常见的迷信见解。特定药材有时因外观和质感而受到重视，它们的稀有程度、价格、天然的体液特质也是影响因子。声称可以止血的疗法需要用到红色物质制成的粉末，这并非巧合。这些红色物质包括：深红色的黑酒；赤铁矿石（或氧化铁矿石），它也是红色染料和颜料的主要成分；还有龙血，这是一种颜色很红的树汁，红到让它获得神秘的拉丁文名称"sanguinem draconis"。

那时"受伤的人"很可能就此停留在流血不止的痛苦状态之中，但是他伤痕累累的身体终究成为引人瞩目的创意先锋，为各种强大的知识打头阵，而这些知识能通过中世纪外科医师传达和发扬出去。的确，即使是在最务实的手抄本中，圣血的神秘力量也显现了，与实用的建议掺杂在一起。"受伤的人"旁边的疗法写到，需要有人对着流血病人念出各种咒语，也就是那种可能祈求国王、圣母或基督传递神圣治疗的祷词。事实上，这位画中人物的姿势似乎能进一步引起微妙的宗教共鸣。看到一个人孤零零站在那里，双臂张开，全身到处都在流血，许多中世纪读者会立刻联想到基督痛苦而神圣的蒙难描述。毕竟，当时各种领域的作者确实称耶稣"既是医师，也是解药"。或许从"受伤的人"的割伤和擦伤伤口中流下的血滴，是刻意要和那些染在祈祷书页面的血，或者从神奇圣饼中渗出来的血，混淆在一起。如同故意中伤中世纪犹太人的血祭毁谤一样，血液在这里又再次与医学和宗教的思维纠缠交织,把宗教认同从日常生活的平凡时刻中提炼出来,形成一种强大的、有时令人不安的调和物。

HANDS

VII

手

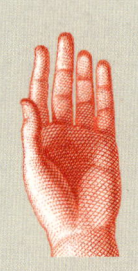

大英博物馆的地下室，有一件14世纪制作于法国的小型象牙饰板。这片板子很小巧，只有五厘米宽八厘米长，小到刚好可以握在手中，原本可能是当作书写板。搭配上另一片相同尺寸的小饰板，两片用铰链连在一起，像一本迷你书，有浮雕的那一面当作封面，背面凹进去的空间填了一层薄蜡。它的主人可以用一支尖尖的笔，在蜡上刻下简短笔记或算式，记录自己的想法或数字，使用完之后把这个板子拿到蜡烛上过一下火，让蜡板融化，恢复原状，轻晃一下即能清除笔迹，简直就是中世纪的神奇画板（Etch-a-Sketch）。

这书写板漂亮正面的雕刻图案，可以维持得比较长久。它描绘了一群男女聚在一起，挤在三个精心打造的壁龛里。这些气派的人物，有些站着，有一位坐着，其他两人在地板上，正在玩中世纪一种蒙眼猜人的游戏，名称是"热鸟蛤"（hot cockles，来自法文的 haute coquille），有时也叫作"热手"（the hot hand，来自法文的 la main chaude），俏皮的名称掩盖了这种消遣活动的情色意味。玩的时候，一个人的眼睛会被蒙住，让其他人打屁股。在这块大英博物馆的象牙雕刻中，有一个年轻人跪在现场中央，他的头埋进一位坐着的妇女的裙褶里，所以看不到别人。虽然这件物

图 55　一件小型象牙雕刻，描绘了蒙眼猜人游戏的情景。该雕刻很可能是一件书写板的一半，制作于 14 世纪的法国。

品的尺寸很小，但他的轮廓被刻画入微，仿佛在衣料底下的幽灵，我们从他手的外形看出这只手正爬在女士左大腿上，由此能感觉到潜藏在这游戏中的情欲气息。从后方两位女子高举的右手，可以事先看出她们将会打屁股，两只手摆出夸张的姿势，准备一起给他狠狠地拍下去。蒙眼的人只靠着屁股上的疼痛感觉，猜出谁是出手的人，游戏就结束了。如果猜对了，会得到一个吻当奖励，如同象牙饰板右上角的情景，一对赢家在拱券下悄悄拥吻。

在这件作品当中，手十分显眼。碰触、掌掴、轻拍、挽住、指示、摸索、抚摸、打屁股，我们再多瞧一点，就看得出更多手的动作。用裙子罩住男子的那位女子，把左手放在他的头上，同时右手伸出长得出奇的手指，指向上面那一伙人。负责打屁股的两人，则用手抓住裙摆挽起来。下方左侧的大胡子，原来可能是站着的，或者本来就在底下，接下来似乎要用他摊平的手掌，拨开人群，从两位女士之间钻过去。即使是整个构图最左方的女子，因为站得太旁边，无法整个人都进入饰板画面里，也仍有一只在身前挥动的手，塞进象牙框里。这类书写板通常被拿在手里，这些细节会引起共鸣：这片象牙传达出来的意象，不仅仅是身体末梢有触觉的手，而且还有碰触的动作所带来的感受。

中世纪的触觉概念难以捉摸，充满了内在的问题和矛盾。中世纪的观念是，触觉不像经由透明光线和振动空气传送的视觉和听觉那么神秘缥缈，也不像味觉和嗅觉那么实际，相较之下，触觉位于感觉柱石的最底层，是五种感官中最基础的一种。或许这是因为触觉既不是完全主动，也不是完全被动的感觉，而是两种感觉同时发生，令人觉得困惑：你伸出手碰触某样东西时，这样东西必然也同时碰触到你。这究竟是怎么回事？到底是你主动碰触，还是被碰触？或是两者都有？相较于诱人歌声的虚幻魔力、芳香气息的轻柔飘送，或美好景象的微妙变化，触觉的这种不完美之处似乎让它被比了下去。

然而，从另一方面来看，碰触带来千真万确的即刻感受，代表触觉可能有时是中世纪更重要的感官之一。如同嗅觉、味觉、听觉和视觉，中世纪也认为触觉的作用是通过流动于全身的生命灵气，把皮肤表面的感觉信息传送回大脑进行认知。不过，和其他感官不同的是，触觉是一种踏实、坚定、明确的感觉，让周遭的世界变成可以直接摸到的存在。如果与东西相隔一段距离，当然就无法碰触到（这与听到远方的声音，或者看到地平线上的景象不同），这暗示触觉是一种令人激动的确实接触。触觉甚至可以被视为所有感觉中最重要的一种。亚里士多德等哲学家认为，触觉是生命必需的感觉，持续有学者接受这项主张。这就是说，一个生物体没有其他感觉，可能会失聪、失明、闻不到气味、尝不出味道，但要是完全失去触觉，这种存在基本上就可被视为不具生命，必定会死亡。在这种想法之下，中世纪时触觉被当成活力的基本衡量标准，这种感觉本身可以作为诊断依据。摆布病人的身体到达不同地步，能够确定他们的疼痛程度，比如建议一边敲打病人的特定位置，一边听看看是否有特定回音或声音，这仍是现代医师用来判断病人胸部健康情形的方法。医学权威把手形容为身体的工人，用它们来检查身体特定部位的硬度，例如肿胀、触感或水肿等，都是了解病人特定情形该关注的重点。医师通过手指，就能够敏锐地察觉出病情。

接触病人的工具

　　中世纪医疗对于触诊的重视，衍生出一类问题。如果医疗人员不能用手，而需要用工具才能够进行工作，这时情形会怎样？如果他们需要切开身体或缝合伤口时，该怎么办？如果诊断过程中，直接接触病人很重要，那么在不能运用触觉的状态下照护病人，难道不会出问题吗？

　　为了克服这些问题，中世纪外科医师针对工具方面，开始发展出一种思考方式，相当于在概念上把器械与身体结合在一起。特别是有一些作者讨论到，把探针、剪刀、刀和其他工具当成操作者的手的延伸。希腊文和拉丁文的术语都保留了这种密不可分的关系，就在英语单词"surgery"（指"外科"或"手术"）的语源学中；"surgery"传承自希腊语的"χειρουργός"或拉丁语的"chirurgia"，都是"手"和"工作"组合出来的字。中世纪早期的古英语文本里，医疗工具与其使用者直接混用，代表外科医师和外科器械的语词经常互换。后来的中世纪英语文本中也是如此，医学专业人士的语言和日常称呼身体的语词纠缠在一起。那时无名指通常也称为"leche fingir"，源自中世纪英文里的"医者"（læce），因为这根手指经常用来混合药物及涂药，还因为无名指的血管被认为直接通往心脏。我们已经见过法国外科医师亨利·德蒙德维尔在关于皮肤的著作中，以一个皮被剥掉的人当作生动的图解，他甚至说到手术刀的铁接合点和刀刃就像是外科医师的指甲与手指。也可以对这些语言上的概念进行反向思考，有外科医师写到，他们需要通过灵巧的外科工具，把自己改造得更精良。意大利米兰的兰弗朗克（Lanfranc of Milan，约1245—1306）医师强调，外科医师具有形状良好的手,以及纤长的手指很重要,同时期的佛兰德作者让·伊珀曼(Jan Yperman,约1260—1330)提到,外科医师需要"从身体延伸出来且不会颤抖的长手指"。

我们更仔细瞧瞧这些使用于手术的复杂工具,就能逐渐了解这些外科医师的意思。中世纪流传下来的器械极为稀罕,很少出现在现今的珍贵收藏之列。即便如此,手抄本中确实有相关的精致图片存在,它们至少提供了中世纪外科器械的大致概念。或许其中最引人瞩目的是扎哈拉维一系列有影响力的专著,他编纂的一套三十册的《医学方法》(*Kitab at-Tasrif*, لمن عجز عن التأليف كتاب التصريف)中,最后一册特别讨论了外科学。这本书收入大约两百种细长形外科工具的图例,穿插在内文说明的段落之间。如同波斯医师伊本·伊利亚斯所画的骨头,这些工具并不是为了传达

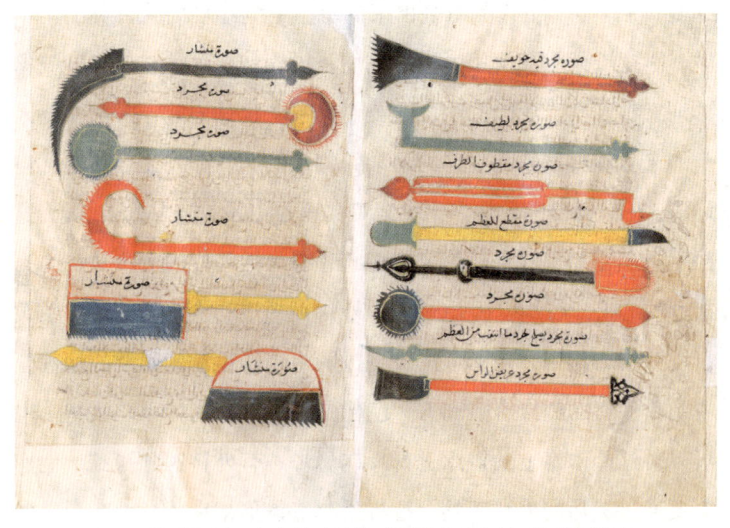

图 56 外科器械。出自扎哈拉维《医学方法》的 13 世纪版本。

准确的形状或尺寸给读者，它们在书页上是以示意图而非写实的方式呈现的。不论是原始的阿拉伯文手抄本、拉丁文译本，或者甚至更后来的印刷版本中，扎哈拉维的器械大都相当细长、色彩鲜艳，而且带有尺寸很夸张或者如羽毛般柔软的怪异锯齿状刀刃。尽管如此，这些华丽的图片仍然表明，这些物品对于编写这些书籍的外科医师有多么重要：作者认真花了时间和心力，将把柄的精致细节以及末端的巧妙装饰表现出来，充分展现出它们是专业打造的昂贵物件。

以这种方式展示器械，相当于承认这一行的工具是外科医师公众形象的重点组成部分。拥有工作所需的正确工具，表明医师能力十足且拥有专门技术，就像当今医师的手术室设备或者令人惊艳的崭新的诊断技术，这些都在试图让病人知道，他们的情况掌握在训练有素、事业成功的专业人士手中。对中世纪外科医师来说，优质工具非常重要，因此我们经常发现他们的遗嘱中把这些工具列为最重要物品。安东尼·科帕奇（Antony Copage）是中世纪晚期伦敦的外科医师，他的最终遗嘱交代把所有的钢铁器械留给仆人乔治，只要"他具备同样的技艺"。科帕奇把外科手术工具组与他的珍贵书籍、上好的衣服，甚至还有留给妻子的个人纪念物品列在一起，显然他把外科工具归为最宝贵的财产。外科医师行会也通过批准某些人可以使用工具来管理这个领域。这些公共组织可以成长到相当大规模并占据一定地位。例如，在中世纪晚期的约克郡，理发师暨外科医师行会是举足轻重的医学组织，负责各式各样的活动，包括筹划年度宗教剧，以及赋予新训成员选举权。偶尔会发生非本行的工作者钻漏洞的事件：伦敦圣巴多罗买医院的记录中，有一位叫作盖洛普（Galop）的木匠被召去替需要用锯子截肢的病人动手术，这显然不是由于他具有解剖技术，而只是因为拥有类似的工具。然而，对于受认可的专业人士来说，从行会那里获得使用工具的允许，等于获得专业身份和社会地位。行会甚至可以撤回许可，如同他们有权授予许可一样。如果发现会员违反规定，例如没有按时缴交会费，或未达特定专业水准或道德标准，就禁止他们执业并没收工具。剥夺他们的工具，等于砍掉他们用来工作的手。

中世纪的外科器械，有时候被认为本身就有一种内在的力量。对于严格遵循亚里士多德主张的人来说，这没有什么道理，他们认为碰触的能力是区别生与死的标志，由冰冷且坚硬的金属做成的手术刀或锯子，应该毫无生气可言。但是在中世纪富有创造性的想象力的主导之下，这些没有生命的沉重工具活了起来。那些流传下来的器械，几乎都有生气勃勃和活灵活现的设计。图案多为叶子，加上花瓣形状的闪亮镀金，以及金银镶花的藤蔓卷饰。有一些则装饰了活跃动物的特征，好比鹰头把手，或从设计主体螺旋伸出的象鼻饰边，让造型更添活力。人类的脸和嘴也很常见，从把手和接合处冒出来。这种偏爱用嘴来增加生气的方式尤其合适，因为当时的医学专论经常在措辞上，把外科夸张地说成是一门咬人的技艺，而且作者在文章里描述疾病传播，以及工具在人体运作的情形时，会反复提及"吞噬""啃食""咬碎"等动作。

这些活泼的图案也和当代文学中对器具的描述一致，器具在虚构文学领域里可以更加鲜活生动。像锯子这样的工具，被各式各样的专业人士使用，包括屠夫、护树人，还有外科医师，在中世纪的英文诗中，锯子不仅能从有动物的那一头观望，并且啃咬锯齿所碰到的任何东西，还可以说话。莱斯特郡（Leicestershire）

有一本 15 世纪的手抄本，里头收入了一首名为《木匠工具之争》（"The Debate of the Carpenter's Tools"）的英文短诗，诗中木工的工作台上一群有生命的工具在喧闹不休，争论着让它们的主人发达的最佳方法，更迫切的问题是，它们该如何努力工作，才供得起主人酗酒无度的习惯。斧头、弓形手摇钻和其他工具辩驳之后，锯子迫不及待加入论战，斥责前一个帮酒鬼主人说话的指南针：

> 你在吹的只不过是吹牛，
> 就算你夜以继日工作殷勤，
> 我说他也不会发家富有。
> 他住得离房东太太太靠近。

木匠的锯子代表辛苦的工作和全心投入的技艺，展现了强烈的忠诚和工匠的常识，就与外科医师的锯子和刀子一样。它们如同有感觉、会说话的生命，触碰病人全身，化身为有说服力的评论员，

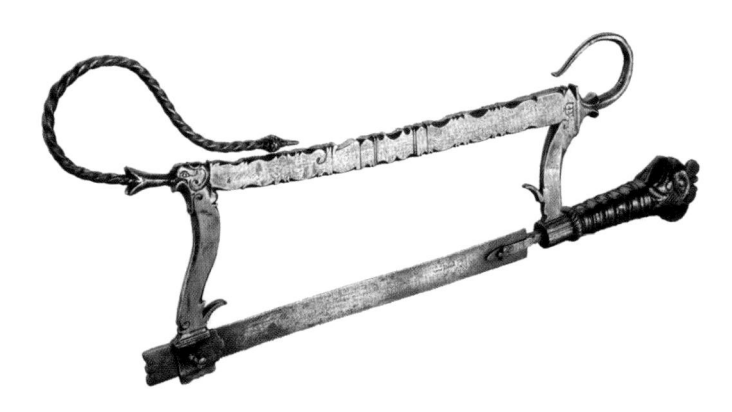

图 57　16 世纪初的外科锯，保留了许多中世纪早期的特征。可能制作于西欧。

对着它们目击的外科世界滔滔不绝。有一把较后期的德国外科锯，目前保存在维也纳，它的弓上刻有一首短诗。这首诗的标题利用了德语单词"Spruch"的双关意味，既是"锯子"也是"箴言"，提醒读者这种工具可以同时带来恐惧和希望：

> 锯子/箴言：
> 残酷的样貌藏在我身形中，
> 带着恐惧、脆弱和巨大苦痛，
> 然而当所有工作都结束了，
> 我的伤害便也转为喜乐。

巧妙的装置

中世纪各类型的手抄本，不论是医学、小说或诗集，当中手的图像极度频繁地出现在页面边缘。事实上，手的出现频率超过身体其他部位。这类图案现在被称为"手指符号"（manicule），也就是生有细长手指的纤纤手掌，其中一根手指指向特定一段内文。这些小手是中世纪读者的遗存，特意用来把目光导向重要的一小段文字、特别具决定性的章节开头，甚或只是这本书的主人之后想再回头看的地方，理由现在已经不可考了。它们作为标记，通常添加在同样位于页缘的个人注记之中，而且可能是不同人在这本手抄本历史中的不同时刻加进去的，为这本书的使用模式建立了层次感。

这些在页缘的手，只是中世纪阅读行为的动人层面之一，而许多层面暗示当时的经验可能与我们截然不同。叙述中提到，中世纪的信件和其他通讯函件大都由信使大声念给在场者听，较少让收信人独自消化。至于大部分日常阅读，究竟是在个人头脑中默默进行，还是在阅读一本书的过程中念诵出来，至今仍有争议。但最重要的是，这些保留下来的手指符号证实了，中世纪的阅读活动与触觉的关系多么密切。读者用手指滑过一行行文字，用拇指从书页角落翻页，还有一些羊皮纸书经过反复碰触几乎变成黑色的，程度严重到现代的文物修复师会使用一种叫作感光密度计（densitometer）的仪器，来测量书页的脏污程度，然后找出特定文本最脏（因而可能是最受欢迎）的段落，也就是某位主人一再翻阅的地方。并非没有人告诫读者不要粗鲁对待这些昂贵的物品。佛罗伦蒂乌斯·德巴莱拉尼卡（Florentius de Valeranica）是10世纪的西班牙抄写员，他提醒读者，抄书是痛苦且困难的差事：

> 如果你想知道抄写是多大的负担：它使你眼睛视茫茫，弯腰驼背、腹部和肋骨受损，肾脏疼痛不堪，全身饱受折磨。因此，读者啊，请慢慢翻页，让手指远离页面，正如雹暴会摧毁作物，轻率的读者会破坏书籍和文字。如同港口是水手的美好归宿，最后一行是抄写员的美妙结束。

然而，有一些读者就是忍不住。一边读书一边摸书不仅是司空见惯的行为，使书页自然地累积日常污垢，有时还会标记出情绪激动的时刻。坏人或恶魔的名字或图片，常会被刮除、划坏、刺破、涂掉。另一些图片则是因为深受喜爱而消逝，特别是圣人画像，经常因为一再遭人抚摸，磨到无影无踪。为了避免发生这种亵渎经文的意外，犹太人诵读《妥拉》(Torah)时会使用指针（yad，יד，字面意思是"手"），那是一根短短的金属指示棒，前端的袖珍雕塑通常做成手形，用来隔着一定距离指出经文跟读，以示尊敬。

手指尽管会磨损并弄脏手抄本的页面，但它是协助记忆信息的有用工具。阿雷佐的圭多（Guido of Arezzo，约991—1033）是意大利音乐理论家，他创造性地利用手来概述学习歌唱的技巧。圭多根据希腊、罗马和早期中世纪各种版本的音乐记谱法，编出六音音阶系统，为每一个音符指定名称：ut、re、mi、fa、sol、la，这些名称仍存在于现代视唱法之中。他把每个音符放在分布于手指关节的十九个节点的其中几点。有一本意大利手抄本里的插图画出了圭多的排列形式，该手抄本仍保存在它诞生的地方，也就是意大利蒙特卡西诺（Montecassino）的中世纪修道院，这幅图展现出音符在手上盘旋的情形，从拇指尖的 G 开始，往下经过 A 和 B 到手掌，然后来到横越手指基部的 C、D、E、F，往上到小指重复 G、A、B，再转往各指尖，以螺旋路径绕到指节中央。这一体系可以协助个人记忆特定曲调和各自音阶的复杂关系，也可能让老师在学生排练新赞美歌时隔空比出音符，通过视觉纠正他们的音高。

如果圭多手（Guidonian hand）能帮助歌唱者从记忆中取回一首过去的歌调或圣歌，或在当前记下歌谱，那么也能用相似的手法协助人们凭直觉知悉未来的事件。手相术是从人的手相来推测事情的行为，是古代很重要的神秘习俗，中世纪的西方世界通过翻译详尽的阿拉伯文原始资料吸收这种方术，和引进许多中世纪医学文献的途径大致相同。健康方面的研究提倡了解体液特质，

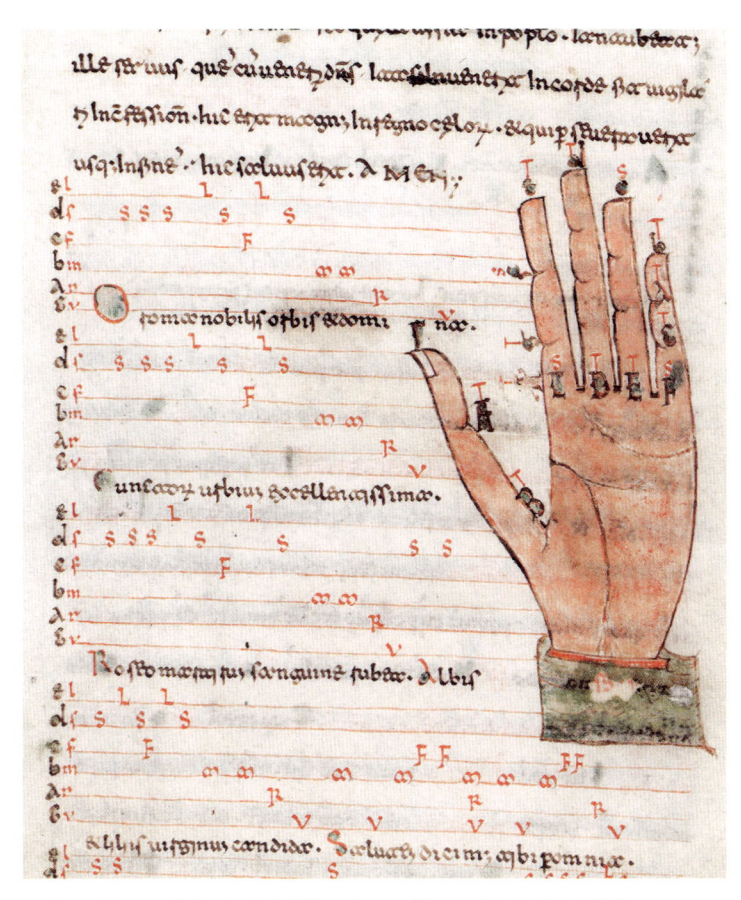

图 58　圭多手。出自制作于近 11 世纪末的意大利音乐选集。

以及疾病在人体内如何蔓延等广泛主题，而手相术士则不是如此，他们只注意手掌与手指不同部位上纹路和斑点有何细微差异。13 世纪的一本英文手抄本中，画出一只布满文字的手掌，帮助指出解读手相的重点。手掌有三条线或皱褶在中央形成类似三角形的区域，可以指示生死、手掌主人在战场上的表现是高尚或胆怯，

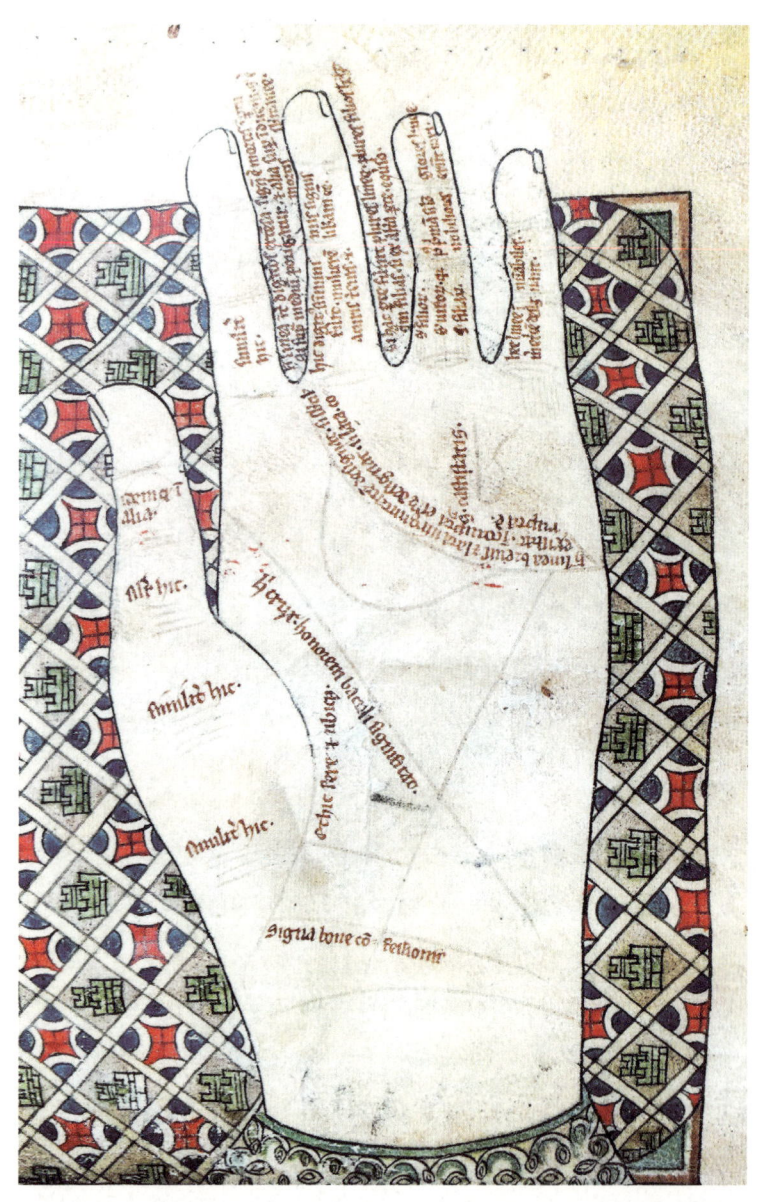

图 59 写有手相解读文字的手。出自制作于 13 世纪 90 年代的英格兰医学选集。

或者他们将死于水难或火灾。手指关节之间天生多肉的话，暗示这个人子女众多，容易躲过病厄。手指长度或者指甲曲度，可能指出了此人其他特征的线索，包括腿部容易受伤、头脑聪明、收入丰厚或脾气暴躁。

于是，一整套包含精致小型记号的系统在众人手上蓬勃发展。手指基部出现十字，代表会遭遇意想不到的厄运。长得像被划掉的字母的符号 Є，预示一个人可能会晋升为主教，而连续的两个 o，暗示这个人或其兄弟即将失去睾丸。中世纪民众看待这些所谓的预言有多认真，当然和今天一样因人而异。有些文献将这种活动描述为仅供娱乐的游戏或者骗人的法术，但手相术还包括判断顾问的人品或者未来妻子的忠诚和贞洁，暗示这些解读如果要如此解释的话，可能带有某种程度的严肃性。如果男男女女愿意更仔细注意自己手臂末端，就会发现他们其实随身携带着用于阅读和唱歌的工具，甚至还有未来一生的路线图，而这幅图已经画在自己的身体上了。

手势与紧握

圭多歌唱螺旋或者手相图保留了中世纪错综复杂的思想系统，对我们来说非常珍贵，然而这类架构的存在其实苦甜参半。因为它们提醒我们，中世纪必定曾经出现无数与记号和象征有关的社会习俗，也就是一套套的手势方言，但是它们已经完全消失无踪。

这些失落的手势语言在文字描述的片段中若隐若现。举例来说，诺森布里亚王国（Northumbria）具影响力的作者比德（Bede，约 673—735）于 8 世纪 20 年代写到一种复杂的方法，使用手指来表示记数的数字，通过双手交叠、合拢、弯曲，表示从 0 开始一路到 9999 的每个数字。我们可以想象工匠或商人用这种方式在繁忙的市场比出价钱，或者水手在甲板上打信号。就连身为修士的比德了解这种比画方式，也不足为奇。由于有些修道院对于说话的规定十分严格，为了使修道院这样的宗教机构顺利运作，手势系统不可或缺。就拿 10 世纪的克吕尼隐修院的隐修士为例，它是法国东部举足轻重的机构，也是亚历山大·迪索默拉尔宅邸（hôtel of Alexandre du Sommerard）后来改名为克吕尼博物馆的由来。隐修士们特别坚持过着自我克制的宗教生活，提倡专心致志的新形态修道生活，专心祈祷，远离世俗活动。守斋、独身、长时间圣咏，还有此后严格保持缄默，是法国这一派别的特点。不说话是为了避免口舌之罪，也是为了彻底仿效天使的方式，传达克吕尼隐修士的祈祷，他们认为天使只会歌唱。然而，这件事说比做容易。烹饪、写作、种地，这些事情不能只因为机构居民拒绝进行天使不做的对话行为而停顿下来。在这种静默修行固定下来之后，几乎立即出现了一种交流方式，帮助隐修士从事日常必要的活动。这种隐修院的手指沟通实际上是如何运作的，现在很难拼凑出来，不过，有一套罕见的手语辞典保存于少数几本当时的手抄本中，描述了大约一百一十八个代表地点、人、事物的符号，这些是隐修士需要知道的。我们从中可以学到：

> 一盘蔬菜的符号：把一根手指从另一根手指上方划过，就像某人正在切稍后要烹调的蔬菜。
>
> 鱿鱼的符号：把所有手指张开，然后一起摆动，因

为鱿鱼是由许多部位组成的。

针的符号：双手握住拳头互击一下，这代表金属，接着假装一只手拿着线，另一只手拿着针，做出想要穿针引线的动作。

圣母的符号：把手指沿着额头，从一侧眉毛画到另一侧眉毛，因为这是代表妇女的符号。

好事的符号，无论是什么你觉得很好的事情：把拇指放在下巴的一侧，其他手指放在另一侧，然后慢慢往下移动到下巴底部。

坏事的符号：展开手指，盖在脸上，假装这是鸟爪，正攫住某样东西并扯坏它。

我们发现愈多这类久远的描述证据，愈能看出手势系统和手势是中世纪宗教生活的基础之一，甚至对于不需要发誓永远保持缄默的群体也是如此。这个时期的伊斯兰学者谈论到，神职人员加上手部动作能够使讲道内容更清楚明了，基督教的司铎得到指导，在进行弥撒时要高举双手分开，刻意呼应基督在十字架上张开的双臂。双手在胸前合拢，在许多宗教场合都是受人尊敬的、有力的动作，旨在伴随沉思和祈祷，并鼓励信徒打开灵魂，把神拥在胸口。

这样的象征也出现在大众宗教文化的物品中。触摸圣髑盒是确切表示某人曾经出现在朝圣地的方式，而且也能确实吸收到与圣髑近距离接触带来的精神和身体方面的益处。而从某种角度来说，圣髑盒也会碰触回去。有些圣髑盒并不仅仅被打造为装饰精美的宝盒，而且完全如实地表现了前臂的造型，双手凝结在祝福的动作中。这不一定是因为圣髑盒装着神圣的手指、手臂、肱骨或尺骨，里面可以保存任何种类的圣人遗骸。这种圣髑盒之所以受到珍视，是由于它们能做出手势，对着信众挥手，仿佛圣人亲自用祝福的手将圣物核心里的圣德散播出来，遍施于聚集的信徒。手势也能够以类似的方式凝聚世俗的族群。在法律界，举起双手或把手放在《圣经》上作证，就和现今一些法庭上，在提供证词时保证所说属实一样重要。婚约也可以从双方的"绑手礼"（handfasting）展开，紧握的手象征订下盟约。这种作为爱情象征的手势大受欢迎，成对紧握的手成为表达爱意的信物、纪念品、戒指的流行图案，就像爱心形状一样。2006年，从柴郡威尼克（Winwick）的圣奥斯瓦尔德教堂（St. Oswald's Church）的地下挖出一枚中世纪晚期的胸针，保存情形良好，让我们可以看出是一对从袖口伸出来的手，绕成这件作品的圆环，然后紧握在一起。背后刻有小花，或许是动人的勿忘我，这枚胸针的用意可以从刻在正面的盎格鲁化法文清楚得知，文字环绕着边缘，就像沿着这对情侣的袖子，刻着"想我"（pensez de moy）。

在不那么浪漫的效忠仪式上，碰触也发挥了作用。一个人可能通过宣誓，表达对国王或哈里发的忠诚，但关系需要双方握手之后才正式确立。这类手势似乎在许多王室礼俗中有特别重要的地位，从早期的古典传统延续到中世纪。统治者作为神在尘世的代表，需要历经许多繁复的礼仪，其中包含被碰触和碰触他人。伊朗的波斯波利斯（Persepolis）古城附近的波斯帝陵（Naqsh-e Rostam，نقش رستم）中，有一块3世纪的浮雕，刻的是萨珊（Sasan）国王阿尔达希尔一世（Ardashir I）拿着由祆教的神明阿胡拉·马兹达（Ahura Mazda）递给他的象征统治权的圆环。后来马穆鲁克

图 60　威尼克胸针。14 世纪由黄金打造的小型爱情信物,由紧握的两只手绕成圆形别针。

苏丹和阿拔斯(Abbasid)哈里发的阿拉伯式授权仪式上,统治者会拿着或佩带贝都因弯剑。欧洲君主在加冕典礼上,由总主教或其他资深神职人员在他们额头涂抹圣膏,这种模式令人想起《旧约》中先知撒母耳为备受尊敬的战士之王大卫加冕的情景。到了中世纪晚期,君主的碰触反过来变成弥足珍贵的事情,尤其是刚举行完加冕仪式之后。这种碰触由于蒙受神恩,在某些情形下,民众甚至认为君王的抚摸能够治好各种疾病。瘰疬(scrofula)是一种淋巴结核,会造成颈部的大片溃疡和肿胀,后来却变成需要君王碰触治疗的疾病,因而有了"君王疾病"(morbus regius)之称,有时也叫作"国王病"(king's evil)。从 11 世纪起,法兰西和英格兰受此病折磨的人拥有特殊待遇，获准晋见自己的国王，接受这种神奇的治疗。至于这种有疗效的触摸究竟如何实施，只有模糊的记载：有些君王可能在病人的脸和脖子流连抚摸，另外一些或许只是拍一下病人的头。不管是哪一种方法，国王的手都带有可以消除严重疾病的强大力量。

　　清洁这些王家之手，可能是更加复杂的事情。手部和健康紧密相关，早在中世纪的伊斯兰世界就是广为大众接受的观念。《古兰经》训示，身体洁净才能礼拜，这演变为固定的洁净礼仪，包含洗手、脚和脸，有时还要清洗全身。对于某些人来说，这只是宗教礼仪中微不足道的小事，但是对于其他人来说，洗手可以是真正发挥创意的事。1206年左右，阿拉伯学者暨工程师伊斯

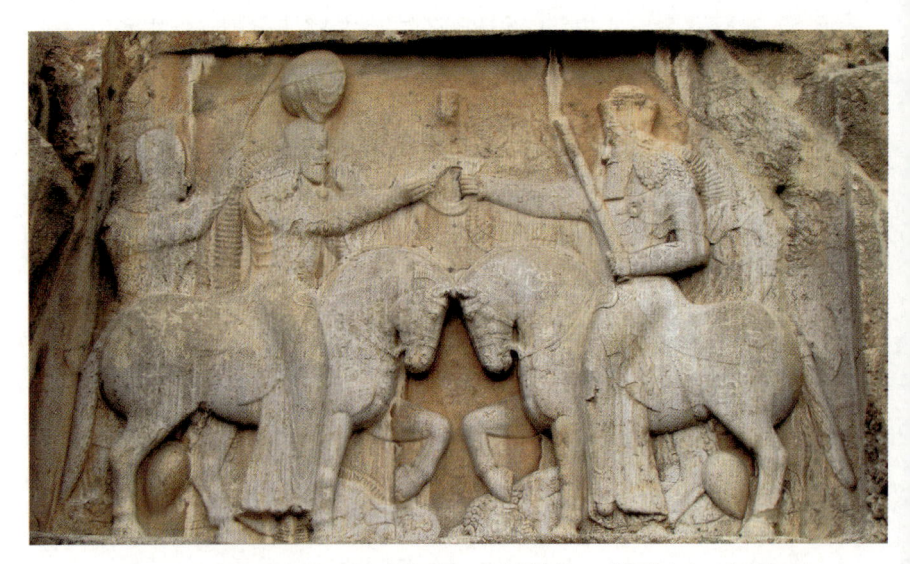

图61　3世纪的浮雕，画面中萨珊国王阿尔达希尔一世抓住象征王权的圆环。保存于伊朗的波斯帝陵中。

梅尔·贾扎伊里（Ismail al-Jazari，1136—1206）完成《精巧机械装置的知识书》(Book of Knowledge of Ingenious Mechanical Devices，كتاب في معرفة الحيل الهندسية)，这是一系列可回溯到9世纪的巴格达技术手册中最详尽的一本，描述了如何制造多种自动机械，这些具有不同功能的机械通常以会活动的动物或人偶为特色。这本书的有些插画版中，贾扎伊里详细的内文旁伴随着彩色图画，使得这些设计生动了起来，图中还附有标注，可以和说明建造方法的大量注解对应。除了大象钟、漂浮于水上的四人乐队、自动上锁的城堡大门、机械化放血模型，还有许多作品，这些手抄本的其中一个跨页展示了一种机械，是由贾扎伊里的赞助者阿尔图格（Artuqid）国王萨利赫（Salih）委托制造的。贾扎伊里写道："国王在进行洁净礼仪时，不喜欢让仆人或女奴倒水在他手上。"这位发明家为了帮助国王，设计出一种外形像大型天盖的精致新奇装置。当国王扳动拉杆，隐藏于上方的水箱里头的水产生液压动力，使得装置顶端的鸟儿开始唱歌。然后，铜制的中空机器仆人拿着罐子，把水缓缓倒入盆子里，它还拿着一面镜子和一把梳子供国王洁净时使用。另外有一只鸟会把用过的水排掉，最后，机械仆人做出花哨的结束动作，自动放下左手递给国王一条毛巾，让他擦干。

小心翼翼、全神贯注在统治者的手上，是有道理的。主持仪式的司铎朝着信众展开双臂给予祝福，外科医师使用手指般的工具在病人身上摸索，相较之下，中世纪只有少数个人的肢体被赋予了强大的改造能力，而国王位于其中。中世纪的手，让全世界一起参与。手的碰触使经验、物体、人和场所变得具体，从热鸟蛤游戏的打屁股玩笑，到意义重大的结婚绑手礼。圣奥古斯丁在5

图 62　给国王洗手用的一种机械装置，其上有一只唱歌的鸟儿，以及最后会递给使用者毛巾的机械仆人。出自贾扎伊里的《精巧机械装置的知识书》某一版本的跨页，该图可能由书法家法鲁格·伊本·阿卜德勒·拉提夫（Farruqibn Abdal-Latif）复制于 1315 年的叙利亚。

世纪的著作中提出理论，认为男男女女的手本身就够格作为他所称的"可视语言"（verba visibilia）。虽然今天没有一双中世纪的手能够对我们说出这种手势语言，所幸它仍流连于艺术之中，也能在习俗中发现蛛丝马迹：订定盟约、刮除恶魔、教授音乐，或控制生死。

STOMACH

VIII

腹部

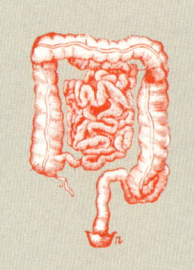

图非利（tufayli，طفيلي）指的是寄生虫或厚脸皮的贪吃鬼。这种定型角色是很厉害的不速之客，出现在中世纪阿拉伯文学的许多故事当中。他会使出全套狡诈又滑稽的策略，靠着各种手段混入任何宴会或派对，像是假扮客人骗过门房、从邻近的阳台跳入别人家的大门内，或者以带着绅士风度的幽默感，说服派对宾客夹带他进去。图非利的目标之一，是尽可能从主人那里榨取最多食物，然后自顾自地大吃大喝。有时候事迹败露遭到驱逐，有时候利用胆识过人的机智过关而获准留下，图非利一定会把自己喂得饱饱的，才离开宴会。

这种滑稽夸张的贪吃之徒，一再出现于中世纪地中海区域各地的文学作品里。有一首大约14世纪写于爱尔兰的诗，名为《安乐乡》(The Land of Cokaygne)，提到一个杜撰的隐修院，住着一群性生活不检点的修士，他们周遭的食物太丰饶，连建筑都是他们吃的美食盖成的：

> 这里有私人房间和宽敞大厅，
> 墙壁全用馅饼和糕点建成，
> 还有丰富的食物、鱼和肉，

都是能吃到的最美味的珍馐。
屋顶瓦片是面粉做的蛋糕,
在教堂、回廊、寝室和大厅铺好。
木梁是肥美的血香肠,
丰盛的佳肴适合王子和国王。

大约同时期,有一首古法语的寓言诗(fabliau,一种粗鄙的通俗诗歌)《三位巴黎妇女》("Les Trois Dames de Paris"),也是类似的贪吃故事,主角是玛尔格·克卢(Margue Clouue)、马鲁瓦·克利普(Maroie Clippe),以及她们的朋友达姆·蒂费涅(Dame Tifaigne)。1320年的主显节,一个决定命运的夜晚,三位妇女到小酒馆放纵享乐。她们在饱餐又猛饮麦芽酒之后,到街上嬉闹,脱光衣服跳舞,很快瘫倒成一堆。三人被误认为尸体,被拖到附近的圣婴公墓等待下葬,不料她们竟然从酒醉昏迷中苏醒,吵着要更多食物。在藏骸所头骨的映衬之下,我们可以想见,一旁的掘墓人发现她们之后会有多么惊恐,理所当然把三人的复活归为魔鬼(dyables)所为。

这里不仅把暴食描写成粗俗的可耻行为,还与更邪恶的魔鬼作为扯上关系。毕竟,暴食属于基督教的七宗罪,类似《三位巴黎妇女》的描述则把对食物无法控制的热情和想要掠夺所有事物的欲望混为一谈,尤其是贪得无厌的色欲,这自《创世记》以来就很常见。14世纪但丁在诗歌《神曲》的开头描述了地狱,提到特别有一层清算圈保留给各种暴食的人。这里臭气冲天、泥泞不堪,是天性贪婪的人因罪孽而受到永恒惩罚的地方,污浊的雨滴和冰雹不断打在他们身上,每个人翻来覆去,想要保持干燥,却都徒劳无功。看守他们的是刻耳柏洛斯（Cerberus），用但丁的话来说是"一只大虫"（il gran vermo），这种可怕怪兽有三个头，专吃泥土，肚子非常大，胃口像填不饱的无底洞。

暴食的英文是"glutton"，来自拉丁文的"gula"，"gula"也是解剖学名词，指食道。而食道，以及胃和肠，是中世纪消化系统的基本组成部分。当时认为，食物吞下之后，从咽喉经过"绒毛"（villi）的作用一路往下（这里的绒毛是指像松紧带似的环绕在食道的一圈圈肌肉），然后到达"胃的开口"（os stomachi）。于是食物聚集在胃，有些作者假设胃的形状是圆的，好承受向内的压力和拉力。

消化过程在当时被认为是由三大巨头领导的作用，发生在人体的三个位置。首先从腹部开始。食物通过胃和肠子时，经过人体的消化设备磨碎，剔除粪便物质（这些物质后来会排出体外），剩下来的白色液状物质就是乳糜（chyle）。这种糜状物质接着进入消化的第二阶段，这阶段在肝进行。乳糜在这个器官的温暖区域内加温，据盖伦的描述，就像面包的烘烤步骤，或是葡萄酒的发酵时期。乳糜加热后产生血液和其他体液，这就是最后的第三阶段，体液再借由心脏打出去，到达身体各处。在这里血管里的体液被身体其他部位吸收，吞下去的食物由此转化成源源不断的水分和热量，提供燃料给人体的更大范围。

对于行医者来说，消化既是从食物中吸收营养的自然过程，也是介入和治疗的重要途径。消化过程产生的体液，产生的量和组成会有不同，这取决于摄取了什么东西，因此口服药物显然是尝试平衡病人内在过程的一种方式。这是大多数中世纪平民能得到的少数有实效的治病方法之一，我们推测这些民众各自需要服用一大堆调配药剂来改善体液，根据当地未经登记的治疗者的建议，不论那些人是否受过训练。当然，在记载较完善的专业领域，由杰出医师和外科医师撰写和阅读的文献，很多都详细讨论到那些会开来服用的各种药材所具有的不同疗效。具有这种性质的书籍通常被称为"草药志"，这是一种笼统的称呼，指那些列出药草且可以追溯到古老来源的专著。现存最早的草药志是一本6世纪的手抄本，保存了一篇最初写于公元70年左右的文章，该文由希腊外科医师狄奥斯科里得斯所作，探讨了后来被称为"药材学"（materia medica）的主题。其中记录了数百种植物的详细特征，搭配一百多幅个别标本的小插图。但我们并不清楚这些图画是否原来就附在狄奥斯科里得斯1世纪的著作中，或者其实是中世纪展现草本药材或植物药材的新方法。无论是哪一种情形，到了中世纪早期，这类书籍属于少数被特殊装饰过的书，在当时通常平淡无趣的医学文献中，彰显出它们的重要价值。

有一组文章被结集成册，书名叫作《伪阿普列乌斯集》(*Pseudo-Apuleius Complex*，下称《伪集》)，这部手稿内容包罗万象，展现了广泛和略带折中的各种主题。这些文章的核心是草药志，作者就是书名里提到的罗马人伪阿普列乌斯（Pseudo-Apuleius），这部分如同狄奥斯科里得斯的那本书一样，列出了各种植物的命名和医药用途。然而《伪集》也包含了风格截然不同但趣味十足的材料，通常会有关于药水苏（现在的学名是 *Stachys officinalis*）的文章，还有关于桑树的文章（桑树被认为对痢疾、牙痛和经痛特别有效），还有一篇讨论了獾在医疗方面的应用（獾是带有许多神奇特质的动物，经过干燥、磨成粉之后，可以作为治百病的灵丹妙药）。

有一个中世纪早期的《伪集》版本出自12世纪，显示了这些迥然不同的主题被展现在书页上时，可以多么容易地融合在一起。书中的每一小节都穿插着药草、根、植株，以及哺乳动物、昆虫和奇幻生物的微型画。有一页的左上角出现了"brassica silvatica"的条目，这是野甘蓝，也或许是野芸薹，随附一幅这种药草的图。它的表现手法经过仔细考虑，但并非写实，显然不是为带去野外，搜查森林地面寻找特定标本而设计的。毕竟，这本书造价不菲又这么大一本，太过笨重也太过贵重，不适合随身携带。但是这幅图带有特别的示意性质：为了有效分类，植物的主要特征都经过放大，例如水平生长的深绿色叶子、三瓣的紫色花朵、黄色的根、最底下的淡粉红色粗壮块茎，这些夸张的形状旨在成为视觉上的试金石，让人在这本令人眼花缭乱的书的众多药草中，找出甘蓝或芸薹。

然而，真正的植物也和更多民俗元素挤在同一个页面上。在甘蓝下方，有三条具有尖舌的巴西利斯克（basilisk）正在蠕动，这是神话中的蛇怪，潜伏在甜罗勒（basilisca）的根部，这正是巴西利斯克名字的由来。右方则有致命的茄参，具有粗壮、扭曲、长得像人体一般的根，这让它拥有颇具神话故事气息的名称"mandragora"，意思就是半植物半人。据说茄参被从土中挖出来时会放声尖叫，听到叫声的人耳朵会聋掉，因此这里有两个人用链子拉着一条狗，让狗儿去采收茄参，因为动物不受这种震耳尖叫的影响。

这些额外添加的内容再一次提醒我们，中世纪的医学和人体观念总是在真实和幻想之间摆荡。一方面，药草附带的文字中讨论到的观念是真实的，像是有用的成分，被乐于推荐去治疗许多

图63 野甘蓝或野芸薹、罗勒和茄参的条目。出自《伪阿普列乌斯集》12世纪的英格兰版本,该书是关于药学和药物的广博著作。

疾病。甜罗勒列出了三个品种,颜色各不相同,每一品种减缓神经痛和消肿的效果也不同。茄参的处理方式和其他块茎一样,它干燥的树皮、根和叶可以当作头痛药,而且是特别好的安眠药粉。然而,另一方面,即使在讨论这些相当基本的原材料,中世纪医疗似乎夹在我们清楚界定的科学和更抽象的东西之间。它把来自哲学和宗教领域的思维,跟来自艺术想象的输入巧妙融合,变成一个比我们所拥有的,更具创造力和流动性的医疗世界。

盛宴与斋戒

  从中世纪保存下来的书籍,不只有传播植物和疗法的医学专书,还有大约五十本完整的食谱书。这些食谱书有不同的类型:有一些是盛宴的丰富综述,就像那些拥有药草插图的豪华书籍一样关注许多方面;还有一些提供给贵族家庭的零散食谱清单或基本厨房记录。两者内容可以说都相当模糊难解。14 世纪早期在那不勒斯以拉丁文写成的《烹饪之书》(*Liber de coquina*),里面的菜肴包罗众多地方菜系,列出了从伦巴第、坎帕尼亚到西西里的意大利食谱,甚至还有英格兰和法兰西的菜肴。显然,到了 14 世纪的此刻,各地早已形成各自的烹饪方式,然而它们的食谱细节仍然不清不楚。以一道菜名为"limonia"的柠檬鸡为例:

    做这道柠檬鸡时,先把鸡肉用脂肪和洋葱煎过。杏仁洗净后磨碎,淋上一点肉汁,再挤出多余水分。把杏仁碎末和鸡肉及香料一起烹煮。如果你没有杏仁,利用蛋黄让汤汁变浓稠。到了快可以上菜时,倒入柠檬汁,也可以改用青柠汁或橙汁。

习惯看现代食谱书的现代厨师,在这里可能会遇到麻烦。到底需要多少鸡肉?使用多少脂肪,是哪一种脂肪?"肉汁"是指什么?把鸡肉煮好需要多久时间?然而这些中世纪食谱很少提到数量、分量、技巧和时间,暗示这些书大都是用来提醒熟知方法和菜色的主厨。无论是受雇于富裕贵族的专业厨师,或是掌管小型农家厨房的厨师,他们想要根据这些食谱做菜,必须有一些底子,利用手边的食材即兴创作。这道食谱会变成柠檬鸡、青柠鸡、橙汁鸡,还是大蒜鸡或洋葱鸡,取决于手边有什么材料,当然还有食客的口味。

在某些例子中,我们仍然可以从字里行间发现当时厨艺的蛛丝马迹。有一本1393年的法文居家指南,书名是《巴黎家政书》(*Le Ménagier de Paris*),拿里面的可丽饼食谱来说:

可丽饼

把面粉与蛋混合,蛋黄和蛋白都要用到,加入盐和酒,搅拌一阵子;然后放一点油到火炉上的长柄平底锅,或者一半油、一半新鲜奶油,等到它嗞嗞作响;接着拿一个有小洞的碗,洞的大小和你的小指头一样,然后放一些面糊到碗中,让面糊先滴到锅子中央,再流满到整个锅面;把煎好的可丽饼盛到盘上,撒上糖粉。铁或铜的长柄平底锅要能容纳三份,锅缘有半根手指高。

这份食谱和今天的法式可丽饼一样含有面粉和蛋,而酒则是水或牛奶的无菌替代品,虽然那时候的酒应该会比现在的葡萄酒淡一些。但是,我们也从这里得知中世纪厨房的运作情形,有不同温度的炉火、特制的碗,以及长柄平底锅;甚至了解这些主厨把指头当成衡量标准,凭借耳朵和鼻子判断奶油嗞嗞作响的正确时刻。

这些早期的书籍大多记录了主要为上层阶级而设计的泛欧洲烹饪风格,不可避免地,其中大部分书籍会展现出中世纪厨艺排他的一面。毕竟,能遵照这些食谱烹调的使用者必须能够阅读,这通常不是低下阶层的厨师做得到的事情。而且很多菜肴需要雄厚资金和可观的厨房团队才能重现。有一本英文手册《烹调之书》(*A Boke of Kokery*)，列出为了庆祝约翰·斯塔福德（John Stafford）于1443年晋升为坎特伯里总主教而举行的精致晚宴有哪些菜色。至少可以说，每道菜的用料都很丰盛。第一道菜：鹿肉、牛肉、阉鸡、雉鸡、天鹅、苍鹭、鲷鱼、奶油蛋羹。接下来的第二道：又是阉鸡、鹤、又是鹿肉、兔肉、山鹑、杓鹬、鲤鱼、油炸馅饼。然后第三道：调味鲜奶油、果冻、肉羹、甜瓜、鸧、西葫芦蛋糕、秧鸡、鹌鹑、鸽子、又是兔肉、又有油炸馅饼。更可怕的是，在每一道能撑破肚皮的大菜之后，还会上一种细致甜点，叫作"糖雕"（sotelte）。第一个糖雕被做成大型的圣安德鲁（Saint Andrew），他正坐在宝座上；第二个是圣三一像，加上圣托马斯（Saint Thomas）和圣奥斯丁；最后一种糖雕是另一组圣三一像，加上头被砍掉一半的圣托马斯、施洗者约翰，以及四位围绕在旁的天使，作为浮夸的结尾。对大主教的宾客来说，这顿大餐的目的就是要显得华丽又醒目。

下层阶级的饮食习惯几乎被这些正式论述忽略了，因此不容易弄清楚。高级水果、昂贵香料和糖这些进口产品，超出大多数餐桌的负担范围，他们的膳食以能直接取得的食材为主。谷粒是主食，可以加入浓汤里，或是磨成各种粉。腌渍品也提供了一种廉价的方式来应对农产品收成的丰歉，特别是在饥荒时期。肉类和鱼类可以烟熏或盐渍，蔬菜水果可以腌渍，德国14世纪50年代的《美味食物之书》(*Das Buoch von guoter Spise*)里有一份食谱，建议把甜菜根与葛缕子、大茴香、醋和蜂蜜一起腌渍，虽然并不清楚这类食谱最后的成品会是黏稠的腌渍物，还是温和香醇的调味品。终究说来，每个人的生活水准有很大的差异，但即使是农夫，

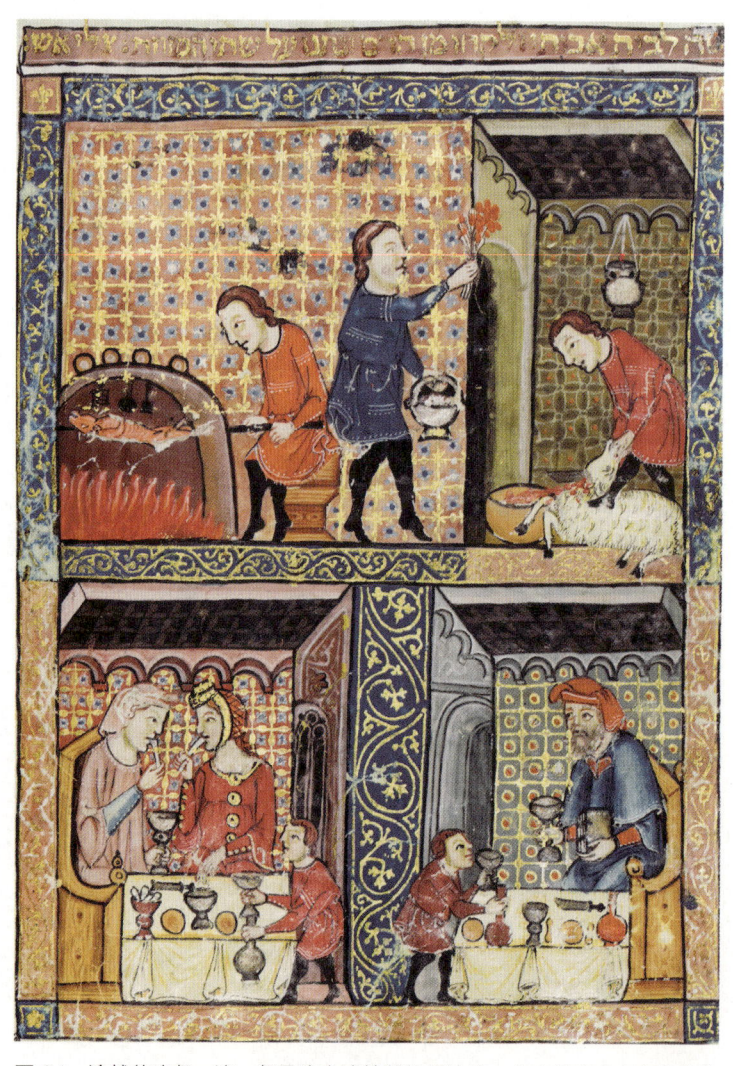

图 64　逾越节晚餐，这一餐是犹太逾越节的重头戏。上方是有人在宰杀羔羊和烤羊，另外有人用牛膝草蘸羊血，涂在门楣上做记号。下方是吃晚餐过节的情景。出自 14 世纪西班牙文《哈加达》（Haggaddah）。

仍可能偶尔吃到约翰大主教餐桌上出现的山鹑。住在森林旁的人，比多数人更常吃到刚猎得的野味，而靠海的人也更常吃到新鲜的鱼。同样，贵族如果允许低贱的食物端上桌，也大可享用浓稠的水果酸辣酱。

话虽如此，跨越这些饮食阶级界线，并非完全没有风险，至少从中世纪医学的观点来说。长期以来，饮食的品质都被列为六种"非自然因素"（non-naturals）之一。"非自然因素"是对人类健康情形有重大影响的六种因素，其他五种是：空气与大气；运动和休息；睡眠；体液的保留和清除，这是通过排泄来调节的；灵气的运行，也就是一个人的情绪或精神状态。自从11世纪起，饮食专书根据这些原则，开始收集和编纂健康生活信息，特别是食物和全身体液平衡的关系。由于不同类型的人被认为具有不同的体液特质和个性，每一位男性或女性有不同的味觉能力和体质，而这与他们的社会地位也有关联。在索尔兹伯里的约翰提出的"政治体"隐喻中，种田的人因为他们的职业而被夸大描述成是离不开土地的脚，所以带有湿冷性质的食物比较适合他们，能让身体维持平衡，这些食物有鱼、甘蓝、玫瑰水和韭菜等。另一方面，具有其他生理特质的个人则需要温补，例如老年人或是天生胆小的人，还有重要的王室成员，他们的身体如同火炉，需要一直加柴添火，好反映并维持崇高的社会地位。这些人应该从温热干燥的食物中摄取营养，包括肉豆蔻、肉桂、柠檬、鹿肉和红酒等等。

不吃什么食物同样很重要，特别是从宗教上来说。就像现在犹太教饮食法（kashrut，תכשרו）或者伊斯兰教指定的清真食物，各个宗教派别都通过共同的饮食，培养出集体意识。而斋戒也被解释成一种直接与神相遇的方法，13世纪西班牙卡巴拉（Kabbal）

学家和神秘主义者摩西·本·谢姆－托夫（Moshe ben Shem-Tov）则说它是"认识一个人的创造者"的方法。这是在忏悔或纪念时特别，而且由于大多数宗教职责男女分际严明，在中世纪父权色彩浓厚的信仰中，这是唯一对女性开放的灵修途径。基督教的守斋是隐修院生活的重心，修士和修女每隔一段时间都会禁食，把个人欲望从追求世俗事务，转移到精神上的默想上去。对女性来说，社会环境非常严苛：虽然这些社群的女性神秘主义者可能会获得极高的宗教声望，她们的女院长也能晋升到拥有真正政治权力的地位，然而修女仍须仰赖男性神父来举行弥撒，而她们只能观看。因此，食物是宝贵的方法，让她们可以更直接控制自己身处的环境，特别是这些妇女在全然抵挡口腹之欲时，得到了极大的精神反思。

在这些情形中，整体健康和均衡饮食的医学观念已经遭到摒弃，而投向过度极端的精神生活，这一点也能在圣人戏剧性的生死中找到最佳例证。匈牙利的玛格丽特（Margaret of Hungary，1242—1270）是国王贝拉四世（Béla IV）的女儿，一生中严格守斋，记录中说她看起来消瘦苍白。然而，这并没有招致厌恶，这种虔诚的举动让她在死后立即获封为圣女。法国女子科尔比的科莱特（Colette of Corbie，1381—1447）也同样从很年轻起就守斋，经常因为心思完全贯注于基督思想上，进入神魂超拔的状态而不思茶饭，此外有谣传说她的亲吻能奇迹般地治好病人。最重要或许也最极端的故事，要数埃及的圣玛丽（Saint Mary of Egypt，约344—421）这位早期圣女的经历。我们从玛丽的故事知道，她在亚历山大当了将近二十年的妓女，后来到了耶路撒冷的圣墓教堂（Church of the Holy Sepulchre）朝圣，在那里领悟到自己在道德

图65 憔悴枯槁的埃及的圣玛丽。12世纪早期,用来装饰位于塞浦路斯阿希诺(Asinou)的牧草地圣母教堂(Church of Panagia Phorbiotissa)的壁画。

上的错误，归信基督教。圣玛丽想要痛改前非，于是渡过约旦河，住在沙漠中苦行隐修，把生命献给神。她身上只带了三条面包，别无他物。她的生平继续告诉我们，大部分时间她就这样守斋节食，直到完全消瘦。整个中世纪时期制作了许多圣玛丽形象的艺术品，从木雕到教堂墙壁上的装饰画，都表现她披头散发的模样。她的娇小身躯通常看来瘦骨嶙峋，胸、背和脸颊凹陷，皮肤紧贴着底下突出可见的骨头，简直就是艾丽斯·乔叟的雪花石膏尸体雕像的活人版。然而，对于想要向圣玛丽祈祷的人来说，这不是狂热的标记，而是虔诚的象征：这位骨瘦如柴的女子在黎凡特地区挨饿游荡了半世纪之久，对她来说，良善的基督徒思想就是充足的粮食。

内　脏

1475年1月，一位叫作让·德鲁瓦耶（Jean de Roye）的巴黎公证员，记录下一名弓箭手被控盗窃罪的过程。该名男子先收押在巴黎的监狱中，后来被判在首都城墙外的大绞刑台处以绞刑，但是在预定行刑的那一天，该市一群医师和外科医师呈上了一份请愿书给国王路易十一世（Louis XI）。让的证言中提到，这些专业人士认为，这名死刑犯的身体应该有更大的用途。考虑到各种常见疾病，像是膀胱结石、腹绞痛，以及其他痛苦的内科疾病，这些行医者建议，若是能看到这些疾病起于人体里的哪些部位，会对他们的诊断很有帮助，因此最好能剖开一个活人的身体。这项请愿成功了，让继续记录，行医者切开这人的腹部，检查他的体内。神奇的是，后来他的内脏被顺利放回肚子里缝合起来。因为有最佳的康复照护，费用正是由国王负担，让写道，弓箭手在两星期内完全康复，他的死刑获得赦免，并因其承受的折磨得到了丰厚补偿。

对现代读者来说，这段描述多有蹊跷：由一群多疑的医师和外科医师呈给国王的请愿书、弓箭手从原本应该会害死他的腹部开创中迅速且顺利无碍地复原，还有格外奇特的是，有一场公开举行的可怕的活体解剖。如此粗暴地侵入人体，在让身处的巴黎当然是不正常的。有别于蒙迪诺所在的意大利，他在1316年以前即开始探查人体皮肤之下的奥秘，在法国，解剖仍受到宗教和社会的严格控制，限制力度之大使得观察解剖要到16世纪才由巴黎的医学院定期进行。或许从历史脉络来理解让的奇特故事，我们只能得到一知半解。我们现在知道，关于中世纪身体的奇闻逸事通常在表面之下蕴含着各种意义和隐喻。弓箭手的腹部给切开，可能是表达其他事情的方式吗？会不会是法国人对身体内部的异想天开？

今天，科技让我们熟悉自己身体的最深处，这些方法是前现代时期的人不曾想到过的。对大多数中世纪男男女女来说，看到自己的内脏，可能是大难临头以及死亡逼近的最明确征兆。然而，这种恐惧不能阻止他们想象人体内部到底是什么样子。同样来自巴黎的一本中世纪哲学手抄本，其中一页的情景看起来肯定就是这么一回事。这是一本针对亚里士多德的动物学经典《论动物》（*De animalibus*）的评注，是很受欢迎的大型豪华教科书，对这种版本的书来说，相当典型的情形是，羊皮纸充满各种装饰，有手写花体字、金叶描画装饰的首字母，偶尔甚至有页缘插画，以花卉纹饰框起来，还有内文提到的动物正在吃东西、打斗或发情。但是里面有一个跨页，在提及生物体内部位的那一章，导言下方有一个由内脏组成的大型集合体坐在那里，仿佛那些器官仍在活人体内一般。我们能顺着长长的气管往下看到肺和肠子，上面还有肝、心、胃、膀胱和肾，整个系统最底下有一段管状的结肠和肛门，然后无缝接轨变成双叉花饰。这里有真正令人大开眼界的感觉，如同让的弓箭手，而皮肤消失了，让我们得以直接看到皮下的东西。甚至有六位医师挤在这具身体的两侧，特地穿戴医师的长袍和帽子好让人认出身份，他们全都张大眼睛盯着这些巨大的内脏，手势带有惊慌和敬畏之意。这一幕似乎就是创造"中世纪"一词的诗人彼特拉克对医师的描述，他曾经说他们有"强迫性视觉"，总是盯着"想要看出里面有什么，是哪些内脏和组织"。

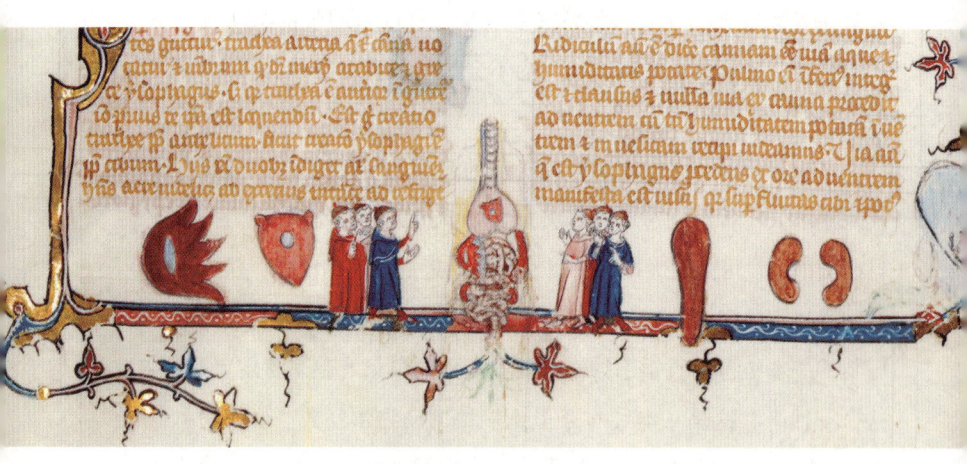

图66　一群医师正在检视内脏组成的庞大集合体。出自一本亚里士多德的动物学专著《论动物》的评注作品，该书制作于14世纪晚期的巴黎。

同一时期在巴黎城外发生的一些事件，正好显示了这种对于身体内部的关注可以令人着迷到何种程度。以中世纪的莫比松修道院（Abbey of Maubuisson）为例，该院位于首都北边，骑马数小时就可以到达。13世纪以前，这个地区和盗匪藏匿处有关系，因而得到源自"buisson maudit"的地名，意思是"恶荒林"。法兰西王后卡斯蒂利亚的布朗什（Blanche of Castille，1188—1252）和儿子国王路易九世（King Louis IX，1214—1270）在这里建了一片宏伟的王家建筑，包含附属建筑、修女住所，以及一座大教堂，作为卡佩（Capet）王朝的陵寝。然而不像英格兰威斯敏斯特的墓地，也不像开罗的哈里发陵墓，这里并非埋葬法兰西王室完整遗体的地方。卡佩王室的成员非常清楚，在遗体旁祈祷是结束炼狱折磨的渠道，他们想出把遗体分成两部分的做法，使得这种精神潜力也能加倍。路易国王的弟弟普瓦捷的阿尔方斯（Alphonse of Poitiers）死于1271年十字军东征返法途中，但他曾严格要求，在这种情形下，他的肠子应该从身体取出，送到莫比松另外下葬。另一位显赫的王室贵族，阿图瓦的罗贝尔二世（Robert II of Artois）也跟着仿效，要求将自己的内脏移往修道院下的教堂安葬，1302年当他去世时，他的内脏就被放在那里了。过去将近三十年后，布朗什曾孙的曾孙，国王查理四世（Charles IV，1294—1328）获得教皇的特许，让他的身体分成易于受敬奉的几部分，内脏则送去莫比松埋葬。五十年后，查理守寡多年的妻子埃夫勒的让娜（Jeanne d'Évreux）要求在逝世时，也就是1371年，得到和丈夫相同的遗体处理方式，还有查理后继的国王之一，查理五世（Charles V，1337—1380）也是如此。在一个世纪的时间里，莫比松修道院成了一个建立在回肠之上的王室纪念馆。

图 67 查理四世和埃夫勒的让娜的墓葬雕像。二者各拿着一个装有自己肠子的袋子。1370 年左右让·德列日为莫比松修道院而制作。

这些法国王室埋在修道院坟墓中的内脏,被赋予了很高的地位。埃夫勒的让娜死前不久,任命知名的佛兰德斯雕刻家让·德列日(Jean de Liège)为她和丈夫制作了可以存放双人肠子的坟墓,那时查理国王肠子的上半截仍然保持完整。这对夫妇以两尊小型大理石雕像呈现，大约是真人一半大小，头戴王冠，身穿精致雕刻的王袍。两尊雕像看起来再正常不过，要不是他们把小皮革袋子紧捂在胸前，袋子的柔软曲线明显透露出盘卷在内的肠子形状。刻画入微的景象令人觉得有点不舒服，这些肠子弯曲盘绕，仿佛仍活在雕刻的腹中，像一长串袖珍香肠那样卷起来。查理五世似乎非常喜爱这对雕像，因此也任命让·德列日为他制作肠冢，从而使得保存在莫比松石头里法国肠子又多了一卷。

这里的修女特别重视这些墓葬，认为这些内脏象征着修道院对王室有长期的重要性。她们在教堂内的残骸旁祈祷，希望她们的王后、王子和国王在炼狱里得到安息。随着时光流逝，这些王家内脏偶尔会自己给出神圣的回应。修道院的记录显示，1652年5月，莫比松的教堂进行重大翻修，建筑工人打破了一面墙壁，意外揭露了一个没有标记的衬铅盒子。盒子一打开，发现里面放有阿图瓦的罗贝尔二世长达三百年之久的内脏。据目击者描述，这些内脏完全没有腐败，"新鲜、红通通、还血淋淋的"，尽管并没有特别进行保存或防腐处理。为了纪念这项重大事件，这些从修道院墙壁中取出的奇迹内脏被完全暴露在空气中展示了十个星期，在这期间都没褪色，而且散发出柔和甜美的芳香，弥漫整间教堂。

肛门的艺术

莫比松备受尊崇的肠子其实是例外。当中世纪作者从头到脚的叙事来到胃肠时，这里与芬芳气味和神圣纪念的境界差了一大截,他们明白自己预备要和身体最底层且最令人不悦的部位打交道。完全不如排在首位的头颅,或者胸膛里的心脏以及周遭器官组成的第二等级,腹部和内脏只能屈居第三。地位低下的腹部,偶尔还会出现尴尬的副产品,像是不由自主的咕噜声响、呃逆、饱嗝,因而甚至更惹人讨厌。尽管消化过程与药物、饮食和精神食粮都有关系,但是当功能出现障碍时,这个过程就会反转过来闹别扭。呕吐可视为严重的腹部问题,甚至可能是理智或道德上的厌恶反映在身体上的表现,除了医师为平衡体液使用泻药引发的呕吐以外。以埃吉尔(Egill)为例,这位10世纪的英雄人物出现在一个最古老的中世纪斯堪的纳维亚传说中,关于他的故事有个场景是,埃吉尔在旅途中遇到奥尔莫德尔(Ármóðr),因为对方待人很差劲,埃吉尔实在对他感到恶心,最后非但没有感谢这位主人,反而抓住他的肩膀,朝他的脸狠狠呕吐了一番:

> 一大堆呕吐物喷到奥尔莫德尔的脸上,还进到眼睛、鼻孔和嘴里;呕吐物往下流到胸腔,奥尔莫德尔都快窒息了。

控制消化道的本能并不总是那么简单,而这或许是为何中世纪作品里一些更负面的人物肚子都会出状况。夏娃是原罪的始作俑者,她引诱亚当去拿吃的而使所有人类陷入永恒的赎罪状态。中世纪法文诗中的公狼叶森格伦(wolf Ysengrimus)总是被狡猾的对手列那狐(Renard)以机智打败,公狼叶森格伦贪婪的胃口和暴怒的肚子,驱使它做出恶劣的行为,和阿拉伯故事中的图非利没两样。更严重的例子是,加略人犹大因为忏悔自己对基督的背叛而羞愧上吊，而在基督教律法中自杀是严重的罪，根据《圣经》的叙述，他"身子扑倒，肚腹崩裂，肠子都流出来"。

比危险的第三区更糟的，是众所周知肠胃所通往的地方：人体最低级的第四区，也就是包含生殖器和肛门的区域。对于中世纪的刻板印象，又一再把那段时期视为与粪便有关的粗俗时期，当时的人活在污秽之中，而且只能把肮脏事物当成喜剧笑料的唯一来源。或许这是因为关于屁股的历史幽默比较容易穿越时间引起共鸣，相对来说，中世纪更复杂的讽刺文学、政治嘲讽和地方讥笑都更关乎当时文化语境中的微妙之处，所以其中大部分难免流失了。但是，若假定中世纪幽默因此都是绕着屁股打转，或者这种幽默的确不精致，对这个时期又是一种伤害。例如以下这则益格鲁-撒克逊谜语，从表面上来看似乎是拿肛门来嬉闹：

问：你要怎么让屁眼看得见？
答：加上一个o。

仔细瞧瞧，我们就会明白这不只是关于括约肌的下流笑话，还是一语双关。"屁眼"的拉丁文是"culus"，加上一个"o"之后变成"oculus"，即拉丁文的"眼睛"。语言是笑话的基础，屁股也是。

中世纪的表演也是如此，屁股有时候也可以大出风头。亨利二世（Henry II）的宫廷有一个"放屁师"罗兰（Roland the Farter），他收了优渥酬劳来跳舞娱乐王室成员，可以同时跳跃、吹口哨和放屁。阿拔斯帝国的哈里发也有这样的放屁师（flatulist），和歌手及斗犬一起随侍在侧。但是，这些王公贵族赞助人除了花钱请小丑听命放响屁以外，也不排除去欣赏更复杂的屁股限定讽刺表演。1476 年，有一出法国戏剧《放屁的荒唐闹剧》(*Farce Nouvelle et Fort Joyeuse du Pect*) 为了极其富有的安茹的勒内（René of Anjou）公爵演出。主角是一位叫作让内特的妇女，特别容易在家里四处放屁，在戏剧的开场，她洗衣服时放了一串很剧烈的屁（从后台制造出很大声的音效），她的老公于贝尔很生气，于是到法院控告她。然而，让放屁的人出现在审判中的设计，不仅仅在嘲笑肛门，还尖锐地模仿了法庭，因为法庭正式做出抉择，要严肃看待整件事。这出戏混合了恶心喜剧和法律讽刺剧，剧中说服这对夫妇控告彼此的吸血律师，以及最后裁决于贝尔只能继续忍受爱放气的老婆的傲慢法官，都和让内特一样成为笑柄。

肛门是令人嫌恶又具有娱乐价值的东西，而且可以成为治疗者赚钱的场所。这情形尤其适用于一位外科医师，他就是 14 世纪的英格兰人约翰·阿德恩（John Arderne），14 世纪 40 年代在威尔特郡（Wiltshire）与诺丁汉郡（Nottinghamshire）建立了良好声誉和成功事业。阿德恩在当时的英格兰医疗人士当中领先群伦，因为他的病人治愈率很高，并撰写了一系列很受欢迎且保留到今天的外科学专书。他的同侪通常多关注种类更广泛的疾病医书和药典，但阿德恩不一样，他仅靠着发表一种创新的外科手术而声名大噪，那就是肛门瘘管的疗法。

瘘管是由未愈合的脓肿侵蚀周遭软组织而形成的不正常管道，最后成为器官之间的不良通道，或只是从皮肤表面一直深入体内的洞。瘘管经常出现在中世纪文献中，往往被说成肾结石和痔疮，而且是当时需要骑马的骑士和贵族的常见毛病，他们终日骑在潮湿马鞍上，肛门周围很容易发生脓肿。以这种形式呈现的瘘管是出了名的难医治，结局大都是悲剧：据估计，在阿德恩之前，寻求治疗的病人，超过一半会死于激进的外科手术，那种手术通常以酸性物质腐蚀病灶，而且恢复期的照护相当不佳。阿德恩的新疗法完全是一种飞跃，他建议先切除瘘管，然后反复清洗伤口及包扎。这种手术相对有效而大受欢迎，技术上的要素与今天的方法在本质上仍一样。阿德恩在文章中以大为提高的存活率及有名的病人为豪，这过程中必然也为自己赚进大把钱财。

阿德恩不只是外科手术上的创新者，而且还开创新方法在书页上展示他在肛门手术方面的改良成果。这是中世纪最早真正画出外科手术各个步骤的书籍之一，伴随着里面的文字，为读者展现了治疗方法的细节。这是新奇的流程图：带领我们穿越四幅小图，一步一步解说手术动作，每一个定格不见治疗者其人，只见其手在不同的重要步骤中对瘘管进行的操作，探测、切割、缝合，就是这些操作让阿德恩出名。与中世纪的整个消化系统类似，这些肛门似乎也存在着矛盾。一方面，它们是状况不太妙且令人嫌恶的东西，赤裸裸的、与粪便有关、无法控制的，也是危险、尴尬的探测手术的目标。另一方面，尽管手术的展示非常认真严肃，却仍带着一丝丝欢乐气氛。这些被任人摆布的下半身实实在在呈现出一幅视觉奇观，它们在书页中轮番转，就像不停变换的侧翻动作，自始至终都穿着阿德恩的上流病患才会穿的长袜和昂贵鞋子。从喉咙、胃、肠子到屁股的这条管道无论看起来有多么污秽，但仍为阶级有别的精致平衡饮食、虔诚的自我克制、备受崇敬的肠子、像这样的外科手术变革时刻提供了场所，并因此受到赞美歌颂。这里是中世纪的身体中最混乱之处，周旋于各种极端之间。借用诗人利德盖特对自己的胃的形容，呈现在我们眼前的仿佛一个别开生面的"翻腾汹涌"（tournyd vp-so-doun）的世界。

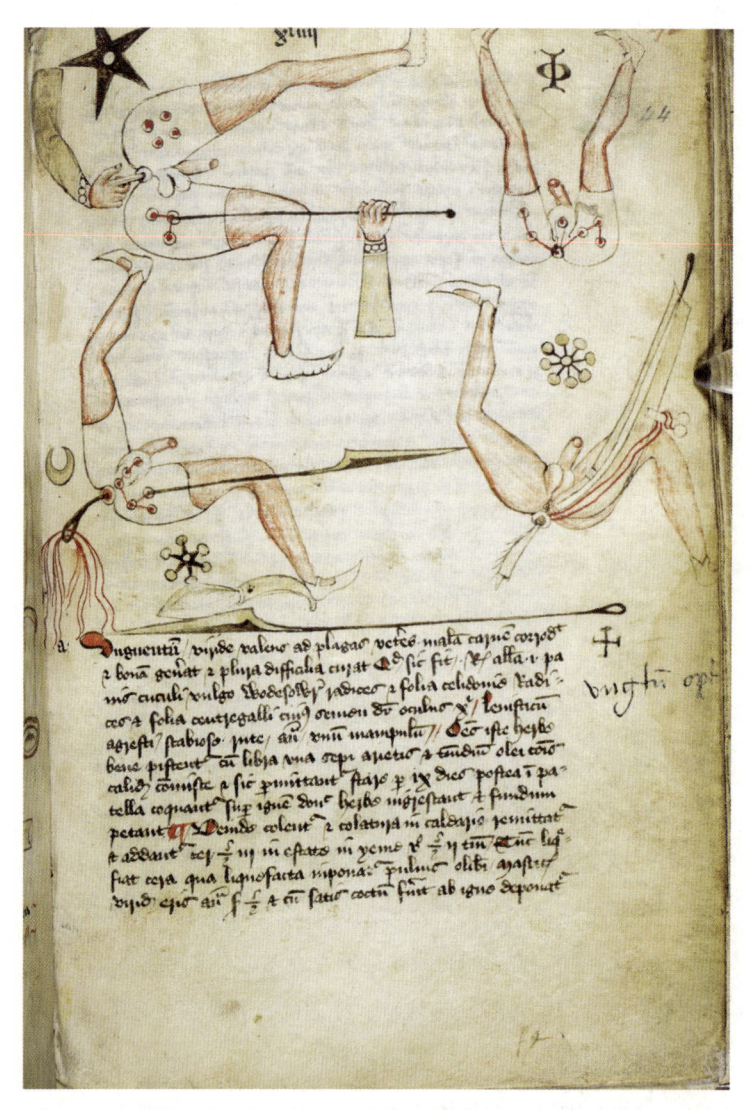

图 68 肛门瘘管手术。表现了医师在瘘管上进行的探测、穿线、缝合。出自约翰·阿德恩《肛瘘管疗法》(*Practice of Anal Fistula*) 的复制本,抄写并绘制于 15 世纪早期的英格兰。

GENITALS

IX

生殖器

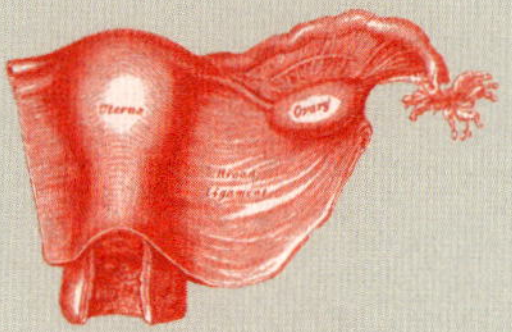
Ovary

与中世纪流传下来的其他小型物件相比，这座圣母子雕像从外表看来似乎没有什么特出之处。圣母玛利亚一派安详，呈现出典型的姿态，她哺育圣婴时，涂成蓝灰色的眼睛漠然望着远方。真要说有什么特别之处，就深具象征意义的母亲怀抱而言，这具雕像的态度相当冷静。焊接在她左手臂上的小孩看起来简直像事后加上去的，旁边乳房的位置有些怪异。这件作品并非维持在最好状态。尽管玛利亚的玫瑰色脸颊难得地残留微妙的明暗表现，但是雕像身上多处的颜料和黄金已经剥落。曾经栩栩如生的细节，像是圣母头上的冠冕或者她伸出的右手，都出现断裂，只剩下褐色的残木，露出底下的原始木纹。

　　然而，更有趣的事情还在后头。有一条黑色粗线划破了这幅场景，一道黑色缝隙从玛利亚脖子下方延伸到胸部，直到裙子最下方。不寻常的是，有几组小铰链巧妙隐藏在圣母宝座的侧板上，让这座雕像的正面可以完全打开成两半，揭露更丰富的内在世界。就像是中世纪的俄罗斯套娃，圣母原先平静如昔的形象，事实上隐含了复杂的视觉设计。她的体内是众多生动人物的忙碌舞台，其中包括位于中央的圣父雕像，以及这副身体新长出来的侧翼上所绘的基督和玛利亚的生活场景。动手翻开雕像，整个架构一分

图 69 德国的圣母雕像匣。雕刻于约 1300 年的莱茵地区。

为二,展现出令人意想不到的一系列神圣的内在景致。

中世纪这种可以打开的小雕像,被称为"圣母雕像匣"(Shrine Madonna)。这类新奇的雕像很少保存到现在,我们从瑰丽形象和精致细节,可以看出它们对于委托制造的会众来说是重要物品。首先,它们是个人和集体祷告的工具,作为人形祭坛画,让民众在附近聚集。法国北部一间宗教机构的记载提到,有一个甚至更大的圣母雕像匣,相当于真人大小,可惜现在已经佚失,以前放在教堂的高祭台上,当作日常礼拜的主要焦点。同一群会众中有一位康迪德修女(Sister Candide)在日记中写下,这座雕像在危难时刻会被打开,特别是遇到旱灾时,他们认为展现圣母内部的华丽

场景有助于提升信徒的祈求力量,让天降甘霖,滋润作物。这样的开启,对于康迪德这些人而言是极其美妙的事件。她如此写道:

> 当她打开时,就不只是圣母,而是一整个世界,甚至超越这个世界……许多小世界被纳入这座巨大雕像的体内。

把圣母玛利亚的形象看成一系列独立的世界,是神学家一再重复的论调。他们在颂扬童女生子的美德时,通常会借用精致的封闭区域隐喻来描述神圣的子宫。那里是孕育基督的圣炉、保护珍贵货物的宝柜,或者基督进到这个世界的入口。会众掀开圣母雕像匣的侧翼,每天都重演基督救赎的重要时刻,他们打开圣母的圣洁身体,看到其中的救世主基督在神的惊人号令下成长。

玛利亚以曲折的神圣方式受孕,当然是独一无二的。然而在中世纪,即使是普通的怀孕,仍被视为是遵循错综复杂的解剖学过程而来。不同医学作者提出互相较量,甚至有时互相冲突的生育观念,但他们都同意子宫是女性体内更大的生殖系统的核心部位。这个系统包括子宫颈、阴道、卵巢和阴蒂,虽然最后这项器官在中世纪史料中较少提到。古典思想家认为,男性生殖器官和女性生殖器官有类似互为镜像的关系,同类器官是彼此的相反版本,表面上显示两性之间似乎有某种相似性,起码在术语学方面是如此:讨论中认为卵巢是一对女性睾丸,它们排出来的物质就受孕来说,与男性精子一样重要。但是对于几乎所有医学权威人士来说(他们当然都是男性),这种镜像也用来强调阴茎和睾丸显露于外,以及如他们所见的阴道和子宫隐藏于内,两性之间存在

IX 生殖器

的差异,就像是阳性之充满对比阴性之缺乏。在这种推论过程,两种性别当中仍是女性身体得到了更多关注,男性对于月经来潮和生育能力很感兴趣。即便如此,他们的论述依旧明显拥护男性主导的生殖观念,认为女性是容器,用来盛装活力十足的男性种子。

这种结合的情节已经设想得相当完全。古人认为男性射出的精液是由大脑通过脊柱产生的,但是到了中世纪时,多数理论家认定射精是睾丸的功能,在睾丸弯弯曲曲的血管里,血液经过调配或加热变成精液的成分。进行性行为时,男性精子通过阴道进入子宫,在那里和女性精子结合;女性精子由卵巢排出,然后经由两条细索来到子宫。两性的精子结合之后形成一团物质,经过子宫逐渐加热与压缩的作用,凝聚成胚胎的雏形。有一些剩下来的物质转变成精华,再与子宫结合成胎盘,胎盘含有动脉和静脉网络,它的韧带把胎儿吊起来,并将来自母亲的生命灵气灌输给胎儿。胎儿会先生长出肝脏,形成自己的血液循环,然后才有灵魂注入,中世纪神职人员明确指出,这发生在男性胎儿四十天和女性胎儿八十天大的时候。婴儿出生后,经由母乳的喂养继续生长,而母乳被认为是用母亲的血液在乳房里调制出来的,这种血液也曾经滋养子宫里的胎儿。

当时的医学作者借用隐喻,迅速解释了整个受孕过程,虽然他们的想象力还是比不上描述童女生子的神学家。13世纪意大利作者罗马的吉尔斯(Giles of Rome)用了不严谨的日常比喻,说精子可以被视为木匠,用经血木头创造出胎儿。伊本·西那在他的《医典》(*Canon of Medicine*)中以更不浪漫的方式提到,这种创造过程可以比喻成奶酪的制作,也就是男性精子的凝结因子作用在女性精子的汁液上，凝聚成一个小孩。或许，圣母雕像匣的内部是更有说服力的比喻，这种雕像也可以传达当时对于女性解剖构造的理解。雕像内部可以分成七个区域，像是在呼应中世纪对子宫的普遍描述，当时的人们认为子宫的内部分成七个小室，每一个小室都可以孕育一个小孩。在其中三个小室形成的胎儿，出生后会是男孩；另外三个小室的胎儿是女孩；最后一个小室会生出雌雄同体。这种圣母雕像匣将真实人体巧妙反映在木雕的形式里，它加入了当代妇产科医学的细节，只是为了显现基督的诞生多么不平凡：玛利亚只凭借天使的神奇话语，便可能绕过整套复杂的生殖系统。

女性的秘密

中世纪写进生殖医学的观念，其实是那时以为理所当然的性别不平等，在整个中世纪和以后的时期，这种不平等对女性生活的本质和品质有剧烈的冲击。当时的人相信，从根本层面来看，女性的身体在生物学方面就是次于男性。部分是由于两性基本体液有差异。男性才是人类真正的理想典范，尤其是从体热的角度来看，这个被大肆吹捧的概念位居解剖学知识的核心。男性身体被认为可以轻易地产生大量滋养生命的体热，意味着他们会长得较魁梧，毛发更茂密，而且可以通过产生精子或汗液，使得温热身体内自然累积的多余体液毫无困难地消散。相反，女性的身体寒冷得多，在某些情形下，甚至被说成接近小孩的身体类型，而不像成熟男性的火热身体。依循这种逻辑，女性的成长速度必然较为缓慢，整体来说会更娇小、更光滑，身体更容易出毛病，而且文静脆弱。这种次等的身体因为太过寒冷而无法通过汗液或混合液排出体液，唯一的选项是通过月经清除过多的淤积。

女性身体的这项独特功能，使得医学界的男性成员一再回头思索，想要破解女性的生理和心灵。女性经血的质地、颜色和产生频率，都可以用来对她的体质做出各种判断，把她塑造成细心、不理性、坚强或特立独行的人。就体液展现出来的任何其他对身体的影响而言，例如发色、肤色，以及鼻子、额头、下巴或耳朵的大小和形状，建立起来的医学架构认为这些细节显露了人内在的真实个性或脾气。从血流推测出心理和道德状态，这种做法是如此根深蒂固、看起来如此符合逻辑，甚至女性作者遇到难得机会，书写论及自己身体时也对此表示支持。希尔德加德·凡·宾根在12世纪的专著《病因与疗法》(*Causae et curae*)中大略描述，具有不同体质的男性和女性可以分为四种类型。男性依照活力、生殖能力和性格排序，从皮肤红润且血液火热的坚强理想型，到静脉无力且脸色苍白的了无生气不育型。女性则不同，根据经血区分为四种类型。身材高大、月经呈红色、量多的女性，证实是持重且贞洁的；经血带蓝色且量多的女性往往反复无常，没有丈夫会过得比较快活；其他有不同月经模式的类型，要么拥有好记性，要么头脑不活跃又呆滞。

这些正式医学的刻板印象，与体液相关的生物学概念相符，虽然这一点也不令人感到欣慰，但至少还有某些内在逻辑。然而，其他地区几乎连这样的推论都不需要，思想家把这些公认的次等体液和月经模式，当作肆无忌惮、明目张胆的厌女症的拙劣工具来挥舞。例如，天主教神学视生育为女性由于原罪而应承担的惩罚，犹太教和伊斯兰教的宗教论述则认为血液等同于不洁，并提供了复杂的迷信基础，把月经来潮的女性妖魔化。在其他观念中，甚至是那些理应博大精深的专著也传播着以下看法：经血可以使青铜器变黑、令作物枯萎或让动物发狂，行经期的妇女可能通过巫婆般恶毒的斜眼一瞥，将有问题的女性阴柔气质传给无辜男性。13世纪的一本拉丁文书籍《论女人的秘密》(*De secretis mulierum*)，本来是关于生殖知识的手册，用来教导神职人员，而迅速大为风行，竟变成中世纪和近代早期厌女症的哲学论点基础，甚至主张人们可以：

> 取月经来潮妇女的头发，冬季时放在粪肥底下的沃土中，到了春夏，经过阳光加热，就会生出一条又长又壮的蛇。

另一个展现这些男性思想家对月经和生育之入迷的明显迹象是，中世纪流传下来的子宫图比阴茎图多了许多。那些流传下来的图，在长期具有插画传统的妇科学和产科学专书中成为引人瞩目的特点，尤其是一本有影响力的教科书：《妇科学》(*Gynaikeia*)。这本书的内容来自1世纪或2世纪的希腊医师以弗所的索拉努斯(Soranus of Ephesus)，在三四个世纪后通过拉丁文译本传入欧洲，翻译本的作者是穆斯基奥(Muscio)，可能来自北非，我们对他所知甚少。这本教科书的副本描绘了多达十七种胎儿在子宫中的胎位，并附有最佳分娩方法的说明。在这类图片中，以完全按比例缩小的人像代表还没出生的胎儿，通常漂浮在代表子宫的简略圆形里。已知最早的这类图画是在一本9世纪的手抄本中发现的，这

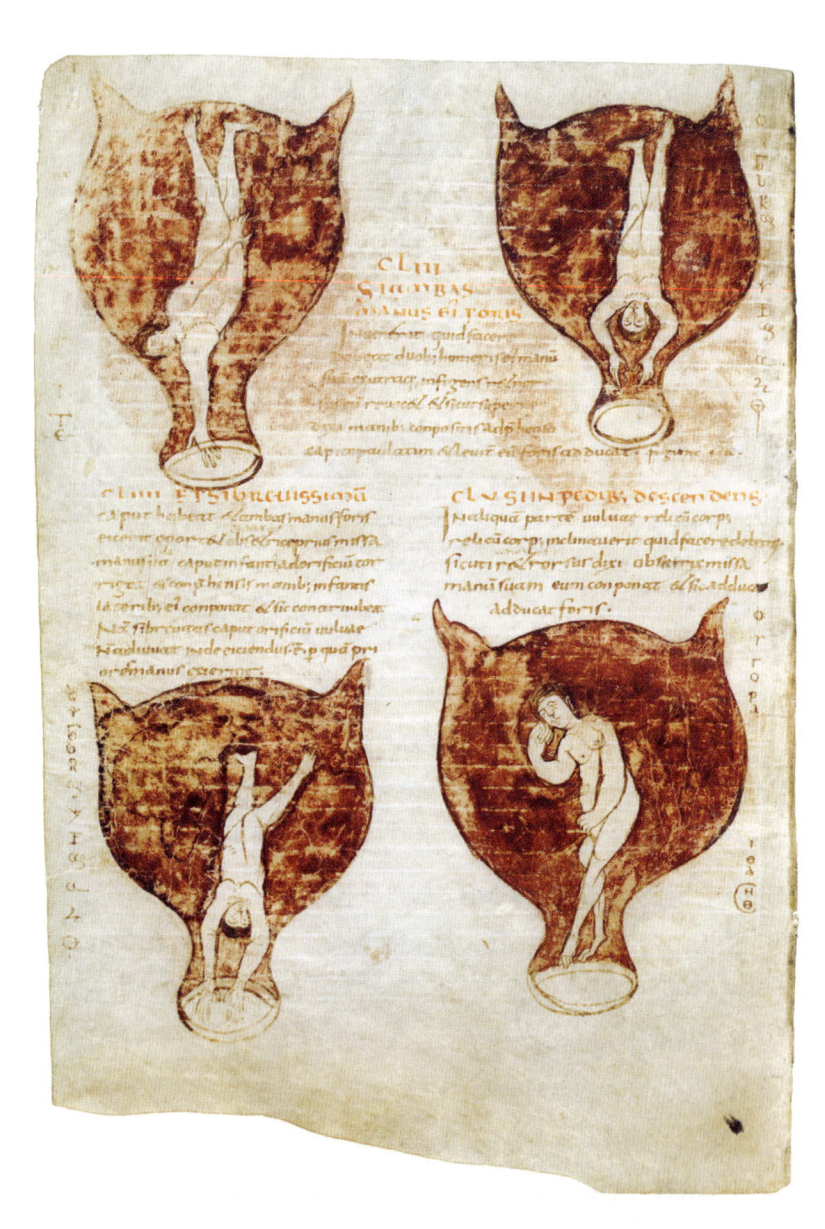

图 70　子宫里胎儿的八种胎位。出自 9 世纪的妇科学手抄本。

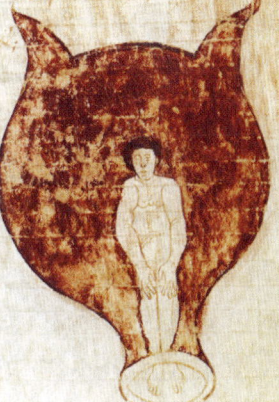

CLXV SI UNA PARS PEDIS IN SE CONTRA

Sal enim unum pedis obliquetur in anteriora vero erit
loco ampli in fano filiis totus sed premet priorem
decente Ad minorem vero in locum eius reuerti dispo-
nis tu eum sua prefecto vero compone et suas pouns
manus et latera sua regit calidis heant pedis foris adducere comas

CLXVI SI UMBS PEDIS STA...

...cere et quid facient? ...
obliquet... ...infra in sua diriget...
et compone... ...cundus force calide...

CLXVII SI DUIUS IS PE...

...alis quid...
vitula se plantas infigat in mixtis
manustea obstet ue os uingat et
ad orificium matrt componat
et licet os foris calduar

CLXVIII SI DUPLICATES

fuerit quid fouens... duobus
modis pedi... uerdiplicet
et compresia... s eadet superius
et sp... enseque fores adducere

CLXIX SI GA OSTEN...

derit et si ceriu...
conatus fuerit quid
faciem? retrorsus
repellendus est et
corrigenti pedib;
si ad ducendus e
foris

本书现存于布鲁塞尔的王家图书馆，图中的胎儿有各种组合及胎位：双胞胎、三胞胎、四胞胎、更棘手的臀位或复合位生产，甚至有怀着十一个小孩的惊人子宫。子宫一直被画成底部有圆形漏斗开口，上方有两个角的形状，推测是在指示卵巢的方向，整个器官涂成半透明的淡红色彩，仿佛是用易碎玻璃吹成的物品。

如同其他附插画的豪华医学书籍，例如数量繁多的草药志或外科手册，我们怀疑中世纪的治疗者是否真的会使用如此宝贵的巨著，至少应该不会是在即将分娩的妇女身旁，随意翻阅寻找方法。先不管无用失真的示意图，一条条内文只为行医者提供粗略的建议，这些话语很简短："如果双足伸出来""如果膝盖先出现""如果不止一个小孩"等等。然而，其他内文提供了帮助更直接的指导，建议即将临盆的妇女常洗澡、在肚子涂上各种精油，以及摄取容易消化的食物。有一些指引则根据体液学说，对生产之前的饮食提供更具体的建议。米凯莱·萨沃纳罗拉（Michele Savonarola，约1385—1468）是意大利人文主义者及医师，他在《论孕妇的饮食养生》（De regimine pregnantium）中写到，孕妇应该避免吃炸鱼与喝冷水，多摄取麸皮面包、水果及红酒（从现代观点来看，最后一项食物有点令人担忧）。如同其他医疗领域的常见情形，在妇产科专书中，理论健全的学术疗法也会掺杂偏向民俗的疗法，特别是在给不想太快怀孕的妇女建议时。避孕措施往往趋于迷信，就像萨莱诺医学文本《特罗图拉》里的四个例子：

> 如果妇女不想怀孕，让她挂着从未生育的山羊子宫，子宫要紧贴着自己的肉体。
>
> 或者，有人发现一种称为"煤精"（gagate）的石头，

如果女性把石头带在身上甚或舔它，可以避免受孕。

除此之外，还可以抓一只公鼬来，取出它的睾丸后放生。让妇女把睾丸挂在胸口，并用鹅或其他动物的皮把它们包起来，这样她就不会怀孕。

如果她在生产时曾经遇到严重撕裂伤，日后由于恐惧死亡而不想再怀孕，可以按照她想维持不孕的年数，在胞衣里放入相同颗粒数的续随子或大麦谷粒。如果她想此后都不再生育，那就放进一把。

《特罗图拉》也提供了与子宫相关的建议。子宫是高度敏感的器官，大多数医学权威都赞同希波克拉底等古代理论家的想法，认为如果没有通过性行为或月经定期予以净化，子宫就会开始散发致命的难闻烟气，或者本身可能在体内朝着胸部或头部往上升。这种症状被称为"子宫窒息"，被认为会使病人昏倒或虚弱，因为烟气而窒息，导致脖子和喉咙肿胀，严重的甚至会致死。这时就需要由行医者决定是否尝试把子宫带回原来的位置。务实的治疗者会求助于实用医学，包括燃烧羽毛、羊毛和亚麻布制造臭味，放到病人鼻下，好把子宫赶出头部，或者相对应地燃烧芬芳的香料和药草，熏蒸阴道，引诱子宫往下回到正确的位置。治疗者也会使用更迷信的方法来处理，有人认为这种疾病是恶魔附身所引起的。他们设计咒语对着生病妇女念诵，当作驱魔仪式，譬如以下这个10世纪的例子，仪式在如今位于瑞士的地方施行，为了帮助一位仅以姓名首字母N简称的少女：

> 致子宫里的疼痛……喔，子宫、子宫、子宫，圆筒

状的子宫、红色子宫、白色子宫、多肉的子宫、流血的子宫、大的子宫、紧张的子宫、漂浮的子宫，喔，着魔的子宫！

以天主圣父之名……阻止少女 N 的子宫，治好她的磨难，因为她的子宫正在剧烈移动……靠着我们的主耶稣基督，喔，子宫，我召唤你，不要霸占她的头、喉咙、脖子、胸部、耳朵、牙齿、眼睛、鼻孔、肩胛、手臂、手掌、心脏、胃、脾、肾、背、体侧、关节、肚脐、肠子、膀胱、大腿、小腿、脚踝、趾甲，只要静静待在神为你选的地方，这样神的女仆 N 才能够恢复健康。

我们现在当然会认为这些理论是无稽之谈。不过，对"歇斯底里"（hysteria）——这个曾被认为是女性特有的疾病，其名称就来自希腊文的"ὑστέρα"，这个词在古希腊医学中用来代表"子宫"，而"随意游走的子宫"就是这种医学酝酿出来的想法——的正式诊断，直至 20 世纪 50 年代才从某些现代专业精神病指导手册中移除。

为了理解中世纪五花八门的各种生育建议，有些孕妇会求助于助产士的指导。助产士是行医者之中很复杂的一群，难以确切描述，尤其是因为接生行为很少有正式的详细记载，除了少数收集到的学术专著和神奇片段。专业助产士曾经在罗马世界晚期具有重要地位，她们照顾孕妇、协助生产、诊察生殖器的情形，并且提供腹部按摩或呼吸建议，但一进入中世纪，其人数似乎明显减少了。中世纪早期，只有个别法律诉讼或虚构叙事里有零星提到她们的工作。这时候的分娩几乎都由当地治疗者和家族女性长辈来照看，她们的专业建立在实际经验上，而非学术知识。但是到了12世纪，助产士这门专业的声势似乎又看涨。伊斯兰评注者开始写到生产时会遭遇的剧烈疼痛和困难，也提到一些地区的产科已经专门化，无论是在分娩方式还是在复杂的母婴护理方面。在欧洲，大学医师、国家和教会尝试加强管控此一行业，以应对助产士人数的增加。对学术界来说，撰写妇女医学的理论，至少部分是为了使一门原先多由女性从事的专业归顺，把助产士的成果归入他们自认更优越的人体知识理解架构之中。另一方面，地方政府则关注于扩大公共卫生的发展，加强特定法律架构，最终纳入某些平等措施：例如，一旦助产士获得当地主管机关的执照，就有义务照护穷人如同照护富人一般。

教会关心的事情则较不属于组织架构方面，而是为了处理一项严重问题，也就是许多胎死腹中的婴孩的灵魂健康。想得到囊括整个地中海地区孕产妇死亡率的准确数字，即使可以，肯定也十分困难。但是，我们从现存记录估计出，如果大约五名中世纪妇女中会有一位死于生产时或后续的并发症，而且她们可能平均每人生下五到六个小孩，那么可以想象，对许多人来说怀孕经验有多么危险和令人害怕。收在13世纪的德国选集《布兰诗歌》（*Carmina Burana*）中的一首诗，生动描写了一位怀孕妇女走在街上时，可能听到的周遭耳语："他们看到这个便便大肚，/轻拍彼此，安静地擦肩而过。"神职人员很清楚的是，如果这些恐惧成真，就需要助产士介入执行中世纪的剖腹产手术。在前现代时期，这种手术只有分娩妇女死亡之后才会实施，被称为"死亡妇女切开术"（sectio in mortua），并非为了拯救小孩的性命，而是想在孩子也随母亲去世之前能够为其施行紧急洗礼。

或许正是因为生产万分凶险，顺利生下小孩才是一件值得欢欣鼓舞大肆庆祝的事。通常人们会送给新手妈妈各样精致礼物来表示欢欣之情，一大堆充满希望的礼物旨在祝福她和宝宝健康：彩绘陶器、餐具、糖果或昂贵衣服。在意大利，大约从1300年起，传统贺礼中开始出现一种精美的出生盘（deschi da parto），这些托盘送给分娩前后的妇女，盛满精心挑选的食物供其食用。众所周知这种托盘特别有趣的地方在于，呈现的实际画面就是生产场景，通常画成晕映画出现在托盘的正面或背面。有一件1428年的托盘，由佛罗伦萨艺术家巴托洛梅奥·迪弗罗西诺（Bartolomeo di Fruosino，约1366—1441）作画，我们看到其上详细描绘了一位躺在床上的新手妈妈，也许是她在所谓的"坐月子"（lying-in）期间，也就是指产后妇女静养恢复的大约四到六个星期。她戴着帽子，身披红色长袍，可能是特殊的产妇穿着，有各种妇女在身旁照料。有些妇女坐在床边地上，正在照顾新生儿、帮忙洗澡，其中一位应该是奶妈，画面左方有几位画得比较小的人物，等在门外要进房间，手上捧着生产贺礼。妈妈本人朝向另一位妇女，对方正适时端上出生盘，就像绘有这整个场景的托盘一样。

弗罗西诺托盘的背面题词证实了这项物品的美意："愿神赐给生产的每一位妇女健康……愿出生的孩子无灾无难……"或许为了使气氛更加明快，他还增加了一个顽皮小男孩的画像，男孩骄傲地夸耀："我是住在岩石上的男孩，我会尿出金和银！"这类托盘上的生产场景，显然是一种理想化的画面，描绘了精英的活动，背景设定在充满高贵礼物和众多助手的豪宅里，与大多数中世纪妇女的日常产子现实相差甚远。即便如此，这些托盘让我们得以瞥见一个几乎缺乏记载的世界。值得注意的是，画面中没有男性医师在场。这是一个纯女性的场域，女性交换礼物、演奏音乐，

图 71 出生盘。制作于 1428 年的佛罗伦萨,上面的画由艺术家巴托洛梅奥·迪·弗罗西诺所绘。

并且举起手比来画去、热烈交谈。

第二性

  关于怀孕、生产、月经及次等体液的观念,对中世纪妇女的真实生活有何影响?从许多方面来看,前景当然都很凄凉。女性的次等身份几乎贯彻到任何可及的制度环境中，这些环境基本上全都为男性而设，他们早已主导这些领域长达数个世纪。宗教阶级完全由男性操控，至少是那些拥有主要治权地位的阶级。大学会讨论女性的神学、哲学，当然还有生物学，但那里仍是男性专属的领域。那些遗留至今的中世纪法律，大都频繁使用男性代词，这暗示了女性在某些法律架构下根本没有自主地位：法院记录主要通过其丈夫和父亲，以一种粗鲁和专有的方式援引女性的言论。从许多方面来说，中世纪都算得上是令人深深担忧的时代，只凭借解剖学构造，就几乎把一半的人口划分成较低等的人类。

这些显然都是真的。然而，一如既往，情形仍有细微的差异。例如，中世纪妇女生活的分界线通常取决于地理，就像受制于生理一样。我们来比较欧洲两端与婚姻有关的统计数字。从我们拥有的零碎证据来看，在南方的意大利、西班牙或法国南部，似乎大部分妇女相当年轻就结婚了。那时的许多女性在青少年后期就嫁给年龄平均大自己十多岁的丈夫，而且对那些较罕见的负有外交使命的地位高的新娘来说，结婚年龄甚至更低，好比说卡斯蒂利亚的布朗什，也就是设立莫比松修道院和院内肠冢的人，她接受安排嫁给将要即位的法王路易八世时只有十二岁，路易八世当时也是十二岁。但是在欧洲偏北的地区，例如伦敦，或佛兰德斯城市的根特（Ghent）或布鲁日，妇女似乎在人生的较晚阶段结婚。大部分女性在二十岁出头才结婚，或许是在工作赚钱一阵子以后。南方和北方都有少数妇女到了四五十岁的时候，为了互相慰藉而与伴侣结合，并非为了赶快生儿育女。横跨不同文化，产生了一系列婚姻模式，分别会对女性的生活品质造成截然不同的影响。有一些妇女在没有选择的情形下，匆匆与男性结婚，经历具潜在风险的怀孕生产过程，不过也有其他妇女能够过上非常不一样的生活，进入职场，走上更独立的道路。即使是看来普遍固定的婚姻状态，也可能突然发生变化。一位妇女在丈夫死后，可能比起她已嫁人的年轻女儿过得更优渥且经济独立。班以斯拉犹太会堂（Ben Ezra Synagogue）位于开罗古城区，从会堂储藏室发现的部分记录是中世纪犹太人资料的最大宝库，保存了超过三十万份断简残篇，其中显示，离婚在犹太社群比在基督教社群更普遍，基督教会几乎不可能同意解除婚姻关系。与之相反，犹太妇女不需要丈夫的同意，就可以自行启动离婚程序，而且之后允许再婚，步入对个人及社会更有益的伴侣关系——如果她们愿意的话。

在中东和北非的穆斯林地区，情形又有不同。那里有类似中世纪后宫的夸张情景，也就是可能有一群女人嫁给一个男人的婚姻，使得对实际情形的解读变得更为复杂。根据伊斯兰教法，男人理论上可以娶一位以上的妻子，但似乎不是特别常见。与欧洲类似，穆斯林婚姻的社会结构通常同样具有严格限制，例如理想中的妻子是顺从且端庄的，一般都待在家里的特定地方，外出到公共场合时，总是要把身体完全遮蔽起来，这些条件虽然令人窒息，但反而可能带来某些特殊的机会。穆斯林女性能够以某种方式享有女性专属空间，这是欧洲女性完全没有的。我们从13世纪手抄本的一幅图知道这一点，图中显示众人聚集在一起，入迷地听着萨鲁季的阿布·宰德（Abu Zayd of Saruj）演讲，他是伊斯兰作家穆罕默德·哈里里（Muhammad al-Hariri，约1054—1122）文学作品里的主要人物。有一群妇女出现在画面上方，或许是在阳台，俯瞰整场活动。她们裹在彩色衣服里，有各种涡旋图案的纺织品包着身体。的确,她们全蒙着面纱,除了露出脸孔的上半部或下半部,全身几乎都遮起来了。然而,与男士分开来的时候,她们转向彼此,比着手势,仿佛谈得很起劲,不像男性同胞那么安静沉默。她们的天地使人想到弗罗西诺托盘画中传递出来的热络气氛,但这并非少见的女性专属的欢庆时刻,对穆斯林妇女来说,在男性听力所及的范围以外交谈,是典型的日常经验。

就像地理一样,阶级也可能加重或减轻因生理而造成的性别偏见。富裕人家安排的涉及社会利益的婚姻,迫使许多富裕的女性步入并非自己选择的命运,这是社会阶级较低的女性感觉没那么强烈的事情。然而和穷人不同的是,富家女通常依然能够运用家族钱财造福个人或社会利益,如同她们的丈夫一般,她们可以随心所欲花钱,从委托匠人,到成立宗教或民间机构。这些上层阶级的女性甚至可以通过家族关系,攀升到掌握大权的重要职位。可以想见,11世纪的也门王后阿瓦·苏雷希(Arwa al-Sulayhi,约1048—1138)在代表国家执行各项重要外交任务以及缔造政治和平时,绝对不会像一般也门妇女那样因性别受到限制。我们也不会认为更早的8世纪拜占庭皇后艾琳(Irene,752—803)会因为身为女性而觉得受到压迫,她从二十六岁的儿子君士坦丁六世(Constantine VI)手中抢走皇位,从君士坦丁堡开始统治帝国,艾琳还立即命人逮捕皇帝,弄瞎他的眼睛,确保他再也无法夺回大权。艾琳是杰出的谋略家,在统治期间摧毁神学上的异端邪说,建立一支精锐的个人护卫队,斥资兴建宏伟教堂,并装饰得富丽堂皇,就像过去那些男性统治者一样大手笔。的确,她在某段时期甚至使用"皇帝"(Baslieus,βασιλεύς)而非"女皇"称号。

中世纪的妇女想要完全撤开父权社会看似牢不可破的桎梏,

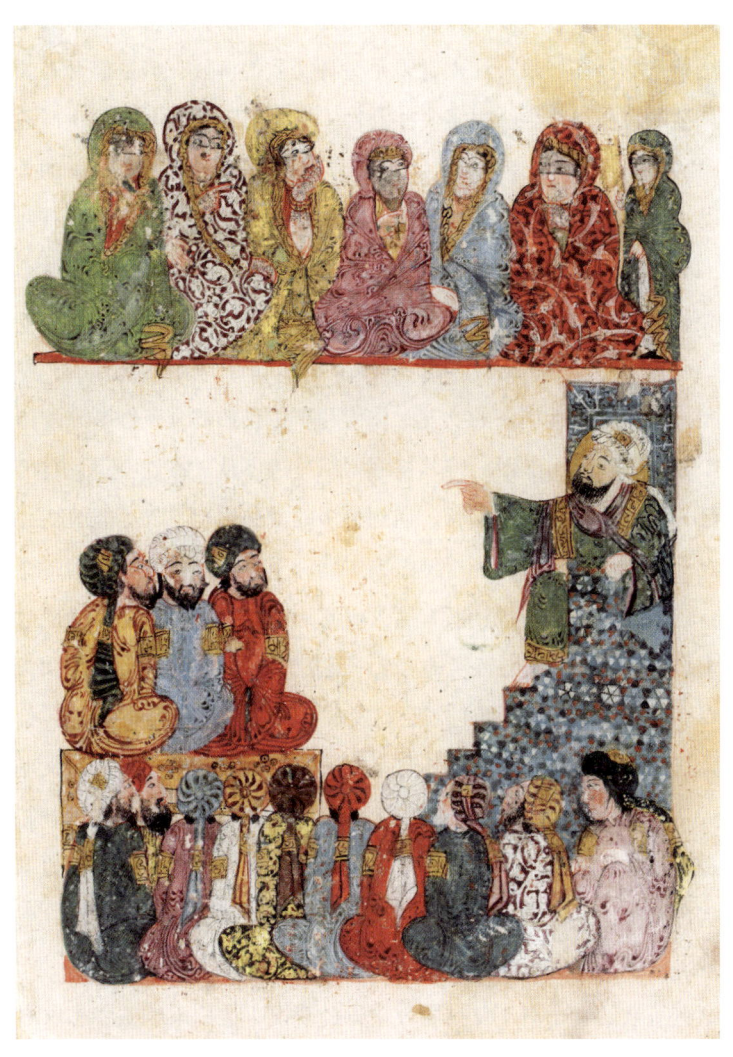

图72 萨鲁季的骗徒阿布·宰德正在对着聚集的男女群众说话。出自伊拉克作家穆罕默德·哈里里所著的《故事集》(Maqamat, مقامات)。该版本的插画由抄写员叶海亚·瓦西提（Yahya al-Wasiti）绘制于1237年。

机会很渺茫，然而对于欧洲的一些女性来说，有个选择是嫁给基督，而非嫁给男人。在教会里成为隐居的修女，将自己奉献给全然神圣的存在，很难让人觉得是一种实质的解放。但是修女必须禁欲的特质，至少吸引了一些女性，她们想追求不需经历生产危险的人生。有一位名为维尔格福蒂斯（Wilgefortis）的不寻常的圣女，从9世纪起在欧洲偏北地区备受崇敬，她的生平显现出有些人是多么强烈渴望教会的保护。她的名字是拉丁文"virgo fortis"（坚定贞洁）的变形，但在不同地方另有其他响亮的名字，例如Uncumber、Kümmernis、Liberdade、Eutropia。故事是这样的，她是一位非基督徒国王的女儿，作为和平协议的部分条件被许配给了邻国统治者。然而，维尔格福蒂斯坚决不从。在她心里，自己已矢志献身给受难的基督，遇到再多的威胁逼迫，都不能改变心意。维尔格福蒂斯因为拒绝婚事，旋即下狱，她在狱中祈祷，愿自己的容貌改变，遭到所有男人厌恶，让她在修女会院平静地过上贞洁的生活，专心侍奉神。果不其然，她后来从监牢放出来时，有一份文献是这么写的："他们发现，她的美貌已经消失了，脸上长满长长的毛发，就像男人的胡子。"她现在既信基督教，又变成奇特的阴阳人，父亲加倍嫌弃她，在盛怒之下，命人施以酷刑，最后把她钉在十字架上处死。对大多数女性来说，这样可怕的下场不太可能是比结婚更好的选项，然而这些圣女的虔诚例子，展现出许多人是多么认真地选择成为修女，过着非主流的宗教人生。这些圣洁的女子勇于反抗男性主导的现况，她们以虔诚心志求取解放的模式，由于上帝的干预而获得了认可。

像维尔格福蒂斯的这类故事也清楚显示了，把中世纪看成二元性别，也就是只有强势男性和弱势女性的时代，其实不太正确。

她的形象在这个时期频繁出现于雕刻和绘画中，这暗示了看似固定的性别特质有时候可能变得模糊：她穿着女性的服装，脸上却有男性的胡子；由于"不自然"的双重性别特征，她被认为有些奇怪，然而钉在十字架上的形象，让她被尊为完美的神圣典型。这就好像维尔格佛蒂斯的女性特质在这个过程的某个时刻突然变成了武器。中世纪晚期的其他女性曾经在作品里表达过这种意念。例如，15世纪的威尔士诗人圭尔维尔·梅哈因（Gwerful Mechain）显然觉得自己有能力写诗讥讽同时期的男性作者，她认为他们故意回避将性别当作高雅艺术的主题之一。对她来说，女性的身体并非羞耻之处，而是点燃诗意的猛烈燃料。如同她在《给阴道》（I'r cedor）这首诗中写道：

> 你们这些骄傲的男诗人，你们都不敢嘲笑。
> 让女阴之歌生长得越发旺盛，
> 得到应有的回报而绵延繁兴。
> 似丝绸般柔软，颂歌的苏丹，
> 一条小缝，洞上覆盖着一片帘幔，
> 整齐的门扉装在相遇的地点，
> 有酸味的树丛，迎接的圆圈，
> 华美的森林，用来挤压的无瑕礼赠，
> 一对美妙小球的毛皮，温柔的粗绒。
> 少女的浓稠林间空地，充满了爱意，
> 可爱的灌木，愿天上的神佑庇。

图 73 十字架上的圣维尔格福蒂斯。出自一本时祷书,该书制作于约 1420 年的根特。

性倾向与阴茎树

　　在中世纪生活的黑暗时刻,女性无可抵抗地成为男性的受害者。中世纪的性犯罪发生频率究竟比现在高还是低,是很难说清楚的事情,但是那时的问责机构肯定不如现在可靠。根据法庭记录和市民传闻,性侵并不罕见,尤其是在大城市里。我们大概知道,在完全由男性主导的法律体系当中,这种犯罪活动的惩罚很少能得到最大程度的执行。即便严格执行惩罚,起诉的依据通常也是该次犯行损害了男性共同荣誉准则的程度,以及其限制女性对其他男性展现社交吸引力的程度。如果男人性侵处女,害她将来可能嫁不出去,那么这个男人可能被迫要娶她,或者至少得提供经济资助,如同养个老婆一般。如果被害者已经结婚,那么惩罚可能会严重得多,根据犯罪细节以及被害者丈夫的背景,处以巨额罚款到绞刑。至于受害妇女的生理和心理健康,基本上没人在意。

　　相较之下,在虚构故事和民间传说的世界中,性侵事件的责任方是反过来的。当时对女性的态度的核心思想,存有许多矛盾的想法,其中之一就是针对子宫。子宫与延伸所及的女性被视为平静的存在,就像是等着被填满的单纯容器,但同时具有危险的侵略性,如同希腊神话中的塞壬女妖,是一种贪婪的空虚。后面这种想法引发了中世纪男性严重的阉割焦虑,经常成为浪漫故事中的焦点。男性作者在此表达了恐惧,担心不怀好意的女性可能想以各种方法伤害追求者的阴茎,比如在阴道中插入铁器,伤害他的下体,或直接把阴茎干净利落地切下来。这些故事从真正可怕的奇谭,到更有趣的视觉画作品都有,类似形象可见于爱情信物，被铸在生育徽章上，栩栩如生地刻在小宝盒的盖子上，画在中世纪手抄本的页缘空白上。有一幅类似的插画成为著名的14世纪法国叙事诗《玫瑰传奇》(*Roman de la Rose*)的装饰，画的是两位行为古怪滑稽的修女，她们正从一棵发芽的树上摘下硕大的阴茎塞到口袋里，这棵树相当于梅哈因的植物隐喻的男性。这是非常简单的喜剧手法，出现在许多中世纪故事里：修女的隐居独身生活，理论上是远离这种色情的摘阴茎活动的。然而，这里也可能透露出更反叛的信息。这本手抄本异乎寻常，并非由典型的全男性的插画家工作坊所制作，而是备受尊敬的理查和让娜·德蒙巴斯通（Richard and Jeanne de Montbaston）夫妻档完成的，他们

图 74　两位正在从树上摘阴茎的修女。出自《玫瑰传奇》手抄本的页缘，该书完成于14世纪中期的巴黎。

14世纪在巴黎的工作室制作了许多豪华书籍。这幅特别的图画甚至是让娜自己完成的,理查于14世纪50年代去世后,她仍独自一人持续抄写和绘图。我们不禁想知道,这些把阴茎装入左、中、右口袋的修女,是为了迎合男性对于女性具有性暴力倾向的刻板印象,还是其实表现得更反叛,尝试以几乎可称为原始女性主义的模式,颠覆以男性为中心的世界。

就阴茎而言,它可能最终成为中世纪男性自我认同的重要器官。举例来说,我们研究贯穿于中世纪的男性自我形象时,发现下体盖片的大小被和男子气概等同起来,这带有熟悉的吹嘘意味。男人可能会因为阴茎过小遭到公开嘲笑,这情形出现在13世纪冰岛萨迦的一小节,有一位少女遇到故事中被浪漫化的亡命英雄,格雷蒂尔·奥斯蒙达尔松(Grettir Ásmundarson),而且他赤身裸体。虽然格雷惕尔是令人心惊胆战的角色,少女还是相当失望,对着姐姐惊呼:

> 天哪,姐姐,格雷蒂尔·奥斯蒙达尔松竟然在这里,对我来说,他的身材的确很好,而且赤裸裸躺在这里。但是让我讶异的是,他的下面这么渺小,和他身上其他壮硕部位不太配。

此外,对于犹太人和穆斯林来说,割礼(brit milah,הלימ תירב;khitan,ختان)提升了阴茎的地位,使其成为归属感的标记。穆斯林学者在争辩这项实践是一种义务或只是一种传统之时,犹太人则认为,这是直接遵循亚伯拉罕的典范,象征犹太人与神立约的证据,而且是重要的起始时刻。在这个时刻还可能帮小男孩命名,割礼流出的血经过官方认可，据拉比的理论具有强大的灵性，和月经"不受控制"的流血不同，割礼的血有时候会在仪式中被倒到圣约柜前面的地上。由于基督诞生在犹太人家，有些基督徒也注意到，严格意义上来说虽然基督的身体已奇迹般上了天堂，但他的包皮有可能还遗留在地上成为圣髑。这种有争议的说法遭到

图 75 亚伯拉罕为自己行割礼。出自一本插画丰富的《圣经》，该书制作于约 1355 年的法国。

284　中世纪的身体

神学评论家的驳斥，但仍受到一些人的支持，例如锡耶纳的凯瑟琳，这位圣女甚至说到，她与基督精神婚配的结婚戒指，就是由神圣的包皮形成的。中世纪的记录里出现好几件圣包皮圣髑，有鉴于每人一份的原则，应该只有一件是真的，因而这种频率太可疑。有一件包皮在安特卫普（Antwerp）受到众人崇敬，另一件在西班牙朝圣之都的圣地亚哥－德孔波斯特拉，第三件在法国东部的梅斯（Metz），还有一件在神圣罗马帝国的查理曼皇帝手中。最后这一件甚至声称辗转来自圣母本人，她在基督行完割礼后，把包皮收在一个小袋子中，然后交给了圣约翰。袋子后来据说交给了天使，天使顺手搁在位于亚琛（Aachen）的皇宫里，于是袋子就在那里隆重展出。

中世纪这些与阴茎相关的宗教传统，把原本与性有关的器官，成功转变成明显去性征化的公众事物，成为兄弟情谊的象征或神圣崇拜的对象。然而，其他群体则被迫去做相反的事：把明显与男性情欲主题有关的事物，以更隐秘的方式隐藏起来，不让社会大众发现。两个男人之间的情欲之爱，在中世纪的保守界线里被视为败坏了神所赋予的性别规范。男同性恋者被安上"鸡奸"（sodomite）的罪名，指《圣经》中传说堕落而瞬间倾覆的所多玛（Sodom）城的居民；我们发现，男同性恋者很少出现于官方记录中，除了惩罚记录以外。对于鸡奸罪的判决有很大的差异，取决于当事人所处的时代和地点，例如日耳曼帝国的法典几乎没有提到这种行为被认定为不正当，但是在威尼斯共和国，14世纪的守夜人（Signori dei Notti）会将男同性恋者判处死刑，送上火刑柱烧死。而似乎仍有一些同性恋小型社群存在于中世纪，即使这些情况以最贬损的方式被记录下来。迪韦齐斯的理查德

（Richard of Devizes）记录了理查一世统治下的 12 世纪英格兰生活编年史，里面提到了他在中世纪伦敦夜生活看到的性变态：在毒贩（farmacopolae）和妓女（crissariae）的附近，他还列了阴柔男孩（glabriones）、男童妓（pusiones）、巫婆（vultuariae）及男性爱人（mascularii）。

对鸡奸罪行的宽容，实际上可能取决于男同性恋者在多大程度上偏离常规性别角色。最令人不快的恐同修辞是针对同性恋中被动一方的，他们被插入时意味着性经验会转换成不可容忍的女性模式。相较之下，主动插入者被认为至少执行了某种典型男性的性职责，虽然犯了道德上的判断错误。遵循类似的性别逻辑，中世纪文献对女同性恋者的记载甚至比男同性恋者的更少。从本质上来说，女同性恋是双重低等的社会成员，由于她们的同性恋取向，以及身为次等的性别。她们很少在这个时代的文学故事中担任主要角色，即使出现，也往往只进行非关肉体的情感交流。10 世纪有一本《欢娱百科》（*Jawami' al-ladhdha*），作者是较不为人所知的阿里·伊本·纳斯尔·卡提布（Ali ibn Nasr al-Katib），里面的一则故事叙述了两位公主欣德（Hind）与扎尔加（al-Zarqa）彼此相爱，并且共同建立一座隐修院。但这是一种特别纯洁的恋情，作为女性的忠诚典范呈现，自然不是为了赞扬开放的女同性之爱。

解读尿液

生殖器的某种方面让所有人齐聚一堂，不论是女人或男人、犹太人或基督徒、同性恋者和异性恋者：最终，每个人都需要排尿。在体液医学的方法里，人体排出的所有东西，包括汗液、呕吐物、唾液、粪便，都能交由知识丰富的治疗者来仔细研究它们的质与量，找出潜藏其中的失衡征兆，尿液也不例外。

最早来自 7 世纪的文献，就提供了医师关于解读尿液的详细指引。我们现在同意，尿液颜色是人体水分含量的指标，也可以当作其他健康状况的指标，但是这门早期医学却把尿液的预测能力发挥到了极致。有些医师非常专注于解读尿液，这使得盛装病人尿液样本呈给他们的圆底烧瓶，迅速变成医师视觉文化的一项重点。如同现代的白大褂，中世纪手抄本中被画成盯着这种烧瓶看的人物，立即就会被认定是医师，虽然这不一定是有尊敬之意的具体化姿态。约克大教堂（York Minster）的 15 世纪彩绘玻璃窗户上，检查尿液瓶的是猴子而不是人，这是对于约克市活跃的医学场景的轻薄模仿。在戏剧中也是如此，糊涂医师借由膀胱增添了轻松的喜剧效果。在《克罗克斯顿的圣事剧》（Croxton Play of the Sacrament）这出难得保留下来的英国宗教剧中，有一个角色叫作布拉班特的布朗迪奇大师（Master Brownditch of Brabant），他的名字已经带有某种迷恋粪便的意味[1]，被人以充满尿意的方式介绍：

> 这最有名的医师
> 曾经也看过尿！
> 他白天看，晚上也看，
> 有时候还在烛光下瞧。

---

[1] 布朗迪奇可拆解作 "brown ditch"，意思是 "褐色沟渠"。

> 能给出最厉害的判断,
> 就像没长眼睛的人一样妙。

尿液既是布朗迪奇的徽章,也是失败的记号,既是他在这一行的荣誉标志,也是别人假意恭维他的依据,因为他对尿液的看法,没有比盲人高明到哪里去。

舞台上多彩多姿的角色,可以和医学上同样多彩多姿的图像相配。一棵漂亮的树,上面却像开花般长出尿液圆环,听起来似乎是很吊诡的景象,然而这是好几本讨论尿液检验的中世纪教科书建构内容的方式。有一种尿液样本之轮出自1420年左右在德国制成的手抄本,展现了进行预后的细节,相当于许多排尿理论的集大成。盛装各色尿液的许多烧瓶组成一大轮有渐层色彩的圆圈,环绕一棵有七根枝条的茂盛树木,这棵树的绘画风格令人马上联想到当代的美德与罪恶的哲学图示、绘出基督家谱的宗教系统树,从某方面来说,还有点像《玫瑰传奇》里的阴茎树。每一条树枝都代表一种诊断的大类,从消化不良到濒临死亡,而最外层则提供了与尿液样本色调相对应的抽象色彩描述。色阶最底层的是albus(白色),配上的说明是:这种尿液"澄清如井水"。圆环接下来是不同程度的黄色——类似骆驼毛色或肤色的karopos、类似未浓缩肉汁颜色的subpallidus、像纯正黄金或番红花的黄色rufus;然后轮到不同的红色——类似低温火焰颜色的rubicundus、像动物肝脏的深红色inops、类似深色葡萄酒的kyanos;而后涵盖了深绿色——类似铅的颜色plumbeus、像甘蓝菜颜色的viridis;尿液之轮最后以两种不吉利的黑色收尾,一种被形容是墨水的黑,一种则像动物深色的角那么黑。

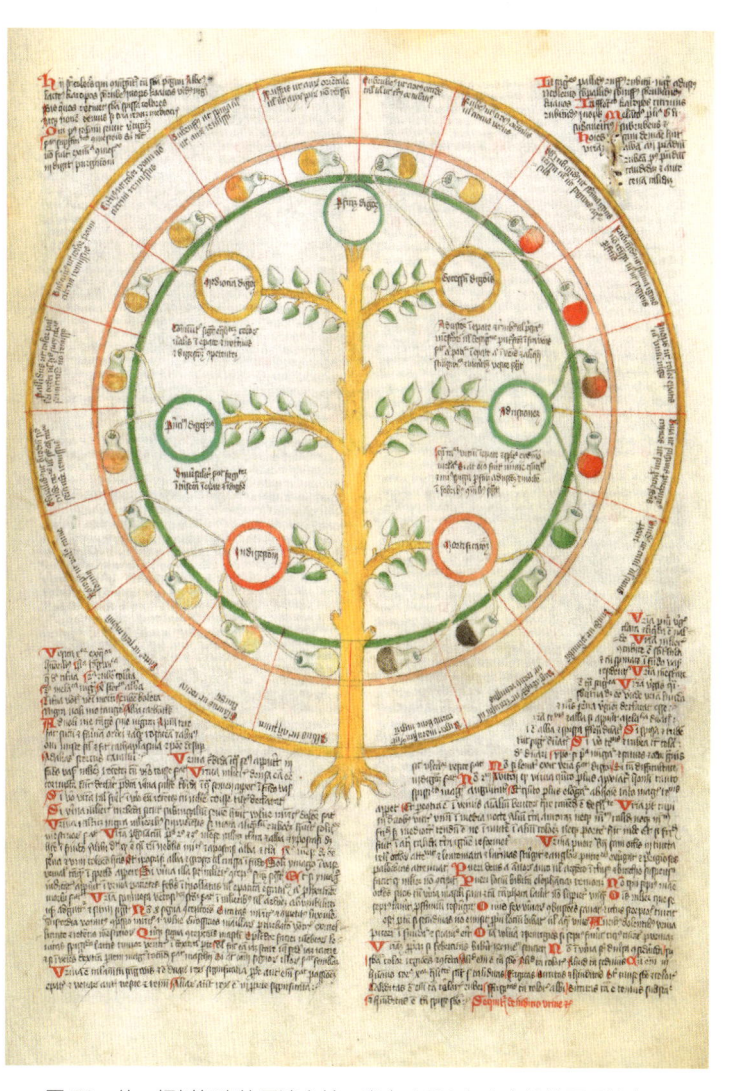

图 76　从一棵树长出的尿液之轮。出自 1420 年左右的德国手抄本。

这些关于尿液的生动描述展现出，医师在检查病人尿液样本时，正在进行的任务是多么依赖感官，此处还附上与验尿有关的内文，鼓励在病床边实施各种行为：检验尿液的黏稠度以及悬浮于其中的颗粒、区分尿液的气味，或者评估是否带有甜味或苦味。通过摇晃、搅拌、嗅闻，甚至品尝，尿液具体化成茂密大树，从排泄物变成精密的诊断工具。事实上，如同中世纪关于肛门的混乱想法，把最低下的东西提升为极度敏感的事物，是中世纪对生殖器的总体看法的一个很好的概念模型。我们回顾他们关于性别和性倾向的观点时，常常一厢情愿地认为那很单纯，就是在两种模式之间进行机械式切换。一方面有扭捏的典雅爱情或宗教禁欲，也就是把两性分开来的贞洁观念，并且视性为罪恶，最好尽量避免，或至少要勉强压抑。另一方面是过度刺激的挑逗，就像让娜画的阴茎树，宛如一股把男女妖魔化的原始情欲冲动，使他们轻易陷入性危险和暴力的情境。然而，当时的作者和创作者表明，这两种刻板印象都并非一成不变。中世纪的性器官所受到的讨论，似乎与我们现在对性生活的关注相当。但是，他们的生殖器无疑更为重要：在描绘一个人的人生如何展开时所遇到的限制时，中世纪的身体中没有其他部位像子宫或阴茎这样扮演如此决定性的角色。

FEET

X

脚

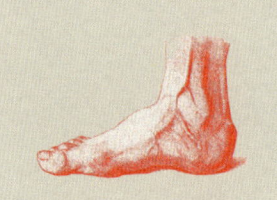

到了1493年的年中,神圣罗马皇帝腓特烈三世(Friedrich III)的左脚几乎完全变黑。他的医师几个星期前就开始担心,那时皇帝左脚健康的粉红色上开始出现一点深蓝色。他们可能从中世纪晚期的医学丛书寻求过指导,但是那些书很少涉及这个人体的末端,实际讨论的是该如何处理皮肤表面的问题,例如疖、水泡或肿胀。由于缺乏更深入的建议,医师只能凭直觉思考。有些人称腓特烈的体液缺乏温暖,应该开立一些烈性药物来补救。其他人坚称,这种病症可以归咎于皇帝长期摄食瓜类,他显然太过沉溺于口腹之欲。不论是哪一种情形,都必须做点什么才是。医疗人士从四面八方聚集到奥地利的林茨(Linz)组成团队,皇帝在这个城市休养,试图让肢体摆脱日渐变黑的状况。腓特烈的儿子,也就是未来的马克西米利安皇帝,派了葡萄牙医师马泰奥·卢皮(Matteo Lupi)过来。储君的妹夫,巴伐利亚-慕尼黑公爵阿尔布雷希特四世(Duke Albrecht IV of Bayern-München)派遣犹太外科医师汉斯·塞夫(Hans Seyff)随侍在腓特烈的床侧。那里还有四位受征召的德国医师加入,他们是科隆的海因里希·冯·科隆(Heinrich von Cologne)、海因茨·普夫劳恩多费尔·冯·兰茨胡特(Heinz Pflaundorfer von Landshut)、埃哈德·冯·格拉茨

X 脚　293

图 77 神圣罗马皇帝腓特烈三世足部截肢,有八位医师和外科医师随侍在侧。该水彩画绘制于约 1493 年。

(Erhard von Graz），以及弗里德里希·冯·奥尔穆茨（Friedrich von Olmutz）。这群学问渊博的人反复考量了皇帝的病情，不得已决定，对这只日益恶化的脚必须采取中世纪医学的最后手段：截肢。

接下来的情形，不可能让人觉得愉快。虽然有些麻药可供腓特烈使用——也就是令人失去感觉的植物，加上鸦片剂、毒堇、罂粟、旋果蚊子草，以海绵涂抹施用，或者燃烧后让病人吸入——但中世纪可以缓解疼痛的方法很少，而且也不是特别有效。当五位医师稳住病人，塞夫和另一位拉留斯·冯·帕绍（Larius von Passau）医师从患部上方将腿切下来，用锐利的刀子割开皮肤和软组织，再锯开剩下的部分，然后把脚切除。他们接着敷上药粉止血，以绷带包扎，尽量保持伤口干净。为了病人着想，他们希望手术至少能速战速决。难以置信的是，过程中皇帝仍带着雍容风度，有一幅表现手术情景的图画保存在维也纳的一本手抄本里。外科医师努力处理腓特烈炭黑的脚时，皇帝看起来面无表情，态度极度冷静，放松地坐着，双手张开以类似基督的姿势休息。随侍的医师站后方，优雅地支撑着他的手臂，虽然更可能的情形是，当锯子划过皮肉到达骨头时，他们会把挣扎的皇帝按住。

由于外科医师塞夫事后写下了经过，我们才对这次足部截肢有非常多的了解。究竟为什么他觉得必须动笔，原因尚不清楚。或许在御医面前给皇帝动手术，造成巨大的压力，还有各种贵族，就是宫廷里的那些骑士和男爵，也用敏锐的眼神紧盯着，他焦虑地写道。或许这份手术自述是塞夫有意准备的某种个人保险，为了应对病人大起大落的情形：切除足部的手术完全按照计划进行（成功），但是腓特烈仍然在几个星期后死亡（失败）。也或许这份叙述的用意，是要让塞夫与地上最尊贵躯体的相遇成为永垂不朽的传奇。如同所有中世纪的统治者，皇帝这样的显赫人物比起社会上的其他人，更容易让人留下印象。他们是巨大"政治身体"的头，接受特殊的体液饮食的供养，死后受到崇敬，即使身躯被分成好几块埋在不同的地方。然而不仅如此，塞夫捧着的那只漆黑的脚，是这位皇帝最重要的部位之一，是君王与其子民的关键接触点。

长久以来，君王的脚被视为极力展现忠诚的地方。跪在统治者面前，亲吻他们的鞋子或脚趾，是效忠和尊敬的最终标记，不过当时的伊斯兰领袖倾向于摒弃这种礼节，觉得这种方式既愚蠢又不庄重，西方领袖却热衷此道。据传8世纪的教皇阿德里安一世（Adrian I）坚持要神圣罗马皇帝查理曼（也就是比黑脚腓特烈早几百年的皇帝）在仪式上亲吻他的脚，作为结盟的象征，此后的教皇便要求延续这项习惯。当然，到了12世纪，亲吻教皇的脚成为皇帝加冕仪式的固定流程，皇帝应该先跪在教皇面前，拥抱教皇的脚，然后教皇把皇冠放到皇帝头上。在其他文化中，吻脚的社交进退舞步也可能一样复杂，有时候甚至带着政治算计，试图占别人上风。《诺曼事迹》(*Gesta Normanorum*)写的是11世纪的诺曼人历史，维京领袖罗洛（Rollo，约846—1930）在打败仗之后，被要求亲吻法兰克国王傻瓜查理的脚。然而，查理对着他伸出脚时，据说罗洛拒绝弯腰。罗洛要求一位族人把国王的腿抬到他的唇边，而不是以他的嘴去吻脚，就在这过程中，查理从王座上跌了下来。罗洛巧妙地，且在某种程度上确实把具有象征意义的政治情势扭转了过来。

拜占庭皇帝的吻脚传统最是繁复，对他们来说，这种礼节的微妙层次是经过精心调整的。自从君士坦丁堡成为帝国的首都开始,许多由来已久的复杂的人民常规逐渐在宫廷之中累积起来,我们很幸运,有些规则保留在一本独特的14世纪专著,书名是《论尊严与职务》(*On Dignities and Offices*)。这本书记录了不同形式的"朝拜"(proskynesis, προσκύνησις),包括向皇帝鞠躬,以及亲吻并膜拜其身体,这显然牵涉到一套复杂的社交礼节。有些朝臣在统治者面前五体投地顶礼时,需要脱下头饰,但是有些朝臣可以戴帽行礼。有些重要人士获准亲吻皇帝的右脸颊或右手,然而其他人不能指望亲到比脚高的部位。例如在这座城市的不同意大利族群的代表,他们在复活节拜见帝国主人的方式有些微的差别:

> 如果热那亚领袖恰好与皇帝在同一处,他与同行者也要进来,然后亲吻皇帝,所持礼仪和拥有宫廷头衔者一样,如同已经指示过的,主要亲吻皇帝的脚、手和脸颊……至于威尼斯人,由于皇帝想和他们宣战……当他们的领袖到来,第一天行朝拜礼时,他和同行者只需下跪,完全不用亲吻皇帝的脚。

在这里,我们看到热那亚人受邀来展现最高敬意,吻皇帝的脚,他们似乎特别恭敬有礼,或许对皇帝有点奉承。反观威尼斯人,由于最近的政治乱局而不受信任,只获准行个简单的屈膝礼。

即使你只是普通人,中世纪的作者和艺术家随时通过动人的祷词和绘画,让人接触到表达尊敬的方式。许多作家以丰富的想象力,沉思这种交流的本质,荷兰作者及神职人员威廉·约尔丹斯(Willem Jordaens,约1321—1372)就是其中之一。在一系列简直和拜占庭宫廷礼仪同样麻烦琐碎的指示中,威廉主张从心理上

想象自己伏倒在基督面前的地板上,以获得深刻的灵性:

> 趴在他的脚下。用你的眼泪与悲痛,滋润真理的左脚……用你的头发擦干这只脚,借由你对生命的哀伤和不平。用你的嘴亲吻这只脚,也就是内心怀着渴望而期盼,让你的人生符合真理的规则……然后你必须用内在充满爱的眼泪,滋润神的慈悲的右脚,以得到他的恩典,让按真理而活的甜蜜渴望获得满足……看哪,我可怜的灵魂,你应该怀着充满爱的谦卑渴望,亲吻我们的主的双脚,你绝不能只吻一只脚而忽略了另一只脚。

在意大利,承担这种责任的是艺术。13世纪80年代,锡耶纳艺术家杜乔·迪·博宁塞尼亚(Duccio di Buoninsegna)以圣母为主题画了一幅小巧精致的画板画,名为《方济各会圣母像》(*Madonna dei francescani*),表现了类似的对于足部的渴望。我们看见圣母玛利亚修长飘逸的形象,她手抱基督,身穿深蓝色长袍,还有天使簇拥于两侧,在圣母宽敞宝座后面飘动着一条有图案的带子。画面左下方的角落里,有一群画得很小的方济各会士,小到可能会让人忽略,他们正跪拜在圣母面前。这些人像呈扇形散开,仿佛是一个跪拜的人在俯身过程中的几个定格,最底下的人正把脸凑往圣母的便鞋,噘嘴要亲圣足,睁大眼睛,带着微笑。

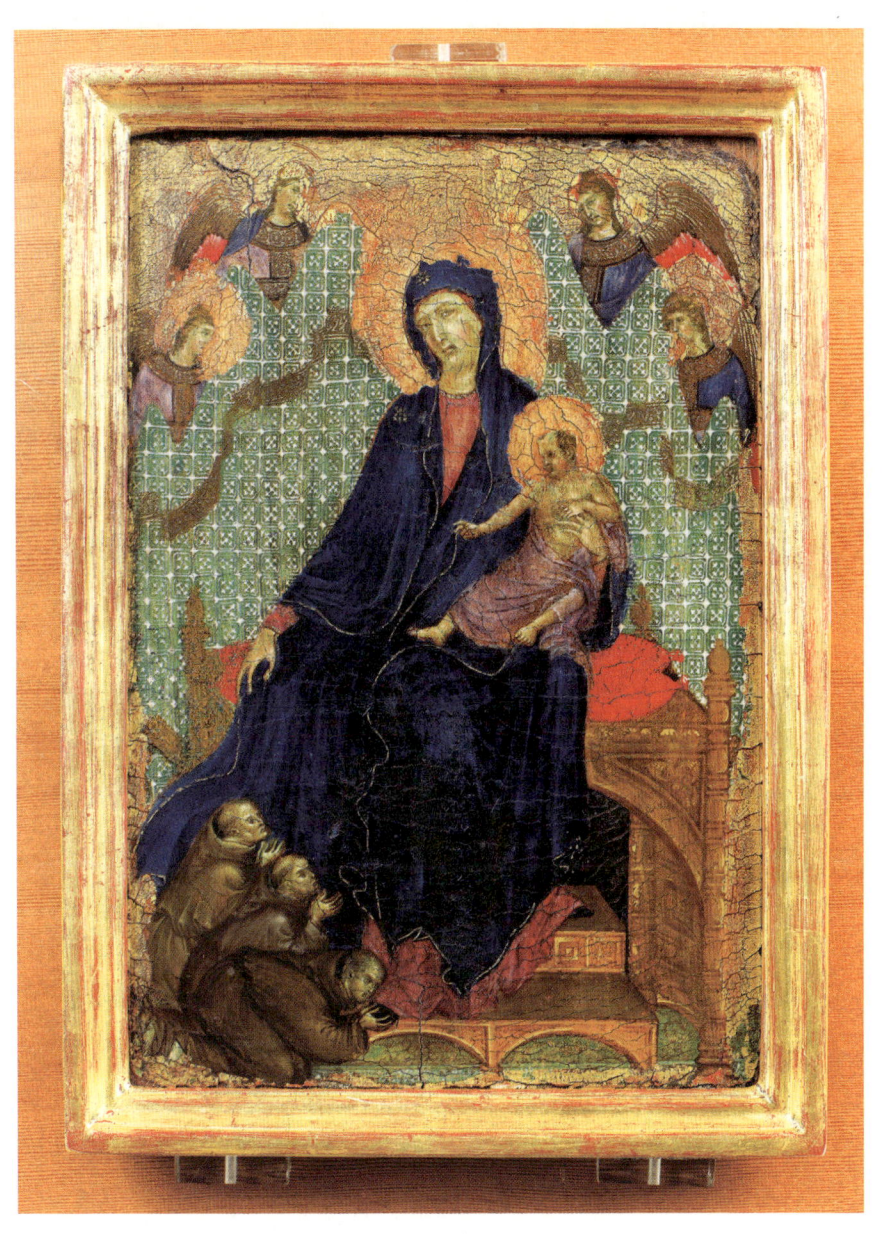

图 78　杜乔·迪·博宁塞尼亚的《方济各会圣母像》。可能绘制于 13 世纪 80 年代。

魔爪与赤足

　　如果我们能够复制出杜乔画中的修士,把圣母玛利亚穿的那种便鞋拿在手上,那么我们就拥有了一件不寻常的遗物。有一长串日常生活物品是中世纪人一般不会想要留给后代子孙的,鞋子即在此列,这种情形虽然很令人沮丧,但可以理解。就像纺织品,鞋子显然容易在日常生活的消耗中受损或开裂,而且历史样本要保留至今,需要特殊的考古条件才行。以前的鞋子主要由皮革制作,这些皮革以有机和矿物技术进行硝制,不同于今日的化学鞣制过程,所以鞋子容易因随着时间发生的自然干燥、收缩、开裂而特别脆弱。只有在河岸、沼泽、出土的茅坑,这些特别潮湿的环境中发现的古代鞋子,才能够免于严重的腐朽,使我们得以一瞥过去的时尚鞋子。

　　从现存的中世纪的鞋子来看,它们大都制作得相当简单。即使是圣母玛利亚穿的那双带有美丽圣洁气息的,吸引了三位修士的鞋子,也不过是简单普通的黑色无跟软帮鞋。中世纪稍早的时期,男鞋和女鞋的款式差异非常微小(如果真有差异的话),大家穿的鞋子普遍是为了特殊用途或适应特定气候而制作的。在南欧、北非或中东等较温暖的地方,简单的皮革或麻绳凉鞋可能就足够应付大部分活动,有时候还精心搭配镀金或华丽的带子。在较冷的地区,下雨或下雪天在田里工作的务实劳工,会发现有硬木质鞋底的木屐适合用来保护双脚。鞋匠最常用的技法是不言自明的回翻鞋法(turnshoe method),把一片要做成鞋面的柔软皮革的皮面朝下,放在被称为鞋楦的脚形模具上。然后与一片同样柔软的反面鞋底缝合起来,再把整个鞋子由内往外翻,变成一只有整齐连续接缝的袜形鞋。这些易磨损的用品通常会被穿在木屐之内，木屐是一种厚木头鞋底或硬皮底，它被以带子和鞋子固定在一起，在户外行走时为其提供支撑。

到了12世纪中期，制鞋匠发展出在鞋子各部位加入多层皮革的技术，使鞋底可以防水，后来，通过这类创新改变，中世纪的鞋子开始变得个人化且独特。根据各地的时尚风潮，鞋子采取更一致且更繁复的风格。光是从专门用语，就可以看出鞋子的用途愈来愈多，人们穿着高筒靴（buskins）、踝靴（ankle-shoes）、平底鞋（boteaux）、套鞋（galoches）、旅游鞋（trippes），这些鞋子都可能用各种方式装饰，例如在皮革上雕刻或增加图案、以刺绣镶嵌美化，或者配上精致的鞋带和鞋扣。日常生活的记录也证实了这些多样性。13世纪的巴黎作者约翰·加朗（John Garland）提到，他的邻居在街上卖鞋，款式琳琅满目，尖头的绑带鞋、有鞋扣的鞋、有长筒的靴子，以及他兴奋提及只给"女性和修士穿"的款式。大约同时期，有一个专门的鞋子市场沿着地中海岸蓬勃发展，制造者争相使用愈来愈高级的材料。举例来说，伦敦的考德威纳斯公会（London Company of Cordwainers）成立于1272年，名称源自盎格鲁-撒克逊单词"cordewan"的变体，"cordewan"是指从西班牙南部进口的一种珍贵且价值不菲的科尔多瓦革（cordovan），公会的匠人用来为顾客做成最流行的鞋款。

贝纳德城堡（Baynard's Castle）是13世纪的宫殿，曾经矗立在伦敦的中心，从其遗址挖掘到一只鞋子，显示了这些鞋子风格可以多么稀奇古怪。这只鞋用有图案的皮革制成，上面刻有粗条纹和细交叉线，它最醒目的特色是鞋尖长到极度夸张，让鞋长变成几乎是足部的两倍长。这种尖头长鞋是地位的象征，在贵族圈

图79 三种中世纪皮鞋。上方鞋尖很长的尖头鞋在 14 世纪的英格兰特别流行。

子尤其受欢迎,那时的贵族都追随国王理查二世(Richard II)妻子的时尚风格,她就是王后波希米亚的安妮(Anne of Bohemia,1366—1394),既年轻又时尚。她的波兰出身使得这种尖头鞋别称"波兰鞋"(poulaines)或"克拉科夫鞋"(crakowes)[1],有的鞋尖内还填充了一团毛发或苔藓,好维持它那不断加长的显眼造型。最长的一些尖头鞋故意做得不实用,以突显穿鞋者是不需要辛劳工作或走远路的人。鞋跟和鞋头之间的鞋帮做得很低,也表明它们旨在展现穿鞋人下身袜子的明亮颜色,当时日渐风行对全身服饰做时髦又协调的搭配,展示鞋袜成为其中一环。如此奢华的风格

---

[1] 当时波兰的首都是克拉科夫(Kraków)。

很快招来了道德家的注意和嘲讽,尤其是教会的人认为花哨鞋子不过是粗俗道德的公然展现。14世纪60年代早期,有一位编年史作者形容这些尖头更像"恶魔的爪子,而非人类的饰品",而且认为穿上那些鞋子的人虽然看来得意非凡,却只是虚有其表的招摇者,"他们在大厅是狮子,但在田野是兔子"。有人反驳说,宁可当完美的兔子,也胜过穿平头的"牛口鞋"(kuhmhal),这种鞋子流行于波兰鞋之后的15世纪,带领鞋尖时尚绕了一圈从尖头变成平头。

虽然恶魔爪子的鞋尖太过头,牛口鞋尖有点无趣,但是都比完全没穿鞋子好,特别是因为中世纪一般会把赤足与犯罪联系在一起。让囚犯脱掉鞋子是治理者常用的策略,如果囚犯挣脱链条想要逃跑,这会降低逃跑的速度。这种措施在惩罚罪犯时的作用也很吃重。不论男女,都可能被罚不穿鞋长途步行穿过乡间,有时候还要扛很重的东西,让赤裸的双脚被折磨成血肉模糊的残肢。犹太人被特别挑出来接受赤足羞辱,尤其是在德国北部,法律记录证实他们出庭时被迫赤足站在一张摊开的猪皮上宣誓。事实上,所有犹太人都是光着脚被判刑的,这种侮辱相当于暗指犹太人普遍过着各种不洁的生活。而埃及的神学和法学思想家伊本·哈杰(Ibn al-Hajj,约1250—1336)以惊恐的语气写下,在他家乡开罗,那些贩卖食品的商人脚有多脏。中世纪多数大城市的街道会定期清扫,比我们想象的更频繁,但是有时仍然会令人难以忍受,充满垃圾以及往来马车的马粪。令伊本·哈杰惊愕的是,马穆鲁克时期的面包师不穿鞋走路上工下工,显然乐在其中,他们回到炉子旁也没有清洗,脚上积满污垢,肯定会污染器皿。

在其他背景下,赤足可能带来的羞辱感其实相当有用,这是悔罪心态的象征。对于某些批评者来说，华丽的鞋子一直加长，某种程度上表现了对道德的轻忽，那么，脱掉某个人的鞋子，可以代表对道德的慎重态度。渴望自己的脚接受亲吻的统治者，如果也希望以公开的虔诚举动来回报臣民，那么他们可以从《圣经》里一些没穿鞋的有益的故事中寻找灵感。欧洲有好几位国王每年尝试重现谦逊的基督典范，模仿福音书中基督在最后晚餐时为门徒洗脚的举动。君王在圣周星期四的仪式中自愿为乞丐洗脚，这种仪式他们通过王家之手的抚摸，神奇治愈瘰疬病人类似。统治者脱下王家服装，用肥皂为穷人洗脚，对某些人来说，这似乎是真心悔罪的行为。然而可以想见，只有最干净的贫民才能获选参加仪式，而且他们的脚在碰到君王半神圣的手之前，就已经预先仔细洗干净了，因此对另一些人来说，这是装模作样而非福音。

  修道院和修女会院以更谦卑的方式，实践王家的类似行为，成群的修士和修女着手为穷人和彼此洗脚，代表这些一起隐修的人在精神上是平等的。1415年建立于伦敦西区的锡安修道院（Syon Abbey），院中记录显示在宗教历上的重要时刻，所有人聚集在那里吟唱祷词，观看女院长替修女洗脚，据说这项举动是修女姐妹们"永久珍藏的回忆"。毕竟，基督是自己背着十字架赤足走到髑髅地的，还有许多圣洁的典范，长久以来把不穿鞋等同于抛弃物质享受，追求神圣真理。杜乔画中跪在圣母面前的修士是方济各会士，他们习惯赤脚走路，以效仿修会创始人阿西西的圣方济各（Saint Francis of Assisi，1181/2—1226），故这个团体在德国俗称"赤脚修会"（Barfüsser）。即使一般情形下不常赤脚苦修的人，也相信发誓这么做可以回报神圣助佑。伯夫·德汉通（Beuve de Hantone）是盎格鲁-诺曼传奇诗中的勇猛英雄，在史诗般的故事中,他一度被残酷的敌人俘虏,手铐脚镣加身。他怀着希望呐喊,祈求上帝施展奇迹割断锁链,他发誓一旦获得自由,将进行前往圣地的灵性之旅作为回报:

> 喔,上帝!……通过你的圣德,
> 荣耀的主,以你的心,拯救我!
> 我将不穿鞋子,赤脚跣足,
> 前往你被安置的圣墓寻你。

果不其然,锁链断掉了:这是神圣力量的真凭实据,只要用赤足承诺即可召唤。

步行,骑马,搭船

伯夫·德汉通的史诗故事并没有透露,我们的英雄在杀死巨人、躲避海盗,以及寻找爱马阿龙代尔(Arondel)的过程中,是否真的排出了时间去拜谒圣墓,完成朝圣之旅。但说句公道话,如果中世纪人的真实经验值得参考的话,这样一趟旅程会是艰巨的任务。到耶路撒冷瞻仰奇景,是非常耗时、昂贵且危险的事。从西方的主要港口,例如威尼斯出发,需要两星期到数个月的时间,才能抵达黎凡特海岸,朝圣者可能从阿科(Acre)、凯撒里亚(Caesarea)或雅法(Jaffa)这些港口城市登陆。从那里来看,根据提尔的威廉(William of Tyre)大主教的估计,耶路撒冷"仍在往内陆约二十四英里[1]远的地方"，坐落在起伏的丘陵之间。

显然威廉认为这是离海很远的一大段距离，虽然现在很难说他估量的里程到底有多远。中世纪的距离术语，不论是大或小，都没有标准化，而且不同地方的差异可以相当大。瑞士的一土瓦兹（toise）大约等于丹麦的一竿（rode）。阿拉伯的一里（mil，الميل）根据的是距离长短，而波斯的一法尔桑（farsang，فرسنگ）则根据的是行进的单位时间。葡萄牙的一里格（legoa）大约是半千米，可能比西班牙的一里格（legua）长或短一点，这取决于你在西班牙哪个地方问到的。但至少大部分度量都试图回归到身体的共同部位，尤其是脚（feet），以及由脚长延伸出来的尺。大约出现于11世纪的拉丁文几何手册列出半尺（demi-pes）、尺（pes）和步（passus）作为单位，还有其他从这种身体基础衍生出来的单位：一里（mile）是一千步，一陆地里格（land league）理论上是一个人以一般速度持续走一个小时的距离。这些与早期的古典测量名称相符，很有帮助，但更重要的是，反映出中世纪最常见的交通方式。找一匹马来，需要喂它食物和水；买一辆四轮马车，行经颠簸路程后需要维修：除了最富有的人以外，这些花费远超出一般人所能负担的。大部分的旅程都是徒步完成的。

在罗马世界，由一个帝国统治整片广大的土地带来稳定局势，加上强大的都市基础建设确保了维护良好的安全道路网，民众可以走路或骑马行遍地中海地区。随着帝国的瓦解，人们的生活回到与其他地方往来较不频繁的乡村模式，在公路维护与法治保护方面难免出现了灰色地带。中世纪旅行者的记述提出警告，马车

---

1 约38.6千米。

行驶在坑坑洼洼的破败道路上，轮子和车轴很容易断裂。他们还经常哀叹，骑马或徒步旅行时，有被强盗拦路抢劫的危险。有人怒气冲冲写信给管辖当地的国王或贵族，报告说遭到匪徒持刀抢走财物，地方有时甚至立法要求修剪清理路旁的树木或灌木，让树丛远离大道，使盗贼没有地方藏身埋伏。

经由河流或海洋进行长途旅行通常速度较快，但不一定比较安全，特别是遇到大浪、暴风雨及船难时。威尼斯共和国是因跨洲航运而繁荣的城邦，拥有欧洲最大的船坞以及最早的银行，这并非巧合，该城邦创立了最早的保险和贷款等金融机制，为贸易家建立遍及世界的冒险事业提供支持。水手是生命受大自然残酷元素无情左右的旅人。想想在一首古盖尔语诗歌中，用来描述爱尔兰海上凶险时刻的骇人文字，作者或许是8世纪的阿尔斯特（Ulster）诗人鲁曼·马克·柯洛曼之子罗曼（Ruman mac Colmáin）：

平静海上出现一场暴风雨，
勇猛冲过它的高耸边界。
大风吹起，
严寒冬天杀死我们。
它穿越海洋。

风自北方吹来，
催促黑暗骇浪
往南方世界而去，
听着歌声，

激起惊涛冲向白茫茫天空。

海浪以万钧之势翻腾,
涌过每一道幽暗宽阔河口。
风来了,白色冬天杀死我们,
在坎蒂尔附近,在苏格兰附近。
什布利-德雷蒙山洪流倾泻。

圣父之子,带领大军,
拯救我摆脱猛烈暴风雨的威胁!
最后晚餐的正义之主,
但求拯救我脱离可怕狂风,
远离暴风雨肆虐的地狱!

必须冒险进行长途旅行的人,至少有几项悠久的航海技术可以协助他们。欧洲自13世纪开始稳定出产罗盘,各地关于穿越陆地和大海的传统路线的丰富知识,能够通过登山者和水手代代相传。也有更古老但仍准确的仪器,它已经以古典星盘的形式存在了约一千年,这是一种圆形测斜仪,尤其在中世纪地中海沿岸被广泛使用。星盘是上面有网格的圆盘,网格由一系列标有地平纬度的同心圆组成,上面还有一圈更精致的可转动的指示框架,叫作"网环"(rete)。旅行者把这个小型仪器挂在眼前,将各零件对好,先找出天体的位置,再用当地的时间和纬度进行三角定位,就能测算出自己的位置,准确度相当高。这种有用的仪器可以用纸张或羊皮纸简单做出来:杰弗里·乔叟写过一篇短文详细

图 80　波斯黄铜星盘。制作于约 1000 年，背面刻有制作者的名字：艾哈迈德和穆罕默德。

说明星盘如何制作，写作对象是一名叫路易斯的男孩，很可能是他的儿子或教子。不过大多数流传至今的星盘证明了专业工艺和技巧的水平远高于此。它们以雕琢精美的金属制成，与其说是旅行者的好帮手，不如说本身就是高超技术的表现。现存有一件大约公元 1000 年制作的波斯星盘尤其精致。它以黄铜打造，从贝壳图案的提把，到繁复的网环，处处充满美丽的华饰，背面刻有签名："艾哈迈德（Ahmad）和穆罕默德（Muhammad），易卜拉欣（Ibrahim）之子，伊斯法罕（Isfahan）的星盘制造者"，这暗示曾经有繁盛一时的一群专业仪器制造者。这些昂贵的大型物品炫耀着精英阶级能够轻易到处活动，同时也以最精致的方式展现了他们那个时代的宇宙学及地理学知识。

以上这些并非在说，没有钱的中世纪人只能永远待在原地。诚然，一般男女的生活范围局限在家乡的城镇或都市，可能偶尔才会离开。但是，他们仍然有某些机会可以去探索更广大的世界。军人在军队中服役时会徒步长途行军，然而长途旅行的最大动机，或许不是特权或政治，而是虔诚。伯夫·德汉通许诺的那种朝圣，对于富人和穷人都有极大的吸引力，留下来的记载显示，中东吸引了坚定的宗教旅人从人类居住的世界的天涯海角前来。12世纪基督徒朝圣者赛伍尔夫（Sæwulf）的圣地之行，提到自己从遥远的欧洲西北部到耶路撒冷的旅程，他的盎格鲁－撒克逊名字就透露了其英格兰出身。摩洛哥探险家穆罕默德·伊本·巴图塔（Muhammad ibn Battuta, 1304—1368/9）与中国外交家郑和（1371—1433）这些穆斯林旅人的叙述，都证实了有人甚至从西北非旅行到更遥远的远东。

这些文字记载尽管存在，但非常稀有，我们大都被迫从朝圣者留下来的物质记号去追踪徒步到黎凡特的一群群朝圣者的足迹。位于伯利恒的圣诞教堂（Church of the Nativity）就是一例。这是最早建造的基督教大教堂之一，始建于326年，当时是君士坦丁大帝统治期间，就建在据说是基督诞生地点之上。整个中世纪，教堂经常整修，这表明朝圣活动颇为盛行：查士丁尼大帝大约在530年下令修建，12世纪又再次翻修，15世纪换了新屋顶。时至今日，圣诞教堂仍经常改建。这座建筑现在分别由不同基督教派来支配，包括罗马公教会（天主教）、亚美尼亚使徒教会、希腊正教会，每一教派在这同一空间都有权力管理、清理、崇拜，但有些微的不同。微小差异有时候会爆发成各方之间的严重冲突，甚至演变成牵连许多修士的大型斗殴事件。教堂虽然平日气氛紧张，还承担了两千多年来整修和暴力带来的后果，但仍保留着褪色的证据，证明中世纪的圣地来过形形色色的过客。

尽管从高处窗户射进来的明亮光线，以及层层污垢的累积，让人很难看清楚，但建筑物内二十二根柱子约莫一半以上的地方，有一系列相关的绘画。与周遭神圣的环境相称，每一根柱子上有圣人或圣母的正面画像，是由不同朝圣客捐助的，或许全是伯利恒在十字军统治下的某个时期完成。这个十字军国家是耶路撒冷拉丁王国（Latin Kingdom of Jerusalem），在第一次十字军东征胜利后的1099年建立，但是相当短命，一度实际占领地中海东岸狭长领土，在一个世纪后却只剩零星几座城市，到了1300年几乎灰飞烟灭。然而，诸如伯利恒立柱这类幸存的遗迹，证明了这片领土对于西方入侵者有多么重要。这些绘画中的人物有一部分与十字军先前努力收复的圣地密切相关。我们发现它们被以外来的西方风格绘成：约旦河畔祝福基督的施洗约翰、5世纪在黎凡特建立好几座隐修院的圣撒巴斯（Saint Sabas），以及在附近埃及沙漠斋戒一辈子过着灵性生活的圣奥努弗里乌斯（Saint Onuphrios）。但是，我们也可以看到代表遥远拜占庭世界的绘画，圣母玛利亚重复出现在不同类型的圣像中，例如表现圣母和圣婴互相拥抱的"甜吻圣母"（Glykophilousa, Γλυκοφιλούσα），还有更戏剧性的"示道圣母"（Hodegetria, Οδηγήτρια），画中圣母以手掌指向基督，带有苦乐参半的讽刺，指出他就是人类救世主。在另外两根柱子上甚至画有10世纪的挪威国王圣奥拉夫（Saint Olaf）和11世纪的丹麦国王圣克努特（Saint Knute），为远离斯堪的纳维亚家乡旅行到伯利恒的赞助人作证。各种人聚集在一起，为了装饰这座建筑物虔诚奉献，过程中也为远方的祖国留下纪念，这种举动相当于叙述

图 81　20 世纪 30 年代的摄影负片，呈现了伯利恒的圣诞教堂的内部情景，包括柱子以及上面残存的朝圣画。

了一则生动的故事，对于来自远方的朝圣者而言，这座教堂是充满强烈纪念意义的地方，他们不惧艰险，沐雨栉风，只为聚集在这个独一无二的神圣地点。

对跖地

穿越大陆朝圣，吸收圣地的宗教灵气，对于大多数人来说是毕生难得一次的大事，是中世纪的脚能带他们抵达的最远地方。然而，有些旅行者觉得冒险是一种专业抱负。这些中世纪探险家和作者把他们的惊人旅程写成一系列精彩游记，以各种版本流传下来。有些人甚至提到极其遥远的地方，称为对跖地（antipodes），字面的意思是"相对的脚"，那里的人生活在地球上远得不得了的地方，因此站在和这里完全颠倒的地面上。

图德拉的本杰明（Benjamin of Tudela，约1130—1173）等人的著作，留下了各种各样的故事。本杰明是出生于北西班牙的犹太作者，他在《本杰明行纪》（*Travels of Benjamin*，מסעות בנימין）中记下了一趟广阔的奇幻之旅。本杰明从西班牙出发，往东北旅行穿过法国南部，再向下沿着意大利西海岸，路过罗马，通过希腊，到达君士坦丁堡，全程记录下欧洲风土人情的快照。我们听到关于比萨角楼、希腊皇宫、拜占庭首都的光亮板层砂岩的许多描述。从山脉、河流、岛屿，到广大海滩，地理也鲜活了起来。他还讲述各式各样的文化活动：罗马坏脾气的骡子和鸟搏斗、蒙彼利埃赈济病人的社区组织，以及旅途中会见数百位拉比、律师、医师和其他知识分子。但是，本杰明并没有停在君士坦丁堡。他继续往南，经过圣地，然后转向东，旅行到摩苏尔（Mosul）与巴格达，接着继续往南深入沙漠，抵达巴士拉（Basra）的北边。他羡慕地提到，底格里斯河畔的城市奥克巴拉（Okbara）有超过一万名犹太人，而西方城市，好比说马赛只有三百人。在环球漫游将近八年的时间之后，本杰明租下一艘船，航遍整个阿拉伯半岛并游览埃及，后来终于向西航行到西西里，然后返回家乡伊比利亚（Iberia），写下旅游见闻并出版。由于曾到过地球上大片区域寻找犹太社群，或许这位四处游历的人为自己的书这样收尾很恰当，他重申《申命记》中的请求，祈求上帝"回转过来，从分散以色列人到的万民中，将他们招聚回来。阿们。阿们。阿们。"

其他的旅行者，例如13世纪的威尼斯父子尼科洛（Niccolò）和马可·波罗（Marco Polo），或者早期的阿拉伯探险家，像是英勇的穆罕默德·穆卡达西（Muhammad al-Muqaddasi，约946—991），更分明地揭示中世纪穿越地中海甚至更远地方的纵横交错的路线。这些真正的陌生人偶然踏入先前全然未知的世界，必然采用一种明显惊奇的语调，赞叹于地球对跖地的陌生物产。这些真实记载如此精彩生动，开启了一类书籍的新市场，这些书籍更奇幻，而且并不是在离家那么远的地方写的。其中一本是很受欢迎的《约翰·曼德维尔游记》（*Travels of John Mandeville*），声称写的是书名中的那位14世纪英格兰骑士的故事，内容包含从欧洲和中东延伸到中国与非洲的"各种奇风异俗，不同的律法和风貌"——引用骑士自己的话来说。虽然这本游记呈现得像是事实，却几乎肯定是想象出来的作品。例如，当代记录中都没发现约翰·曼德维尔这号历史人物。而且，他记录的遥远文化以及形状大小不一的奇兽，都令人觉得很可疑。实际上，约翰所走的路线和遇到的景象似乎都是剽窃来的，有的甚至一字不差地抄袭自更早期探险家的著述或古典作品。我们在这里看到，中世纪有两种截然不同的途径用以了解地理知识。一种是像本杰明这类型的人，有严谨的正确性。他的故事有一篇希伯来文前言清楚地说明："经过严格调查，发现本杰明所言真实且正确，因为他是真诚的人。"曼德维尔的游记则是另一种，是坐在扶手椅上的神游旅行家编造出来的。这就留给中世纪读者去评价：是决定把他当成骗子，由于他利用天马行空的头脑而非跋山涉水的双脚写作；还是觉得他很有趣，因为他以新颖的方式写出虚构旅游文学这种新文类。

风格介于真实游记与虚构游记之间的中世纪地图，是复杂的见证。在中世纪，这些地图很少能让四处巡礼的朝圣者或游记作者用来规划路线，在其精致图面上清楚标出未来旅程的里程数。地图相对关乎理念，而非实用。制图学的理论很早就在阿拉伯语世界蓬勃发展，并催生出基础作品提供予思想家，像是中亚作家阿布·宰德·巴尔希（Abu Zayd al-Balkhi，约850—934）或波斯地理学家穆罕默德·伊斯塔赫里（Muhammad al-Istakhri，卒于957年）。中世纪民众普遍相信他们居住在平坦的大地上，但是古希腊地理学家根本不这么认为，他们很久以前就不仅证明了地球是个球体，而且欧洲、非洲、亚洲这些地区，也就是他们所称的"人境"（oikumene，οἰκουμένη）——有人居住的世界，大约只占地球表面的四分之一。以这些理论为基础，巴尔希与伊斯塔赫里这些阿拉伯思想家沿袭同样的传统，写了内容广博的专著，后来被统称为"道里邦国志"（Kitab al-masalik wa-al-mamalik，كتاب المسالك والممالك）。这些手抄本不只讨论到世界的大小和形状，还通过一系列多达二十一幅的详细地图，把地球上的广大区域以抽象的视觉化方法呈现出来。其中包括阿拉伯半岛、印度洋、北非、伊朗地区、一些海洋与河流，也有一幅宏伟、色彩缤纷的整合图，把整个已知世界呈现为一个复杂的圆形。

如此先进的地理知识很快从阿拉伯世界输出，受到地中海地区各类精英追捧。这是一种智识方面的兴趣，可以跨越传统上严格的文化和宗教界线。摩洛哥的穆斯林地理学家谢里夫丁·伊德里西（Sharif al-Din al-Idrisi，约1100—1165）在12世纪50年代接受西西里的基督教国王罗杰二世（Roger II）的委托，制作了一份已知世界的完整地图集。这本书的一些副本目前仍存在，伊德里西内文的开篇图画，乍看之下不像我们会称之为地图的东西。这幅图有一个绘于1348年的版本现存于开罗，看起来更像由抽象形状和图案组成的构成主义风格丛林：圆形的世界被一道蓝色水流围绕，没有着色的地方是陆地，夹杂着鲜艳的弯曲色块，它们是山脉、湖泊及细细河流。但是，这些细节可不是随意配置的。有别于现代规定北方应该位于地图上方（毕竟北方在上只是个完全随意形成的历史共识），这些早期伊斯兰地图却把南方朝向页面上方。仿佛是从视觉上回应当代旅行者著述提到的对跖地奇谭：你把整个图翻转一百八十度，很快就能看出代表不列颠群岛和西欧的陆块、大片的欧亚陆块，以及与印度洋融合在一起的放大版阿拉伯海，诡异曲折的非洲海岸线围绕在侧。在可以从太空实地观察，或者通过精确的卫星绘图技术验证之前，一千多年前的中世纪理论家就能画出这样的图，其所展现的一整幅世界地理图像，具有惊人的准确度以及活泼的缤纷色彩，令人觉得熟悉却又陌生。

有意思的是，我们可以把这些阿拉伯图像，与几乎同时期在开罗制作的另一幅彩色地图做比较。后者就是现在所称的"加泰

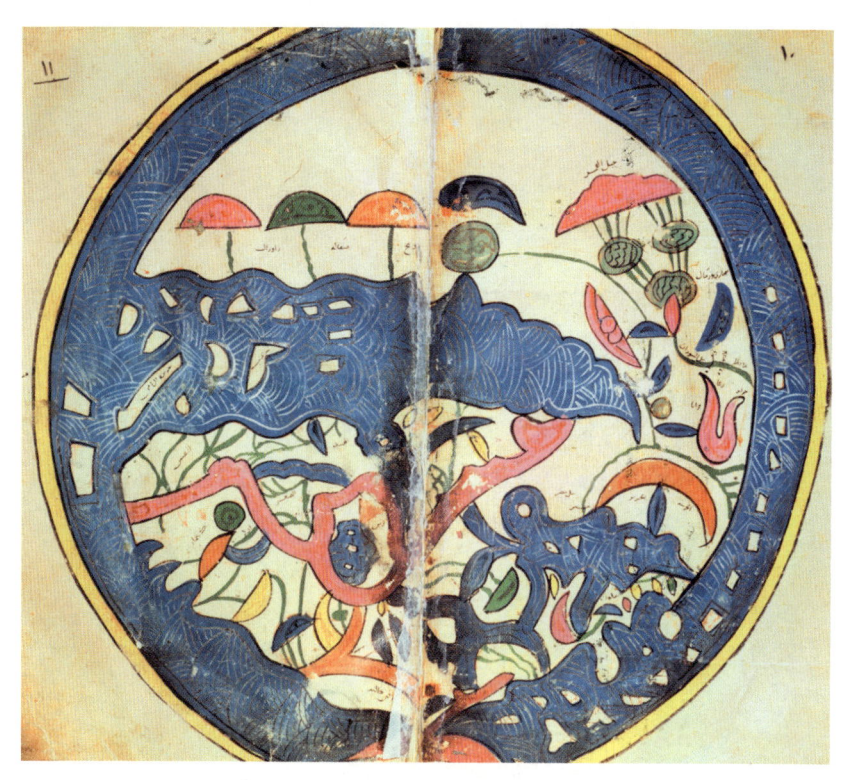

图82　13世纪伊德里西的世界地图彩色表现图。

罗尼亚地图集"（Catalan Atlas），由来自马略卡（Majorca）的制图师亚伯拉罕·克雷克斯（Abraham Cresques）在1375年绘制。在这里，制图学再一次毫不费力地跨越文化界线：亚伯拉罕是犹太人，受到亚拉冈国王佩德罗四世（Pedro IV）的委托，为法兰西国王查理五世制作地图——两位统治者都是基督徒。然而，就像本杰明和曼德维尔写的游记风格对比鲜明一样，这幅地图似乎有一些和伊德里西及其阿拉伯前辈不一样的有趣东西。这地图自然相当准确。我们从其中八张地图中看到整个欧洲、非洲北部以及亚洲，这次是北方朝上，海岸线之精准，来自先把复杂的罗盘方

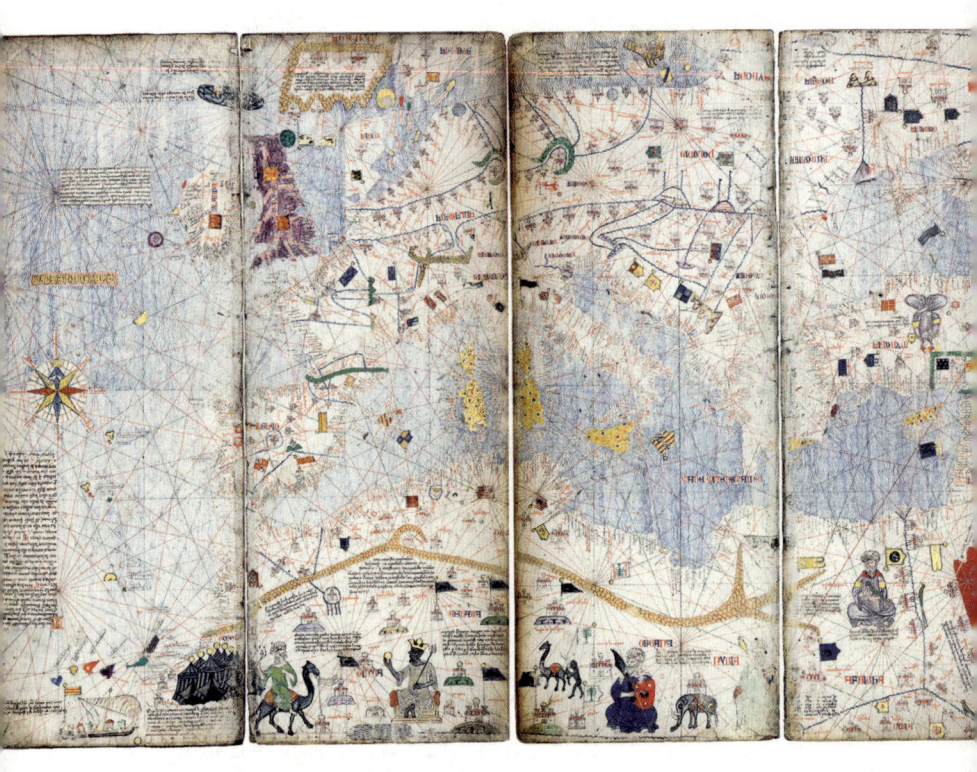

图 83　加泰罗尼亚地图集其中的八页。由亚伯拉罕·克雷克斯绘制于 1375 年。

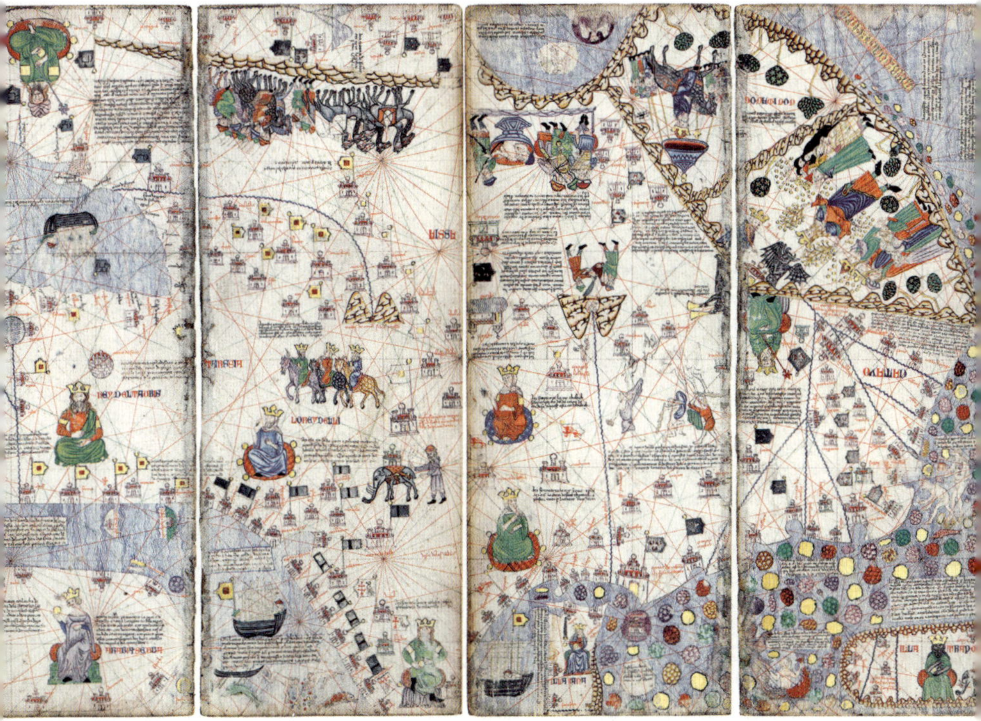

位画在地图上，交织出细线构成的网。但是，亚伯拉罕同时也坚持呈现奇幻的世界观。图中充满漂浮在时空背景中的动物、人物、历史事件，还体现了地理特征。好比说红海真的被涂成红色的，或者横越北非的阿特拉斯山（Atlas Mountains），实际上是一道狭窄的起伏山脉，却被画得很像一只巨大鸡腿。有三位国王在前往祝贺基督诞生的路上，开心地经过了一头大象。马里帝国（Mali Empire）已过世的国王曼萨·穆萨（Mansa Musa）手拿一枚大金币，端坐在非洲中央，这是在指一则甚嚣尘上的传言，说他的财富多到难以想象。远东有红、绿、蓝、金等色岛屿组成的闪亮群岛，之间穿插着正捕鱼来吃的裸体人，还有一只有两条尾巴的美人鱼，象征有富庶的天府之国以及可怕的怪兽隐藏在世界的边缘。

亚伯拉罕在地图中收入了一些扭曲失真的人体，使我们回想到本书最开头的无头人。他也遍布在这幅荒诞世界地图的非洲海岸，大摇大摆展示着他们不寻常的形体。还有一些像是来自其他世界的怪异部族，其中有一族甚至故意提到住在"对跖地"的荒谬感：住在神话中反脚国（Abarimon）的人，脚掌生在相反方向，从小腿后面凸出来，因此他们走路实际上是倒后走的，这些仿佛是为了强调他们走在上下颠倒的土地上。这样的地图，除了可以让人陶醉于中世纪世界最远边陲的奇异景象，还因为将地球上的瑰丽风物精简浓缩，让人能够拿在手中赏玩，从而在某种程度上激励了人们。那些有幸看到这些丰富记录的人，可能因此心生一股必须起而行的感觉：统治者应该摒弃吻脚的虚荣政治排场，航向远方，征服新疆域；朝圣者应该穿上皮鞋，追寻遥远圣城的应许；探险者应该拿起笔，积年累月游历，寻找并写下前所未见的奇观。

FUTURE BODIES

结语

未来的身体

关于中世纪的身体，永远都说不尽道不完。如同今天的身体，我们观察得愈仔细，愈能体认到各种模式浮现在眼前。本书只是浮光掠影地展示了以前的人看待自己的不同方式。这些人类形体是古人讨论和发展复杂理论的地方，是他们的感官与周遭世界接触的管道，是展现性别、宗教、族群认同方面不协和音的舞台，也是挥洒美学观念的画布，从丑陋和痛苦至于令人欣喜若狂的美。对每一个人来说，身体就是一切。

整个中世纪，人们都在试图预测自己的身体在未来会有什么下场。对于即将到来的时刻中存在的危险的不确定，宗教思维提供了不同解答。无论是《圣经》或当代的末世预言，都允诺在永恒的弥赛亚时代会有雷鸣般启示、道德审判、尸首复活，有人得到可怕的刑罚，有人得到救赎。世俗文学同样梦想着平行的未来：从6世纪开始，《以弗所之七眠子》（*Seven Sleepers of Ephesus*）的故事在欧洲和中东一再传诵，这个几近科幻的想象故事中，有一群人把自己封在山洞里过夜，醒来却发现他们不知怎地睡了三百年。中世纪哲学家也努力理解关于未来世界的抽象问题。我们真正知道变化的本质吗？未来是由命运、神或其他力量交给我们的吗？如果是的话，我们在行动中是否真的有任何自由或选择？我们能

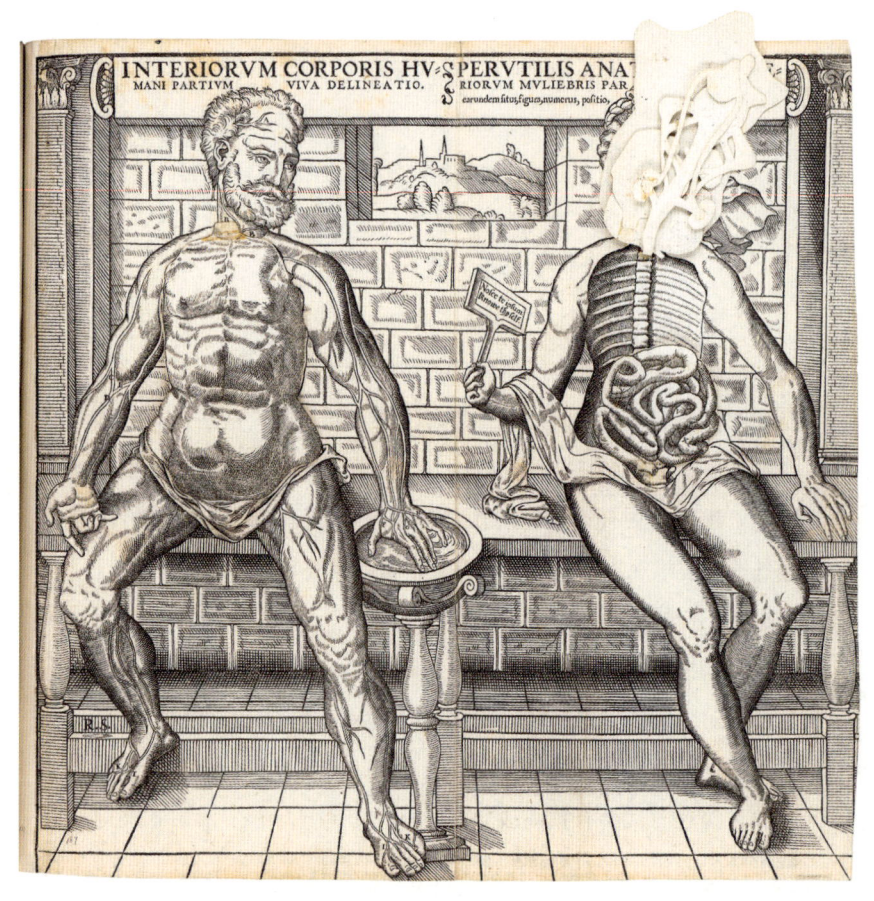

图 84 男性和女性的解剖图。图中人物通过有局部解剖详图的折叠纸片来呈现,读者可以掀开一层层纸片,发现内部情形。图中的女性手拿一个标语,上面写着拉丁文:Nosceteipsum,意思是"认识你自己"。可能印制于 1559 年的伦敦。

图 85 《以弗所之七眠子》,画在闪亮的黄金背景上。16 世纪克里特岛的圣像画。

否改变这条既定的真实道路，转向我们希望的方向？

到了 16 世纪初，这个中世纪世界确实正要发生巨大变化。数个世纪以来不可动摇的众多思想即将翻转。1492 年西班牙舰队穿越大西洋，带回发现一片全新大陆的消息。1497 至 1499 年，葡萄牙水手绕过非洲南端，打通前往远东的重要新海路，重绘了好几个世纪之久未曾改变的地图。1522 年的首次环球航行证实地球是圆的，此时距离古希腊人提出这个想法大约过了两千年。其他各种维持已久的固定状态，也一样正在经历翻天覆地的改变。自 1512 年起，奥斯曼帝国在塞利姆一世（Selim I）和苏莱曼大帝（Suleiman the Magnificent）的统治下迅速壮大，数个世纪以来首度统一遍及东欧、安纳托利亚、中东及北非的广阔土地。同时，马丁·路德在 1517 年发表了《九十五条论纲》（*Ninety-Five Theses*），在实际上启动了宗教改革，使得天主教会走上分裂之路，西欧的宗教和政治势力被彻底重整。医学也在这种新天地之中发展。从新世界取得的药材被与新式实验化学结合，这种化学受到活跃但充满争议的瑞士医师帕拉塞尔苏斯（Paracelsus，约 1493—1541）的推崇，导致古典体液学说式微，转向更广泛的药物治疗。新一波具有探索精神的解剖学家，包括意大利的雅各布·贝伦加里奥·达卡尔皮（Jacopo Berengario da Carpi，1466—1530）、法国的夏尔·艾蒂安（Charles Estienne，约 1505—1564）以及荷兰的安德烈亚斯·维萨里（Andreas Vesalius，1514—1564），带着复燃的好奇心，着手剖开人体，决心重新观察皮肤之下的真实情形。

中世纪很少有思想家能预测到未来会发生这些事情，或许正是因此，他们通常被排除于 16 世纪的巨变叙事之外。我着手写这本书的出发点，是考虑到我们看待像中世纪这种历史时期的方式，最终能够如何用于讨论当前，使之如同对过去的讨论那般详尽。而对中世纪之后的近代早期也是如此。正如今天人们往往把"中世纪"一词与某种灰暗或落后的想法混在一起，我们也把"文艺复兴"定位为一种成功。这个名词就代表"重生"的意思，在一段死寂之后重新活过来的时期，以彼特拉克的话来说，就是"在黑暗消散之时"。我们佩服那一代人能够迅速翻转想法，因为这也是我们至少在过去大约一个世纪以来最佩服自己、最佩服我们这个以变革为驱动力的社会的地方。他们似乎在问我们想问的问题，消除界限，推动有新意和有创意的事情。而关于中世纪的论点，则基于一套听起来不那么有魅力的不同标准：连续、一致、反思，以及让某种想法在好坏年代里都持续存在的能力。然而，我们不能忘记，回顾过去和展望未来是相辅相成的。如果不是中世纪人把巴格达、君士坦丁堡、萨莱诺乃至巴黎的经典抄本和评注保存下来，近代早期的人就没有材料可供大刀阔斧的重新思考。

那么，我们对于中世纪的身体的理解，未来会怎样？我认为，这也取决于同时回顾和展望，一只眼看着过去，另一只眼看着前方即将发生的事情。我们的世界目前演变之快是前所未有的，甚至赢过16世纪看似狂乱无序的步调。而且我们现在可以把研究过往的缓慢而谨慎的过程，像是仔细解读艺术、诗歌、宗教文本、民间故事、医学疗法，与发展迅速的科技相结合，将我们的发现推向各种未曾预见的方向。

我们也有愈来愈多的中世纪的身体可以利用。伦敦博物馆的人类考古中心（Museum of London's Centre for Human Bioarchaeology）拥有超过两万副人体的局部骨骸，它们来自不同时期，从首都市中心出土，此外，在各个意想不到的地点持续有类似发现。2015

图 86　伦敦一处中世纪瘟疫坑的发掘现场。这些坟墓是英国在挖掘建造新的横贯铁路线（Crossrail train line）时发现的。

年巴黎一间超市地下室的挖掘过程中，发现了大约两百具中世纪的身体，那里以前是一所医院。2016 年，阿伯丁艺术画廊（Aberdeen's Art Gallery）按计划扩建时发掘出至少九十二具人体，可能是在 13 世纪该处仍是修会会院时埋葬的。2017 年，罗马完成了一项共三十八座坟墓的墓群发掘工作，它们属于中世纪小型犹太人墓地的一部分，这是一家保险公司为了建造新总部，在翻新过程中发现的。城市之外也是如此。爱尔兰斯莱戈郡（County Sligo）的科卢尼（Collooney）镇经历了一场冬季暴风雨，被强风刮倒的一棵二百一十五岁的山毛榉，把一名大约 11 或 12 世纪的男孩从土中拉了出来，他的骨骸已经与生长的树根纠缠在一起。

　　如果将中世纪残骸经过适当编目与清理，光是靠观察，即能获得充沛的信息。不正常的骨骼就极醒目地诉说了丰富的故事。

骨头意外折断、碎裂或有其他损伤，可能指向身体曾经遭受严重的创伤，暗示有特定的且通常由暴力所致的死因。而愈合或受损骨头上出现的一些良性变形，则代表这个人在一段时间遇到某种关节问题或有导致骨头变形的先天状况，并透露出他们曾经享受或忍受的生活条件。近年来发展出愈加精密的分析技术，意味着我们能够知道过往的中世纪生活的更多细节。自从20世纪80年代起，生物考古学家愈来愈擅长寻找骨头中最致密、受到最好保护的部分，例如牙髓，或头骨中位于耳朵后面的颅骨，想从这些部位取得保存良好的古代DNA样本。这种DNA称为aDNA，经过萃取、扩增、定序，能够得到正确的序列，再与其他历史或现代样本比较，最后呈现出取样骨头的独特档案。即便是从最零碎的残骸中，我们现在都可以辨认出某个人的性别、可能的地理或族群背景，以及他们是否罹患特定的遗传疾病，例如囊性纤维化或贫血。研究甚至可以对曾经寄生在那些久远人体纤维上的微小细菌的aDNA进行类似的检测，这种程序已经揭露了从瘟疫、结核到麻风的古早菌株。

  这些开创性科技不只能被运用在骨头上。对于本书所有章节中提到的每一种物件，这样的方法都能够帮助我们揭露出新的故事。手抄本的羊皮纸或者古董鞋的皮革可以拿去检测，找出这些东西是用哪种动物做成的，以及它们被养在哪里。古老织物的布料或者圣物的木头，能够从颜料或植物成分追踪到中世纪世界的特定年代及个别地区。有时候在研究中，物品甚至会被当成身体来对待。2007年，7世纪的马斯特里赫特（Maastricht）主教圣阿曼杜斯（Saint Amandus）的大型棺材圣髑盒，在它位于巴尔的摩目前的家——沃尔特斯艺术博物馆（Walters Art Museum）的科技

结语　未来的身体　　329

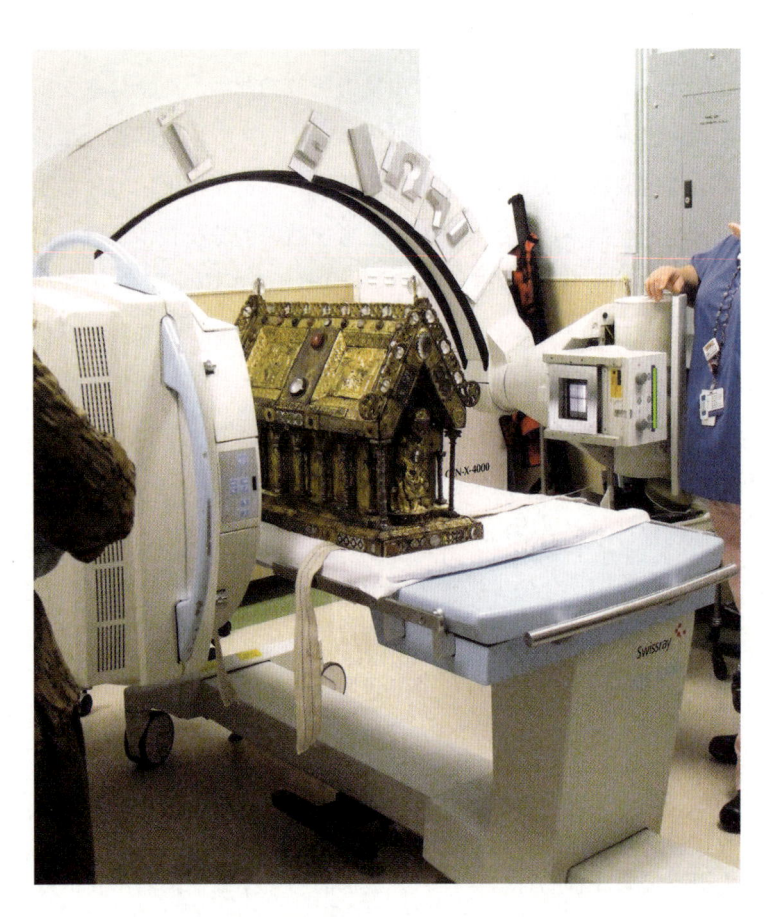

图 87　12 世纪的圣阿曼杜斯的圣髑盒，正在巴尔的摩的马里兰大学医学中心进行 X 射线计算机断层成像。

部门进行研究。为了更加了解这物件，修复师用戴着手套的手，拿着刀片和解剖刀割下圣髑盒木心外层的一小片铜。接下来的工作轮到附近马里兰大学的医学中心接手，圣髑盒被送进 X 射线计算机断层成像描仪里头，这台仪器平常是给在巴尔的摩生活的民众使用的。博物馆的保存小组和医学中心的一群诊断放射科医师一起分析结果，寻找圣髑盒的线索，这是医师和历史学家的对话。

这就是中世纪的身体的未来。我们检查文物和人体遗骸时抱着同样的谨慎态度，就像对待几百岁的病人。我们找出他们的个案史，在档案库里大海捞针，想发现片段信息，以便建构他们在过去生活的画面。我们把他们的样本送到实验室分析，运用尖端程序，帮助我们收网。然后，我们把这些专门知识汇集在一起，得到了诊断结果：6世纪、阿拉伯、女性、银、彩绘、德国、13世纪、男性、埃及、雪花石膏等等。如同"以弗所之七眠子"，这些身体已经沉睡了几个世纪。但如今，它们苏醒过来，前所未有地开口娓娓道来。

致　谢

我想感谢以下人士：细心又宽厚大量的编辑塞西莉·盖福德（Cecily Gayford）和柯蒂·托皮瓦拉（Kirty Topiwala）；泰勒·麦考尔（Taylor McCall）、乔斯林·安德森（Jocelyn Anderson）及杰茜卡·巴克（Jessica Barker）用专业的眼光，帮忙看过部分或全部书稿；资料册（Profile Books）与惠康出版（Wellcome Publishing）的生产和设计同仁；联合代理人公司（United Agents）的索菲·斯卡德（Sophie Scard）、莉萨·图古德（Lisa Toogood）及卡罗琳·道内（Caroline Dawnay）；拉妮阿·贾贝尔（Rania Jaber）、罗兰·贝当古（Roland Betancourt）和玛吉·布雷登塔尔（Maggie Breidenthal）提供了翻译建议；考陶尔德艺术学院（Courtauld Institute）、哥伦比亚大学（Columbia University）及东安格利亚大学（University of East Anglia）许多鼓舞我的同事与学生；最后是我的家人和朋友，特别是安妮·赫梅莱斯基（Anne Chmelewsky），没有她持续给予的关爱与支持，这本书断不可能完成。

参考资料

这本书所探讨的观点，来源于许多不同学术领域的研究者的成果，这些成果以不同语言写成，专注于中世纪文化中的多种主题、地区和时期。以下参考资料提供了一份简要的精选延伸阅读清单，都是各种学术研究中的英文资料。清单首先审视了中世纪的历史、医学和艺术等一般主题，然后才依本书各章顺序列举了相关的参考文献。有些资料偏向学术性质，不过如果可能的话，我也会为一般读者列出基础研究，这些资料本身也包含了广泛的参考书目。

虽然下面只能略举一二，但我希望它能让你大概了解这个时兴的研究领域，并且有机会从不同的方向更仔细地研究中世纪的身体。

有几部作品提供了有用的概述，可以帮助我们了解从中世纪伊始到文艺复兴的这段时期。概括性的手册和百科全书（每本都关于许多主题的单独条目），请见：A. Classen (ed.), *Handbook of Medieval Culture* (2015)；R. A. Johnston, *All Things Medieval: An Encyclopedia of the Medieval World* (2011)；R. E. Bjork (ed.), *The Oxford Dictionary of the Middle Ages* (2010)；J. W. Meri (ed.), *Medieval Islamic Civilization: An Encyclopedia* (2005)；N. Roth (ed.), *Medieval Jewish*

Civilization: An Encyclopedia (2003); A. Vauchez (ed.), *Encyclopedia of the Middle Ages* (2000)。

偏叙述性的历史，请见：M. Rubin, *The Middle Ages: A Very Short Introduction* (2014); C. W. Hollister and J. M. Bennett, *Medieval Europe: A Short History* (2005); R. W. Southern, *The Making of the Middle Ages* (1993)。

中世纪的日常生活概览，请见：R. Gilchrist, *Medieval Life: Archaeology and the Life Course* (2012); J. Gies and F. Gies, *Daily Life in Medieval Times* (1999); J. Le Goff, *The Medieval World*, trans. L. G. Cochrane (1997)。

从现代角度来看，穿越到中世纪会有什么隐患，请见：S. Harris and B. L. Grigsby (eds.), *Misconceptions about the Middle Ages* (2007)。

中世纪医学也可以透过一些基础研究知道大概情形，每项研究对于中世纪时期医学思想都提供了引人入胜的概述。自古代起悠久广泛的医学史，请见：M. D. Grmek (ed.), *Western Medical Thought from Antiquity to the Middle Ages* (1999); L. I. Conrad et al., *The Western Medical Tradition: 800 BC to AD 1800* (1995)。

对中世纪医学更具体的关注，请见：L. Kalof (ed.), *A Cultural History of the Human Body in the Medieval Age* (2014); L. Demaitre, *Medieval Medicine: The Art of Healing, from Head to Toe* (2013); P. E. Pormann and E. Savage-Smith, *Medieval Islamic Medicine* (2007); T. F. Glick, S. J. Livesey and F. Wallis (eds.), *Medieval Science, Technology, and Medicine: An Encyclopedia* (2005); N. Siraisi, *Medieval and Early Renaissance Medicine: An Introduction to Knowledge and Practice* (1990)。

各种关于中世纪原始医学文献的多样化选集（英文译本），请见：F. Wallis, *Medieval Medicine: A Reader* (2010)。

至于中世纪艺术和建筑的情形也相同，有许多著作对中世纪视觉文化的不同方面提供了详细的叙述。一般导论，请见：R. Ettinghausen, O. Grabar and M. Jenkins-Madina, *Islamic Art and Architecture 650-1250* (2003)；L. Nees, *Early Medieval Art* (2002)；N. Coldstream, *Medieval Architecture* (2002)；V. Sekules, *Medieval Art* (2001)；R. Stalley, *Early Medieval Architecture* (1999)；J. Lowden, *Early Christian and Byzantine Art* (1997)；M. Camille, *Gothic Art: Glorious Visions* (1996)。

关于中世纪艺术及其与医学的特别关系，请见：J. A. Givens, K. M. Reeds and A. Touwaide (eds.), *Visualizing Medieval Medicine and Natural History, 1200-1550* (2006)；P. M. Jones, *Medieval Medicine in Illuminated Manuscripts* (1998)；J. Murdoch, *Album of Science: Antiquity and the Middle Ages* (1984)。

引言　中世纪的身体

半具法国人	P. Charlier et al., "A Glimpse into the Early Origins of Medieval Anatomy through the Oldest Conserved Human Dissection", *Archives of Medical Science 10:2* (2014), 366–373.
"尝尝中世纪的折磨"	K. Biddick, *The Shock of Medievalism* (1998).
中世纪精神	D. Matthews, *Medievalism: A Critical History* (2015).
彼特拉克	V. Kirkham and A. Maggi (eds.), *Petrarch: A Critical Guide to the Complete Works* (2009).
与中世纪平行的历史	C. Benn, *China's Golden Age: Everyday Life in the Tang Dynasty* (2002); T. de Bary et al., *Sources of Japanese Tradition, Volume One: From Earliest Times to 1600* (2001); P. Frankopan, *The Silk Roads: A New History of the World* (2015); B. Avari, *India: The Ancient Past* (2007); R. Pankhurst, *The Ethiopians: A History* (2001); N. Levtzion, *Ancient Ghana and Mali* (1973); A. Kehoe, *America before the European Invasions* (2002); J. Lee, *The Allure of Nezahualcoyotl: Pre-Hispanic History, Religion and Nahua Poetics* (2008).
罗马帝国的继承者	C. Wickham, *The Inheritance of Rome: A History of Europe from 400 to 1000* (2009); B. Ward-Perkins, *The Fall of Rome and the End of Civilization* (2005).
拜占庭	J. Herrin, *Byzantium: The Surprising Life of a Medieval Empire* (2007); C. Mango (ed.), *The Oxford History of Byzantium* (2002).
中世纪早期的欧洲	R. Collins, *Early Medieval Europe, 300-1000* (2010); M. Innes, *Introduction to Early Medieval Western Europe, 300-900: The Sword, the Plough and the Book* (2007); J. M. H. Smith, *Europe after Rome: A New Cultural History, 500–1000* (2005).

伊斯兰	V. O. Egger, *A History of the Muslim World to 1405: The Making of a Civilization* (2004); I. M. Lapidus, *A History of Islamic Societies* (2002).
人口统计学	M. Kowaleski, "Medieval People in Town and Country: New Perspectives from Demography and Bioarchaeology", *Speculum 89* (2014), 573–600; D. A. Hinton, "Demography: From Domesday and Beyond", *Journal of Medieval History 39* (2013), 146–178.
气候	B. M. S. Campbell, *The Great Transition: Climate, Disease and Society in the Late-Medieval World* (2016).
约翰·利德盖特	D. Pearsall, *John Lydgate (1371–1449): A Bio-Bibliography* (1997).
林肯郡的骨骸	T. Waldron, *St Peter's, Barton-upon-Humber, Lincolnshire: A Parish Church and its Community, Volume 2, The Human Remains* (2007).
黑死病	M. H. Green (ed.), *Pandemic Disease in the Medieval World: Rethinking the Black Death* (2014).
古典体液平衡	V. Nutton, *Ancient Medicine* (2013). Joel Kaye, *A History of Balance, 1250–1375: The Emergence of a New Model of Equilibrium and its Impact on Thought* (2014).
人和宇宙	A. Akasoy, C. Burnett and R. Yoeli-Tlalim (eds.), *Astro-Medicine: Astrology and Medicine, East and West* (2008).
早期的伊斯兰巴格达	A. K. Bennison, *The Great Caliphs: The Golden Age of the Abbasid Empire* (2009); D. Gutas, *Greek Thought, Arabic Culture: The Graeco-Arabic Translation Movement in Baghdad and Early Abbasaid Society* (1998).
病坊和医院	A. Ragab, *The Medieval Islamic Hospital: Medicine, Religion, and Charity* (2015); B. S. Bowers (ed.), *The Medieval Hospital and Medical Practice* (2007).

大学	H. De Ridder-Symoens (ed.), *A History of the University in Europe: Universities in the Middle Ages* (1992); W. J. Courtenay and J. Miethke (eds.), *Universities and Schooling in Medieval Society* (2000).
外科医师	M. R. McVaugh, *The Rational Surgery of the Middle Ages* (2006); E. Savage-Smith, "The Practice of Surgery in Islamic Lands: Myth and Reality", *Social History of Medicine 13* (2000), 307–321.
公会	G. Rosser, *The Art of Solidarity in the Middle Ages: Guilds in England 1250–1550* (2015); G. C. Maniatis, *Guilds, Price Formation, and Market Structures in Byzantium* (2009); A. Cohen, *The Guilds of Ottoman Jerusalem* (2001).
公民健康	C. Rawcliffe, *Urban Bodies: Communal Health in Late Medieval English Towns and Cities* (2013).
宗教	D. Nirenberg, *Neighboring Faiths: Christianity, Islam, and Judaism in the Middle Ages and Today* (2014); J. H. Arnold (ed.), *The Oxford Handbook of Medieval Christianity* (2014); K. Armstrong, Islam: *A Short History* (2000); T. L. Steinberg, *Jews and Judaism in the Middle Ages* (2007).
法术	D. Collins (ed.), *The Cambridge History of Magic and Witchcraft in the West* (2015); S. Page, *Magic in the Cloister: Pious Motives, Illicit Interests and Occult Approaches to the Medieval Universe* (2013).

头

怪物部族	J. B. Friedman, *The Monstrous Races in Medieval Art and Thought* (2000); A. Bovey, *Monsters and Grotesques in Medieval Manuscripts* (2002); L. Daston and K. Park, *Wonders and the Order of Nature: 1150–1750* (1998); J. J. Cohen, *Monster Theory: Reading Culture* (1996).

盖伦	C. Gill, T. Whitmarsh and J. Wilkins (eds.), *Galen and the World of Knowledge* (2009); R. J. Hankinson (ed.), *The Cambridge Companion to Galen* (2008).
伊本·西那	L. E. Goodman, *Avicenna* (1992).
脑	E. Clark, K. E. Dewhurst and M. J. Aminov, *An Illustrated History of Brain Function* (1996).
精神障碍	I. Metzler, *Fools and Idiots?: Intellectual Disability in the Middle Ages* (2016); S. Katajala-Peltomaa and S. Niiranen, *Mental (Dis)Order in Later Medieval Europe* (2014); W. J. Turner, *Care and Custody of the Mentally Ill, Incompetent and Disabled in Medieval England* (2013).
法兰西的查理六世	R. C. Famiglietti, *The Madness of Kings: Personal Trauma and the Fate of the Nations* (1995); V. Green, *Royal Intrigue: Crisis at the Court of Charles VI, 1392–1420* (1986).
蕾莉和马杰农	M. W. Dols, *Majnun: The Madman In Medieval Islamic Society* (1992); R. Gelpke (ed.), *Nizami Ganjavi's Layla and Majnun* (1966).
头发	L. Demaitre, *Medieval Medicine: The Art of Healing, From Head to Toe* (2013); R. Milliken, *Ambiguous Locks: An Iconology of Hair in Medieval Art and Literature* (2012).
乔叟	D. Gray (ed.), *The Oxford Companion to Chaucer* (2003).
斩首	G. Geltner, *Flogging Others: Corporal Punishment and Cultural Identity from Antiquity to the Present* (2014); A. Traninger, B. Baert and C. Santing (eds.), *Disembodied Heads in Medieval and Early Modern Culture* (2013); D. Westerhoff, *Death and the Noble Body in Medieval England* (2008).
索尔兹伯里的约翰	C. Grellard and F. Lachaud (eds.), *A Companion to John of Salisbury* (2015).

格鲁菲德之子卢埃林	J. Smith, *Llywelyn ap Gruffudd: Prince of Wales* (2014); H. Fulton (ed.), *Urban Culture in Medieval Wales* (2012).
让·傅华萨	P. F. Ainsworth, *Jean Froissart and the Fabric of History: Truth, Myth, and Fiction in the Chroniques* (1990); G. Brereton (ed.), *Froissart's Chronicles* (1978).
圣人	R. Bartlett, *Why Can the Dead Do Such Great Things? Saints and Worshippers from the Martyrs to the Reformation* (2015); P. Brown, *The Cult of the Saints: Its Rise and Function in Latin Christianity* (1981).
圣髑与圣髑盒	C. Hahn, *Strange Beauty: Issues in the Making and Meaning of Reliquaries, 400–c.1204* (2012); C. Freeman, *Holy Bones, Holy Dust: How Relics Shaped the History of Medieval Europe* (2011); P. Geary, *Furta Sacra: Thefts of Relics in the Central Middle Ages* (1990).
戏剧和表演	J. Enders (ed.), *A Cultural History of Theatre in the Middle Ages (1000–1400)* (2017).
盘中的约翰头	B. Baert, *Caput Johannis in Disco: Essay on a Man's Head* (2012).

II 感官

克吕尼挂毯	E. Taburet-Delahaye, *The Lady and the Unicorn* (2007).
感觉	M. Bagnoli (ed.), *A Feast for the Senses: Art and Experience in Medieval Europe* (2016); R. G. Newhauser, *A Cultural History of the Senses in the Middle Ages, 500–1450* (2016); C. M. Woolgar, *The Senses in Late Medieval England* (2006); G. Rudy, *Mystical Language of Sensation in the Late Middle Ages* (2002); W. F. Bynum and R. Porter (eds.), *Medicine and the Five Senses* (1993).

感官考古学	J. Day (ed.), *Making Senses of the Past: Toward a Sensory Archaeology* (2013).
视觉	M. A. Smith, *From Sight to Light: The Passage from Ancient to Modern Optics* (2014); R. S. Nelson, *Visuality before and beyond the Renaissance: Seeing as Others Saw* (2000); D. C. Lindberg, *Theories of Vision from Al-Kindi to Kepler* (1976).
培根	B. Clegg, *The First Scientist: A Life of Roger Bacon* (2003); J. Hackett (ed.), *Roger Bacon and the Sciences* (1997).
眼睛的解剖构造	F. Salmón, "The Body Inferred: Knowing the Body through the Dissection of Texts", *A Cultural History of the Human Body in the Medieval Age*, ed. L. Kalof (2014), 77–98; L. Demaitre, *Medieval Medicine: The Art of Healing, from Head to Toe* (2013).
失明	E. Wheatley, *Stumbling Blocks before the Blind: Medieval Constructions of a Disability* (2010). M. Barach, *Blindness: The History of a Mental Image in Western Thought* (2001); F. Malti-Douglas, "Mentalités and Marginality: Blindness and Mamluk Civilization", in *The Islamic World from Classical to Modern Times*, ed. C. E. Bosworth et al. (1989), 211–237.
十五二十医院	M. P. O'Tool, "*The Povres Avugles* of the Hôpital des Quinze-Vingts: Disability and Community in Medieval Paris", *Difference and Identity in Francia and Medieval France*, M. Cohen and J. Firnhaber-Baker (eds.) (2010), 157–174.
迫害残障人士	I. Metzler, *A Social History of Disability in the Middle Ages: Cultural Considerations of Physical Impairment* (2013); J. R. Eyler (ed.), *Disability in the Middle Ages: Reconsiderations and Reverberations* (2010).

玛格丽·肯普	B. A. Windeatt (ed.), *The Book of Margery Kempe* (2004); J. H. Arnold and K. J. Lewis (eds.), *A Companion to The Book of Margery Kempe* (2004).
嗅觉	S. A. Harvey, *Scenting Salvation: Ancient Christianity and the Olfactory Imagination* (2006); J. Drobnick, *The Smell Culture Reader* (2006); C. Classen, D. Howes and A. Synnott, *Aroma: The Cultural History of Smell* (1994).
金属制品	J. Cherry, *Medieval Goldsmiths* (2011); R. Ward, *Islamic Metalwork* (1993).
圣艾琳	J. O. Rosenqvist, *The Life of Saint Irene Abbess of Chrysobalanton: A Critical Edition* (1986).
芬芳的天堂	A. H. King, *Scent from the Garden of Paradise: Musk and the Medieval Islamic World* (2017).
占星术	S. Page, *Astrology in Medieval Manuscripts* (2002); R. Rashed (ed.), *Encyclopedia of the History of Arabic Science* (1996); R. French, "Astrology in Medical Practice", *Practical Medicine from Salerno to the Black Death*, (eds.) L. García-Ballester et al. (1994), 30–59.
特蕾莎·德卡塔赫纳	D. Seidenspinner-Núñez, *The Writings of Teresa de Cartagena* (1998).
失聪	I. Metzler, "Perceptions of Deafness in the Central Middle Ages", *Homo debilis Behinderte - Kranke - Versehrte in der Gesellschaft des Mittelalters*, ed. C. Nolte (2009), 79–98; A. de Saint-Loupe, "Images of the Deaf in Medieval Western Europe", *Looking Back: A Reader on the History of Deaf Communities and their Sign Languages*, (eds.) R. Fischer and H. Lane (1993), 379–402.

音乐与声音	E. Dillon, *The Sense of Sound: Musical Meaning in France, 1260–1330* (2012); M. Everist (ed.), *The Cambridge Companion to Medieval Music* (2011); T. Christensen (ed.), *The Cambridge History of Western Music Theory* (2002); R. Strohm and B. J. Blackburn (eds.), *Music as Concept and Practice in the Late Middle Ages* (2001); F. Shehadi, *Philosophies of Music in Medieval Islam* (1995).
波爱修斯	J. Marenbon (ed.), *The Cambridge Companion to Boethius* (2009).
圣索菲亚大教堂	R. Mark and A. Ş. Çakmak (eds.), *Hagia Sophia from the Age of Justinian to the Present* (1992).
回音	B. Blesser and L.-R. Salter, Spaces Speak, *Are You Listening?: Experiencing Aural Architecture* (2006); M. Bull and L. Back (eds.), *The Auditory Culture Reader* (2003).
希尔德加德·凡·宾根	B. M. Kienzle, D. L. Stoudt and G. Ferzoco (eds.), *A Companion to Hildegard of Bingen* (2014).
钟	J. H. Arnold and C. Goodson, "Resounding Community: The History and Meaning of Medieval Church Bells", *Viator 43:1* (2012), 99–130.
逾越颂卷轴	T. F. Kelly, *The Exultet in Southern Italy* (1996).
演讲	I. R. Kleiman (ed.), *Voice and Voicelessness in Medieval Europe* (2015); K. Reichl (ed.), *Medieval Oral Literature* (2011) .
卢布鲁克的威廉	W. W. Rockhill (ed.), *The Journey of William of Rubruck to the Eastern Parts of the World, 1253–1255* (1900).
帕多瓦的圣安东尼	F. Lucchini, "The Making of a Legend: The Reliquary of the Tongue and the Representation of St. Anthony of Padua as a Preacher", *Franciscans and Preaching*, ed. T. J. Johnson (2012), 451–484.

亲吻书籍	K. M. Rudy, "Kissing Images, Unfurling Rolls, Measuring Wounds, Sewing Badges and Carrying Talismans", *The Electronic British Library Journal* (2011).
味觉	P. H. Freedman (ed.), Food: *The History of Taste* (2007); C. Korsmeyer (ed.), *The Taste Culture Reader: Experiencing Food and Drink* (2005).
《所有好事》	L. F. Sandler, "*Omne Bonum*": *A Fourteenth-Century Encyclopedia of Universal Knowledge* (1996).
扎哈拉维	M. M. Spink and G. L. Lewis, *Al-Zahrawi's On Surgery and Instruments: A Definitive Edition of the Arabic Text with English Translation and Commentary* (1973).

III 皮肤

亨利·德蒙德维尔	M.-C. Pouchelle, *The Body and Surgery in the Middle Ages*, trans. R. Morris (1990).
剥皮	L. Tracy (ed.), *Flaying in the Pre-Modern World: Practice and Representation* (2017).
解剖与验尸	K. Park, *The Secrets of Women: Gender, Generation and the Origins of Human Dissection* (2006); E. Savage-Smith, "Attitudes toward Dissection in Medieval Islam", *Islamic Medical and Scientific Tradition*, ed. P. Pormann (2010), 299–342.
《医学精选集》	J. J. Bylebyl, "Interpreting The Fasciculo Anatomy Scene", *Journal of the History of Medicine and Allied Sciences* 45:3 (1990), 285–316.
皮肤	K. L. Walter (ed.), *Reading Skin in Medieval Literature and Culture* (2013); A. Paravicini Bagliani (ed.), *La Pelle Umana/The Human Skin* (2005); S. Connor, *The Book of Skin* (2004); C. Benthien, *Skin: On the Cultural Border Between Self and the World*, trans. T. Dunlop (2004).

整形外科	S. L. Gilman, *Making the Body Beautiful: A Cultural History of Aesthetic Surgery* (1999).
麻风	E. Brenner, *Leprosy and Charity in Medieval Rouen* (2015); T. S. Miller and J. W. Nesbitt, *Walking Corpses: Leprosy in Byzantium and the Medieval West* (2014); L. Demaitre, *Leprosy in Premodern Medicine: A Malady of the Whole Body* (2007); C. Rawcliffe, *Leprosy in Medieval England* (2006).
种族与种族主义	D. Nirenberg, *Communities of Violence: Persecution of Minorities in the Middle Ages* (2015); L. T. Ramey, *Black Legacies: Race and the European Middle Ages* (2014); S. C. Akbari, *Idols in the East: European Representations of Islam and the Orient, 1100–1450* (2009); D. Strickland, *Saracens, Demons and Jews: Making Monsters in Medieval Art* (2003); J. Devisse and M. Mollat (eds.), *The Image of the Black in Western Art* (1979).
科斯马斯和达米安	K. Zimmerman (ed.), *One Leg in the Grave Revisited: The Miracle of the Transplantation of the Black Leg by the Saints Cosmas and Damian* (2013).
十字军东征	N. Morton, *Encountering Islam on the First Crusade* (2016); A. V. Murray (ed.), *The Crusades: An Encyclopedia* (2006); C. Hillenbrand, *The Crusades: Islamic Perspectives* (1999).
《勒特雷尔圣诗集》	M. Camille, *Mirror in Parchment: The Luttrell Psalter and the Making of Medieval England* (1998).
纸	J. M. Bloom, *Paper before Print: The History and Impact of Paper in the Islamic World* (2001).
手抄本	V. Tsamakda (ed.), *A Companion to Byzantine Illustrated Manuscripts* (2017); M. Epstein (ed.), *Skies of Parchment, Seas of Ink: Jewish Illuminated Manuscripts* (2015); G. N. Atiyeh (ed.), *The Book in the Islamic World: The Written Word and Communication in the Middle East* (1995); J. J. G. Alexander, *Medieval Illuminators and Their Methods of Work* (1994).

法律	E. Conte and L. Mayali (eds.), *A Cultural History of Law in the Middle Ages (500–1500)* (2018); J. A. Brundage, *The Medieval Origins of the Legal Profession: Canonists, Civilians and Courts* (2008).
纺织品	S.-G. Heller, *A Cultural History of Dress and Fashion in the Medieval Age* (2016); C. Browne, G. Davies and M. A. Michael, *English Medieval Embroidery: Opus Anglicanum* (2016); F. Pritchard, *Clothing Culture: Dress in Egypt in the First Millennium AD* (2006); T. Ewing, *Viking Clothing* (2006); G. R. Owen-Crocker, *Dress in Anglo-Saxon England* (2004).
限奢令	C. K. Killerby, *Sumptuary Law in Italy 1200–1500* (2002).
妓女	G. Leiser, *Prostitution in the Eastern Mediterranean World: The Economics of Sex in the Late Antique and Medieval Middle East* (2016); J. Rossiaud, *Medieval Prostitution*, trans. L. G. Cochrane (1988).
裸露	S. C. M. Lindquist (ed.), *The Meanings of Nudity in Medieval Art* (2012).
祭衣	M. C. Miller, *Clothing the Clergy: Virtue and Power in Medieval Europe, c.800–1200* (2014); W. T. Woodfin, *The Embodied Icon: Liturgical Vestments and Sacramental Power in Byzantium* (2012).

IV 骨头

骨头	F. Wallis, "Counting all the Bones: Measure, Number and Weight in Early Medieval Texts about the Body", *Was zählt: Ordnungsangebote, Gebrauchsformen und Erfahrungsmodalitäten des "numerus" im Mittelalter*, ed. M. Wedell (2012), 185–207.
洗澡	C. Kosso and R. M. Taylor (eds.), *The Nature and Function of Water, Baths, Bathing and Hygiene from Antiquity through the Renaissance* (2009).

兽医	H. A. Shehada, *Mamluks and Animals: Veterinary Medicine in Medieval Islam* (2013); L. H. Curth, *The Care of Brute Beasts: A Social and Cultural Study of Veterinary Medicine in Early Modern England* (2010).
动物	C. Heck and R. Cordonnier, *The Grand Medieval Bestiary: Animals in Illuminated Manuscripts* (2012); J. E. Salisbury, *The Beast Within: Animals in the Middle Ages* (2010); B. Resl (ed.), *A Cultural History of Animals in the Medieval Age* (2009); D. Salter, *Holy and Noble Beasts: Encounters with Animals in Medieval Literature* (2001).
打猎	R. Almond, *Medieval Hunting* (2003).
死亡	J. Rollo-Koster (ed.), *Death in Medieval Europe: Death Scripted and Death Choreographed* (2017); S. M. Butler, *Forensic Medicine and Death Investigation in Medieval England* (2015); P. Binski, *Medieval Death: Ritual and Representation* (1996).
葬礼	S. C. Reif, A. Lehnardt and A. Bar-Levov (eds.), *Death in Jewish Life: Burial and Mourning Customs among Jews of Europe and Nearby Communities* (2014); L. N. Stutz and S. Tarlow (eds.), *The Oxford Handbook of the Archaeology of Death and Burial* (2013); P. Geary, *Living With the Dead in the Middle Ages* (1994); F. S. Paxton, *Christianizing Death: The Creation of a Ritual Process in Early Medieval Europe* (1996); J. I. Smith and Y. Y. Haddad, *The Islamic Understanding of Death and Resurrection* (1981).
末日	M. A. Ryan (ed.), *A Companion to the Premodern Apocalypse* (2016).
炼狱	J. Le Goff, *The Birth of Purgatory*, trans. A. Goldhammer (1984).
托马斯·阿奎那	J.-P. Torrell, *Saint Thomas Aquinas: The Person and His Work*, trans. R. Royal (2005).
西西里	S. Davis-Secord, *Where Three Worlds Met: Sicily in the Early Medieval Mediterranean* (2017).

艾丽斯·乔叟	J. A. A. Goodall, *God's House at Ewelme: Life, Devotion and Architecture in a Fifteenth-Century Almshouse* (2001).
《死神之舞》	E. Gertsman, *The Dance of Death in the Middle Ages: Image, Text, Performance* (2010).
象牙	S. M. Guérin, "Meaningful Spectacles: Gothic Ivories Staging the Divine", *The Art Bulletin* 95 (2013), 53–77; P. Williamson, *An Introduction to Medieval Ivory Carvings* (1982).

V 心脏

蒙特法尔科的基娅拉	K. Park, "The Criminal and the Saintly Body: Autopsy and Dissection in Renaissance Italy", *Renaissance Quarterly* 47:1 (1994), 1–33.
心脏	L. Demaitre, *Medieval Medicine: The Art of Healing from Head to Toe* (2013); S. Amidon and T. Amidon, *The Sublime Engine: A Biography of the Human Heart* (2012); H. Webb, *The Medieval Heart* (2010); E. Jaeger, *The Book of the Heart* (2000).
威廉·哈维	J. Shackelford, *William Harvey and the Mechanics of the Heart* (2003).
情绪	S. Broomhall and A. Lynch (eds.), *A Cultural History of the Emotions in the Late-Medieval, Reformation and Renaissance Age (1300–1600)* (2017); P. King, "Emotions in Medieval Thought", *The Oxford Handbook of Philosophy of Emotion*, ed. P. Goldie (2009), 1–23.
摩西·本·亚伯拉罕·达里	J. J. M. S. Yeshaya, *Medieval Hebrew Poetry in Muslim Egypt: The Secular Poetry of the Karaite Poet Moses ben Abraham Dar'i* (2011).
游吟诗人	W. D. Paden and F. F. Paden, *Troubadour Poems from the South of France* (2007); E. Aubrey, *The Music of the Troubadours* (2000).
典雅爱情	P. J. Porter, *Courtly Love in Medieval Manuscripts* (2003).

乔万尼·薄伽丘	T. G. Bergin, *Boccaccio* (1981).
心形	P. J. Vinken, *The Shape of the Heart: A Contribution to the Iconology of the Heart* (2000); D. Bietenholz, *How Come This ♥ Means Love? A Study of the Origin of the ♥ Symbol of Love* (1995).
爱情信物	M. Camille, *The Medieval Art of Love: Objects and Subjects of Desire* (1998).
早期印刷	D. S. Areford, *The Viewer and the Printed Image in Late Medieval Europe* (2010).
迈蒙尼德	K. Seeskin (ed.), *The Cambridge Companion to Maimonides* (2005).
克莱尔沃的圣伯纳德	J. Leclercq, *Bernard of Clairvaux and the Cistercian Spirit*, trans. C. Lavoie (1976).
纽伦堡	S. Brockmann, *Nuremberg: The Imaginary Capital* (2006).

VI 血液

希伯来医学	L. García-Ballester, *Medicine in a Multicultural Society: Christian, Jewish and Muslim Practitioners in the Spanish Kingdoms, 1222–1610* (2001); J. Shatzmiller, *Jews, Medicine and Medieval Society* (1994).
放血术	P. Gil-Sotres, "Derivation and Revulsion: The Theory and Practice of Medieval Bloodletting", *Practical Medicine from Salerno to the Black Death* (eds.) L. García-Ballester et al. (1994), 110–156.
诺里奇的威廉	E. M. Rose, *The Murder of William of Norwich: The Origins of the Blood Libel in Medieval Europe* (2015).
反犹太	S. Lipton, *Dark Mirror: The Medieval Origins of Anti-Jewish Iconography* (2014); I. M. Resnick, *Marks of Distinction: Christian Perceptions of Jews in the High Middle Ages* (2012); M. Merback (ed.), *Beyond the Yellow Badge: Anti-Judaism and Antisemitism in Medieval and Early Modern Visual*

	Culture (2008); R. Chazan, *Medieval Stereotypes and Modern Antisemitism* (1997).
舍德尔的《世界历史》	A. Wilson, *The Making of the Nuremberg Chronicle* (1976).
圣餐礼	A. W. Astell, *Eating Beauty: The Eucharist and the Spiritual Arts of the Middle Ages* (2006); M. Rubin, *Corpus Christi: The Eucharist in Late Medieval Culture* (1991).
第四次大公会议	J. C. Moore, *Pope Innocent III (1160/61–1216): To Root Up and to Plant* (2009).
圣血	N. Vincent, *The Holy Blood: King Henry III and the Westminster Blood Relic* (2001).
计算基督的血	L. H. Cooper and A. Denny-Brown (eds.), *The Arma Christi in Medieval and Early Modern Material Culture* (2014); A. A. MacDonald et al. (eds.), *The Broken Body: Passion Devotion in Late-Medieval Culture* (1998).
生命之血	B. Bildhauer, *Medieval Blood* (2006).
尸体见血论	S. M. Butler, *Forensic Medicine and Death Investigation in Medieval England* (2015).
流血奇迹	C. W. Bynum, *Wonderful Blood: Theology and Practice in Late Medieval Northern Germany and Beyond* (2007).
流血的圣像画	M. Vassilaki, "Bleeding Icons", *Icon and Word: The Power of Images in Byzantium*, A. Eastmond and L. James (eds.) (2003), 121–129.
假奇迹	K. Brewer, *Wonder and Skepticism in the Middle Ages* (2016); M. E. Goodich, *Miracles and Wonders: The Development of the Concept of Miracle, 1150–1350* (2007).
《神圣复活》	K. Kopania, *Animated Sculptures of the Crucified Christ in the Religious Culture of the Latin Middle Ages* (2010); D. M. Bevington (ed.), *Medieval Drama* (1975).

受伤的人	J. Hartnell, "Wording the Wound Man", *British Art Studies* 6 (2017).
外科技术	P. D. Mitchell, *Medicine in the Crusades: Warfare, Wounds and the Medieval Surgeon* (2004); M. McVaugh, "Therapeutic Strategies: Surgery", *Western Medical Thought from Antiquity to the Middle Ages*, ed. M. D. Grmek (1998), 273–290; M.-C. Pouchelle, *The Body and Surgery in the Middle Ages*, trans. R. Morris (1990).

VII 手

游戏	S. Patterson (ed.), *Games and Gaming in Medieval Literature* (2015); C. Reeves, *Pleasures and Pastimes in Medieval England* (1995); J. M. Carter, *Medieval Games: Sports and Recreations in Feudal Society* (1992).
碰触	C. M. Woolgar, *The Senses in Late Medieval England* (2006); C. Classen (ed.), *The Book of Touch* (2005); F. Salmón, "A Medieval Territory for Touch", *Studies in Medieval and Renaissance History* 3:2 (2005), 59–81.
外科器械	J. Hartnell, "Tools of the Puncture: Skin, Knife, Bone, Hand", *Flaying in the Pre-Modern World: Practice and Representation*, ed. L. Tracy (2017), 1–50; J. Kirkup, *The Evolution of Surgical Instruments: An Illustrated History from Ancient Times to the Twentieth Century* (2006); M. M. Spink and G. L. Lewis, *Al-Zahrawi's On Surgery and Instruments: A Definitive Edition of the Arabic Text with English Translation and Commentary* (1973).
阅读	S. Reynolds, *Medieval Reading: Grammar, Rhetoric and the Classical Text* (2004); P. Saenger, *Space Between Words: The Origins of Silent Reading* (1997).

感光密度计	K. M. Rudy, "Dirty Books: Quantifying Patterns of Use in Medieval Manuscripts Using a Densitometer", *Journal of Historians of Netherlandish Art* 2:1/2 (2010).
佛罗伦蒂乌斯·德巴莱拉尼卡	C. Brown, "Remember the Hand: Bodies and Bookmaking in Early Medieval Spain", *Word & Image* 27:3 (2011), 262–278.
圭多手	A. M. B. Berger, *Medieval Music and the Art of Memory* (2005); C. Berger, "The Hand and the Art of Memory", *Musica Disciplina* 35 (1981), 87–120.
记忆	M. Carruthers, *The Book of Memory: A Study of Memory in Medieval Culture* (2008).
手相术	C. Burnett, "The Earliest Chiromancy in the West", *Journal of the Warburg and Courtauld Institutes* 50 (1987), 189–195.
比德	G. H. Brown, *A Companion to Bede* (2009); P. H. Blair, *The World of Bede* (1990).
克吕尼手势辞典	S. G. Bruce, *Silence and Sign Language in Medieval Monasticism: The Cluniac Tradition, c.900–1200* (2007).
手形圣髑盒	C. Hahn, "The Voices of the Saints: Speaking Reliquaries", *Gesta* 36:1 (1997), 20–31.
珠宝	C. Entwistle and N. Adams (eds.), *Intelligible Beauty: Recent Research on Byzantine Jewellery* (2010); M. Campbell, *Medieval Jewellery: In Europe 1100–1500* (2009); M. Jenkins and M. Keene, *Islamic Jewelry in The Metropolitan Museum of Art* (1983).
萨珊波斯	T. Daryaee, *Sasanian Persia: The Rise and Fall of an Empire* (2009).
君王疾病	M. Bloch, *The Royal Touch: Sacred Monarchy and Scrofula in France and England* (1973).

贾扎伊里	D. R. Hill, *The Book of Knowledge of Ingenious Mechanical Devices by Ibn al-Razzaz al-Jazari* (1974).

VIII 腹部

阿拉伯文学	G. Schoeler, *The Genesis of Literature in Islam: From the Aural to the Read*, trans. S. M. Toorawa (2009); *Cambridge History of Arabic Literature*, various volumes (1983–2006); R. Irwin (ed.), *Night and Horses and the Desert: An Anthology of Classical Arabic Literature* (1999).
暴食	S. E. Hill, "The Ooze of Gluttony: Attitudes towards Food, Eating and Excess in the Middle Ages", *The Seven Deadly Sins: From Communities to Individuals*, ed. R. Newhauser (2007), 57–72.
《安乐乡》	H. Pleij, *Dreaming of Cockaigne: Medieval Fantasies of the Perfect Life*, trans. D. Webb (2003); G. Claeys and L. T. Sargent (eds.), *The Utopia Reader* (1999).
古法语的寓言诗	*The Fabliaux*, trans. N. E. Dubin (2013).
但丁	R. Kirkpatrick (ed.), *Dante's The Divine Comedy* (2013): R. Jacoff (ed.), *Cambridge Companion to Dante* (2007).
消化	L. Demaitre, *Medieval Medicine: The Art of Healing, from Head to Toe* (2013).
药材学和草药	P. Dendle and A. Touwaide (eds.), *Health and Healing from the Medieval Garden* (2008); M. Collins, *Medieval Herbals* (2000); J. Stannard, *Herbs and Herbalism in the Middle Ages and Renaissance* (1999).
奇幻生物	E. Morrison, *Beasts: Factual and Fantastic* (2007).
食物与烹饪	M. Montanari (ed.), *A Cultural History of Food in the Medieval Age* (2015); M. W. Adamson, *Food in Medieval Times* (2004); T. Scully, *The Art of Cookery in the Middle Ages* (1995).

《巴黎家政书》	G. L. Greco and C. M. Rose (ed.), *The Good Wife's Guide (Le Ménagier de Paris): A Medieval Household Book* (2009).
宗教饮食	E. Baumgarten, *Practicing Piety in Medieval Ashkenaz: Men, Women and Everyday Religious Life* (2014); D. M. Freidenreich, *Foreigners and Their Food: Constructing Otherness in Jewish, Christian and Islamic Law* (2011); C. W. Bynum, *Holy Feast and Holy Fast: The Religious Significance of Food to Medieval Women* (1988).
让的弓箭手	V. Nutton and C. Nutton, "The Archer of Meudon: A Curious Absence of Continuity in the History of Medicine", *Journal of the History of Medicine and Allied Sciences* 58:4 (2003), 401–427.
卡斯蒂利亚的布朗什	L. Grant, *Blanche of Castile, Queen of France* (2017).
路易九世	J. Le Goff, *Saint Louis*, trans. G. E. Gollrad (2009).
呕吐	L. Demaitre, *Medieval Medicine: The Art of Healing, from Head to Toe* (2013); R. Waugh, "Word, Breath and Vomit: Oral Competition in Old English and Old Norse", *Oral Tradition* 10 (1995), 359–386.
斯堪的纳维亚传说	T. M. Andersson, *The Growth of the Medieval Icelandic Sagas, 1180–1280* (2006); H. O'Donoghue, *Old Norse-Icelandic Literature: A Short Introduction* (2004).
喜剧和下流	N. F. McDonald (ed.), *Medieval Obscenities* (2014); J. R. Benton, *Medieval Mischief: Wit and Humour in the Art of the Middle Ages* (2004); M. Jones, *The Secret Middle Ages* (2002).
放屁师罗兰	V. Allen, *On Farting: Language and Laughter in the Middle Ages* (2007).
《放屁的荒唐闹剧》	J. Enders (ed.), *The Farce of the Fart and Other Ribaldries: Twelve Medieval French Plays in Modern English* (2011).

约翰·阿德恩	P. M. Jones, "Staying with the Programme: Illustrated Manuscripts of John of Arderne, c.1380–c.1550", *Decoration and Illustration in Medieval English Manuscripts*, ed. A. S. G. Edwards (2002), 204–236.

IX 生殖器

圣母雕像匣	E. Gertsman, *Worlds Within: Opening the Medieval Shrine Madonna* (2015).
妇女	K. M. Phillips (ed.), *A Cultural History of Women in the Middle Ages* (2013); J. Herrin, *Unrivalled Influence: Women and Empire in Byzantium* (2013); S. Joseph et al. (eds.), *Encyclopedia of Women and Islamic Cultures* (2007); M. Schaus (ed.), *Women and Gender in Medieval Europe: An Encyclopedia* (2006); A. Grossman, *Pious and Rebellious: Jewish Women in Medieval Europe*, trans. J. Chipman (2004).
妇科学	M. H. Green, *Making Women's Medicine Masculine: The Rise of Male Authority in Pre-Modern Gynaecology* (2008).
《论女人的秘密》	H. R. Lemay, *Women's Secrets: A Translation of Pseudo-Albertus Magnus' De Secretis Mulierum with Commentaries* (1992).
《特罗图拉》	M. H. Green, *The Trotula: An English Translation of the Medieval Compendium of Women's Medicine* (2002).
助产士	F. Harris-Stoertz, "Midwives in the Middle Ages? Birth Attendants, 600–1300", *Medicine and the Law in the Middle Ages*, ed. W. Turner and S. Butler (2014), 58–87; M. H. Green and D. L. Smail, "The Trial of Floreta d'Ays (1403): Jews, Christians and Obstetrics in Later Medieval Marseille", *Journal of Medieval History* 34:2 (2008), 185–211.

剖腹产手术	R. Blumenfeld-Kosinski, *Not of Woman Born: Representations of Caesarean Birth in Medieval and Renaissance Culture* (1990).
出生盘	J. M. Musacchio, *The Art and Ritual of Childbirth in Renaissance Italy* (1999).
班以斯拉犹太会堂	A. Hoffman and P. Cole, *Sacred Trash: The Lost and Found World of the Cairo Geniza* (2011).
维尔格佛蒂斯	D. A. King, "The Cult of St. Wilgefortis in Flanders, Holland, England and France", *Am Kreuz - Eine Frau: Anfänge, Abhängigkeiten, Aktualisierungen*, S. Glockzin-Bever and M. Kraatz (eds.) (2003), 55–97.
阴阳人	L. DeVun, "Erecting Sex: Hermaphrodites and the Medieval Science of Surgery", *Osiris* 30 (2015), 17–37.
圭尔维尔·梅哈因	K. Gramich and C. Brennan (eds.), *Welsh Women's Poetry 1460–2001: An Anthology* (2003); D. Johnston, *The Literature of Wales* (1994).
性别与性倾向	R. Evans (ed.), *A Cultural History of Sexuality in the Middle Ages* (2012); R. M. Karras, *Sexuality in Medieval Europe: Doing unto Others* (2005); V. L. Bullough and J. A. Brundage (eds.), *Handbook of Medieval Sexuality* (1996).
阴茎	L. Tracy (ed.), *Castration and Culture in the Middle Ages* (2013).
《玫瑰传奇》	F. Horgan (ed.), *The Romance of the Rose* (2009).
《格雷蒂尔萨迦》	D. Zori and J. Byock (ed.), *Grettir's Saga* (2009).
包皮	L. B. Glick, *Marked in Your Flesh: Circumcision from Ancient Judea to Modern America* (2005).
同性恋	R. Mills, *Seeing Sodomy in the Middle Ages* (2015); N. Giffney, M. M. Sauer and D. Watt (eds.), *The Lesbian Premodern* (2011); G. Burger and S. F. Kruger, *Queering the Middle Ages* (2001).

尿液检验和尿液	F. Wallis, *Medieval Medicine: A Reader* (2010); M. R. McVaugh, "Bedside Manners in the Middle Ages", *Bulletin of the History of Medicine* 71 (1997), 201–223.
《克罗克斯顿的圣事剧》	J. T. Sebastian (ed.), *Croxton Play of the Sacrament* (2012).

X 脚

神圣罗马皇帝	P. H. Wilson, *Heart of Europe: A History of the Holy Roman Empire* (2016).
吻脚	L. Brubaker, "Gesture in Byzantium", *Past & Present* 203:4 (2009), 36–56.
查理曼	J. Fried, *Charlemagne*, trans. P. Lewis (2016).
《论尊严与职务》	R. Macrides et al. (eds), *Pseudo-Kodinos and the Constantinopolitan Court: Offices and Ceremonies* (2013).
威廉·约尔丹斯	R. Van Nieuwenhove et al. (eds.), *Late Medieval Mysticism of the Low Countries* (2008).
杜乔的圣母像	J. Cannon, "Kissing the Virgin's Foot: Adoratio before the Madonna and Child Enacted, Depicted, Imagined", *Studies in Iconography* 31 (2010), 1–50.
鞋	Q. Mould, "The Home-Made Shoe, A Glimpse of a Hidden but Most Affordable Craft", *Everyday Products in the Middle Ages: Crafts, Consumption and the Individual in Northern Europe c. AD 800–1600*, ed. G. Hansen (2015); F. Grew and M. de Neergaard, *Shoes and Pattens* (2001).
波希米亚的安妮	T. Alfred, *Reading Women in Late Medieval Europe: Anne of Bohemia and Chaucer's Female Audience* (2015).
猪	C. Fabre-Vassas, *The Singular Beast: Jews, Christians and the Pig*, trans. C. Volk (1997).

伯夫·德汉通	R. B. Herzman et al. (eds.), *Four Romances of England: King Horn, Havelok the Dane, Bevis of Hampton, Athelston* (1997).
旅行	J. B. Friedman et al. (eds.), *Trade, Travel and Exploration in the Middle Ages: An Encyclopedia* (2000).
朝圣	E. Tagliacozzo and S. M. Toorawa, *The Hajj: Pilgrimage in Islam* (2015); B. Whalen, *Pilgrimage in the Middle Ages: A Reader* (2011); K. Ashley and M. Deegan, *Being a Pilgrim: Art and Ritual on the Medieval Routes to Santiago* (2009); J. Stopford (ed.), *Pilgrimage Explored* (1999).
耶路撒冷	B. D. Boehm and M. Holcomb, *Jerusalem, 1000–1400: Every People under Heaven* (2016); S. S. Montefiore, *Jerusalem: The Biography* (2012); J. Wilkinson et al. (eds.), *Jerusalem Pilgrimage, 1099–1185* (1988).
爱尔兰诗	M. O'Riordan, *Irish Bardic Poetry and Rhetorical Reality* (2007); O. Bergin, *Irish Bardic Poetry* (1970).
十字军的绘画	J. Folda, *Crusader Art: The Art of the Crusaders in the Holy Land, 1099–1291* (2008).
旅游文学	S. A. Legassie, *The Medieval Invention of Travel* (2017); C. Thompson (ed.), *The Routledge Companion to Travel Writing* (2016); M. B. Campbell, *The Witness and the Other World, Exotic European Travel Writing, 400–1600* (1991).
图德拉的本杰明	M. A. Signer et al. (eds), *The Itinerary of Benjamin of Tudela: Travels in the Middle Ages* (1993).
曼德维尔的游记	A. Bale (ed.), *John Mandeville's The Book of Marvels and Travels* (2012).
地图	K. Pinto, *Medieval Islamic Maps: An Exploration* (2016); J. B. Harley and D. Woodward, *The History of Cartography: Cartography in Prehistoric, Ancient and Medieval Europe and the Mediterranean* (1992).

结语　未来的身体

科幻故事	C. Kears and J. Paz (eds.), *Medieval Science Fiction* (2016).
新世界	F. Fernández-Armesto, *1492: The Year the World Began* (2009); P. C. Mancall (ed.), *Travel Narratives from the Age of Discovery: An Anthology* (2006); S. Greenblatt, *Marvelous Possessions: The Wonder of the New World* (1991).
奥斯曼帝国	C. Finkel, *Osman's Dream: The Story of the Ottoman Empire, 1300–1923* (2005); C. Imber, *The Ottoman Empire, 1300–1650: The Structures of Power* (2002).
马丁·路德	D. K. McKim (ed.), *The Cambridge Companion to Martin Luther* (2003).
帕拉塞尔苏斯	C. Webster, *Paracelsus: Medicine, Magic and Mission at the End of Time* (2008); P. Elmer (ed.), *The Healing Arts: Health, Disease and Society in Europe, 1500–1800* (2004).
文艺复兴时期的解剖学	S. Kusukawa, *Picturing the Book of Nature: Image, Text and Argument in Sixteenth-Century Human Anatomy and Medical Botany* (2012); R. K. French, *Dissection and Vivisection in the European Renaissance* (1999); A. Carlino, *Books of the Body: Anatomical Ritual and Renaissance Learning*, trans. J. Tedeschi and A. C. Tedeschi (1999).
生物考古学与 aDNA	M. Jones, *Unlocking the Past: How Archaeologists Are Rewriting Human History with Ancient DNA* (2016); C. S. Larsen, *Bioarchaeology: Interpreting Behavior from the Human Skeleton* (2015); T. A. Brown and K. Brown, *Biomolecular Archaeology: An Introduction* (2011).
阿曼杜斯的圣髑盒	J. Hartnell, "Scanning Saint Amandus: Medical Technologies and Medieval Anatomies", *postmedieval* 8:2 (2017), 218–233.

图片来源

尽管作者和出版社已经尽一切努力联系图片版权所有者，但仍有一些图片追查不到源头，若有人能提供任何相关信息，我们将会非常感激，并乐于在未来的版本中更新。

图 1　Head and shoulders of a cadaver sold in 2003 reproduced with the permission of Termedia and Philippe Charlier © Archives of Medical Science / Philippe Charlier / Termedia

图 2　The goddess Fortuna spinning her wheel, Manchester, John Rylands Library, MS Latin 83, fol. 214v, Photo © The University of Manchester

图 3　Diagram outlining the correspondence of the four elements, Oxford, St. John's College, MS 17, fol 7V, reproduced by permission of the president and Fellows of St. John's College, Oxford, © University of Oxford

图 4　Folio from an Arabic translation of the Materia Medica by Dioscorides; recto: a physician treats a blindfolded man; verso: text, 1224 (opaque watercolour, ink and gold on paper), Persian School (thirteenth century) / Arthur M. Sackler Gallery, Smithsonian Institution, USA / Smithsonian Unrestricted Trust Funds, Smithsonian / Bridgeman Images

图 5　Fifteenth century surgical tools, Bibliothèque Nationale de France, Paris, MS latin 7138, fols 199v–200r, © Bibliothèque Nationale de France

图 6　A magical brass healing bowl, The David Collection, Copenhagen, Inc. no 36/1995, photographer: Pernille Klemp

图 7　Saint Elzéar of Sabran healing three lepers, c.1373 (alabaster), French School (fourteenth century) / Walters Art Museum, Baltimore, USA / Bridgeman Images

图 8　A blemmya, foot of folio from "The Rutland Psalter", c.1260 (ink & colour on vellum), English School (thirteenth century) / British Library, London, UK / © British Library Board. All Rights Reserved / Bridgeman Images

图 9　A man's head complete with a diagrammatic outline of his brain, Cambridge University library, MS Gg. 1.1, fol. 490v © Cambridge University Library

图 10　Majnun and Layla fainting at their meeting / British Library, London, UK / © British Library Board. All Rights Reserved / Bridgeman

图 11　The beheading of Olivier de Clisson, Bibliothèque Nationale de France, MS Français 2643, fol 126r © Bibliothèque Nationale de France

图 12　A Johanisschussel, the decapitated head of John the Baptist on a platter, Xanten, StiftsMuseum, Object no. 119, CC BY

图 13　Two tapestries of the six known as "La Dame a la Licorne", titled L'Ouie, or hearing, and La Vue, or sight c.1484–1500 Paris musée national du Moyen Âge, Inv. No. Cl. 10834, 10836 © RMN - Grand Palais / Musée de Cluny - musée nationale du Moyen Âge / Michel Urtado

图 14　Iraq: The earliest known medical description of the eye, from a nineth century work by Hunayn ibn Ishaq (809–873), twelfth century CE manuscript / Pictures from History / Bridgeman Images

图 15　Incense burner with images of the planets within roundels, Mamluk, 1280–90 (pierced & engraved brass inlaid with silver), Syrian School, (thirteenth century) / Samuel Courtauld Trust, The Courtauld Gallery, London, UK / Bridgeman Images

图 16　Lamp or censer (gilded copper with enamel and crystal), Italian School (fourteenth century) / Metropolitan Museum of Art, New York, USA / Bridgeman Images

图 17　Interior of the Hagia Sophia, Photographer: Ian Fraser © Alamy / Ian Fraser

图 18　Recitation of the Exulet during the Easter Vigil. Exultet of the Cathedral of San Sabino in Bari / Bari Cathedral, Bari, Italy / Alinari Archives, Florence / Bridgeman Images

图 19　Reliquary of the Jawbone of Saint Anthony of Padua, made in 1349, Padua, Basilica di Sant' Antonio, Photo © Alamy / Ferdinando Piezzi

图 20　Ms Roy 6 E VI fol. 503v, Inhabited initial "D" showing a dentist extracting teeth from a patient's mouth using a cord, from "Omne Bonum", 1360–75 (vellum), English School (fourteenth century) / British Library, London, UK / © British Library Board. All Rights Reserved / Bridgeman Images

图 21　The Sixth Cluny Tapestry "A Mon Seul Desir", Paris, Musée national du Moyen Âge, Inv. No. Cl. 10831–6, © RMN - Grand Palais (muse de Cluny - musée national du Moyen Âge) / Michel Urtado

图 22　A man carrying his skin on a pole, Henri de Mondeville's Chirurgia Magna, Bibliothèque Nationale De France, MS Français 2030, fol. 10v © Bibliothèque Nationale de France

图 23　© The Dissection, illustration from "Fasciculus Medicinae" 1493 (woodcut), Italian School, (fifteenth century) / Biblioteca Civica, Padua, Italy / Bridgeman Images

图 24　Fifteenth century rhinoplasty technique, De curtorum chirurgia per insitionem, Gaspare Tagliacozzi, Venice 1597, Wellcome Collection. CC BY

图 25　Scenes from the Life of Saint Benedict (detail). Rome, San Crisogono © 2018. Photo Scala, Florence/Fondo Edifi ci di Culto - Min. dell'Interno

图 26　A verger's dream: saints Cosmas and Damian performing a miraculous cure by transplantation of a leg. Oil painting, Attri. Master of Las Balbases, c.1495, Wellcome Collection. CC BY

图 27　Add 42130 fol. 82, Two knights jousting, from the "Luttrell Psalter", c.1325–35 (vellum), English School (fourteenth century) / British Library, London, UK / © British Library Board. All Rights Reserved / Bridgeman Images

图 28　Brother Fritz the Parchment-Maker, scraping down a stretched skin with his lunellum, Housebook of the Twelve-Brothers, c.1425, Stadtbibliothek Nürnberg, Amb. 317.2°, f. 34v © Stadtbibliothek Nürnberg

图 29　Small holes in parchment transformed by a twelfth-century scribe, Bamberg, Staatsbibliothek, MS Msc. Patr, 41, fol. 69r, Photo: © Gerald Raab / Staatsbibliothek Bamberg

图 30　The Acts room in the Palace of Westminister containing hundreds of parchment rolls recording over 500 years of British laws, Photo: Jack Hartnell © 2018 Jack Hartnell

图 31　A woollen burial tunic for a child, Egypt c.400–600, London, Victoria and Albert Museum, No. T.7-1947 © Victoria and Albert Museum, London

图 32　Two scenes from the Marnhull Orphrey, London, c.1300–1350, London, Victoria and Albert Museum, No. T.31&A-1936 © Victoria and Albert Museum, London

图 33　A diagrammatic skeleton explaining the detail of the bones in the body, Tashrih-I badan-I insan, Mansur ibn Ilyas, 1488, Bethesda National Library of Medicine, MS P 18, fol. 12b, CC BY

图 34　Two pages from different parts of a medical book written in Greek by healer John of Aron, Bologna, Biblioteca Universitaria, MS Gr 3632, fols 385r and 431r © CC BY Biblioteca Universitaria Bologna

图 35　Bowl with Prince on Horseback from Iran (decorated stonepaste), Seljuq Dynasty (1016–1307) / Metropolitan Museum of Art, New York, USA / Bridgeman Images

图 36　Sculpted scenes above the western door of the cathedral of Conques, finished c.1107, Wikimedia, CC BY

图 37　A quadralingual gravestone made in 1149, Palermo, Zisa Museum, Elenco San Giovanni no. 11

图 38　The mausoleum of the Ziyarid emir Qabus ibn Wushmgir, built 1006, Jorjan, Iran

图 39　Two effigies of Alice Chaucer (1404–1475) from her alabaster tomb in St Mary's Church, Ewelme, Oxfordshire © Cameron Newham

图 40　Detail from a Dance of Death, Janez iz Kasta, the Church of the Holy Trinity in Hrastovlje, Slovenia © Getty

图 41　A carved ivory rosary bead showing a kissing couple and a skeleton, c.1490–1500 Paris, Musée du Louvre, OA 180 © RMN-Grand Palais (musée du Louvre) / Jean-Gilles Berizzi

图 42　An image of many of the body's vital organs form a Latin medical manuscript in thirteenth-century England, Oxford, Bodleian Library, MS Ashmole 399, fol. 23v © Bodleian Library

图 43　Three portraits of courtly love from the fourteenth-century Codex Manesse, Heidelberg, Universitatsbibliothek, Cod. Pal. germ. 848, fols 79, 249v and 237r, CC BY

图 44　Douz Regart, a personification of the lover's gaze, Bibliothèque Nationale de France, MS Français 2186, fol. 41v © Bibliothèque Nationale de France

图 45　Nine circular details from a German medallion tapestry, c.1360, Regensburg, Historisches Museum

图 46　Frau Minne torturing the hearts of her beloved, print by Master Casper von Regensburg, c.1485, Berlin, Kupferstichkabinett, Ident. Nr. 467–1908 © Kupferstichkabinett, Staatliche Museen zu Berlin
图 47　The heart of Christ viewed through the wound in his side, Book of Hours, Netherlands 1405–1413, Oxford, Bodleian Library, MS Lat. Liturg. F. 2., fol 4v © Bodleian Library
图 48　Both sides of Speerbilde by Hartmann Schedel, c.1465, Munich Staatsbibliothek, clm 692, fol. 73v, CC BY
图 49　A blood-letting figure from a Hebrew medical miscellany, southern France or northern Italy, early 1400s, Bibliothèque Nationale de France, MS Hebreu 1181, fol. 266r
图 50　Print showing the ritual murder of Simon of Trenta, included in Hartmann Schedel's Weltchronik, Nuremberg, 1493, Wikimedia CC BY
图 51　The Tassilo Chalice made in the late eighth century for Liutperga, wife of the Bavarian Duke Tassilo III, Kremunster, Benedictine Abbey, CC BY
图 52　Egerton MS 1821, f.7v–8r, "Psalter and Rosary of the Virgin", c.1480–90 (colour on vellum), English School (fifteenth century) / British Library, London, UK / © British Library Board. All Rights Reserved / Bridgeman Images
图 53　Christ: Miracle of Bleeding Host of Dijon - Host inscribed with image of Christ, arms outstretched, flanked by instruments of the passion. Drops of blood cover surface of host, some forming ring around perimeter. Book of Hours. France, Poitiers, c.1475. MS M.1001, fol. 17v. Purchased on the Fellows Fund, 1979. New York, The Pierpont Morgan Library © 2018. Photo: the Morgan Library & Museum / Art Resource, NY/Scala, Florence
图 54　A Wound Man from a Bavarian manuscript, c.1420, London, Wellcome Library, MS 49, fol 35r, Wellcome Apocalypse CC BY
图 55　A small ivory carving depicting a game of Hot Cockles, probably made in fourteenth century France, London, British Museum no. 1888, 1217.1 © Trustees of the British Museum
图 56　Surgical instruments from a thirteenth-century copy of al-Zahrawi's Kitah at-Tasrif, Leiden, Universitatsbibliothek, MS Or. 2540 © Leden University
图 57　Amputation saw, Europe, 1501–1600, by Science Museum, London, no. A241432, CC BY

图 58　A Guidonian hand from a musical miscellany, Montecassino Archivio dell'Abbazia, cod. 318, p. 291 © Montecassino Achivio Dell'Abbazia

图 59　A hand inscribed with chiromantic readings, England, 1290s, Oxford, Bodleian Library, MS Ashmole 399, fol. 17r © Bodleian Library

图 60　The Winwick Brooch, a fifteenth century love token, Warrington Museum, Treasure no. 2005 T549. Photo: © Warrington Museum

图 61　Sculpted relief of King Ardashir of Sasania, Naqsh-e Rostam, Iran, CC BY

图 62　Hand-washing automaton with flush mechanism, folio from "The Book of Ingenious Mechanical Devices"; by Al-Jazari, 1315 (opaque w/c, ink & gold on paper), Islamic School (fourteenth century) / Freer Gallery of Art, Smithsonian Institution, USA / Bridgeman Images

图 63　Harley MS 5294 ff.42v to 43r, Pages on herbs from the "Pseudo-Apuleius Complex" (ink & colour on vellum), English School (twelfth century) / British Library, London, UK / © British Library Board. All Rights Reserved / Bridgeman Images

图 64　Excerpt of a fourteenth-century Spanish Haggadah, Manchester, John Rylands Library, Hebrew MS 6, fol 19b © The University of Manchester

图 65　Wall-painting showing the emaciated Saint Mary of Egypt, Church of Panagia Phorbotissa, Asinou, Cyprus. Printed with permission of the Department of Antiquities, Cyprus © Department of Antiquities, Cyprus

图 66　Physicians examining a large accumulation of guts, late fourteenth-century commentary on Aristotle's De animalibus, Bibliothèque Nationale de France, MS Français 16169, fol. 179r © Bibliothèque Nationale de France

图 67　Effigies of Charles IV (d.1 February 1328) and Jeanne d'Evreux (d.4 March 1371), c.1371-2, Paris, Musée du Louvre, R.F. 1436 and 1437 © RMN-Grand Palais (Musée du Louvre) / Hervé Lewandowski

图 68　Sloane MS 56, fol. 44r, Operation to close an anal fistula, from the "Liber Medicinarum" (ink & colour on vellum), English School (fifteenth century) / British Library, London, UK / © British Library Board. All Rights Reserved / Bridgeman Images

图 69　Shrine of the Virgin, c.1300 (gilded wood), German School, (thirteenth century) / Metropolitan Museum of Art, New York, USA / Bridgeman Images

图 70　Eight presentations of the foetus in the womb, nineth century gynaecological manuscript, Brussels, Bibliothèque Royale de Belgique, MS 3701-15, fols 27v and 28r © Bibliothèque Royale de Belgique

图 71　A birthing tray, Florence, painted by Bartolomeo di Fruosino, 1428 © Bridgeman Images / Private Collection

图 72　The trickster Abu Zayd of Saruj speaking to an assembled group, the Maqamat, Muhammad al-Hariri, illustrated by Yahya al-Wasiti, c.1237, Paris, Bibliotheque Nationale de France, MS Arabe 5847, fol. 58v

图 73　Saint Wilgefortis on the cross, c.1430–40 (ink on parchment), Flemish School (fifteenth century) / Walters Art Museum, Baltimore, USA / Bridgeman Images

图 74　Nuns plucking penises from a tree, Roman de la Rose, Richard and Jeanne de Montbaston, Paris, Bibliothèque Nationale de France, MS Français 15397, fol. 22 © Bibliothèque Nationale de France

图 75　Abraham circumcising himself, from an illustrated Bible, France, 1355, Bibliothèque Nationale de France, MS Français, 15397, fol. 22 © Bibliothèque Nationale de France

图 76　A wheel of urine sprouting from a tree, German medical manuscript c. 1420, Wellcome Apocalypse, MS49 fol. 42r, Wellcome Collection

图 77　Watercolour showing the amputation of the foot of the Holy Roman Emperor Friedrich III, c.1493, Veinna, Graphische Sammlung Albertina, Min. 22475 © Albertina

图 78　Duccio di Buoninsegna (c. 1260–1318): Madonna dei Francescani (Madonna of the Franciscans). Siena, Pinacoteca Nazionale. Restored © 2018. Photo Scala, Florence - courtesy of the Ministero Beni e Att. Culturali e del Turism

图 79　A selection of medieval shoes, c.1200–1400, Museum of London, Object no. BC72 [79] <2496> © English School / Museum of London, UK / Bridgeman Images

图 80　Persian Astrolabe c.1000, Oxford Museum of the History of Science, Inv. No. 33767 © Museum of the History of Science, University of Oxford

图 81　Church of the Nativity, Bethlehem, 1934–9 (b/w photo) / Private Collection / Bridgeman Images

图 82　Map of Egypt, 1348 (vellum), Al-Idrisi or Edrisi, Abu Muhammad (c. 1100–64) (after) / Egyptian National Library, Cairo, Egypt / Bridgeman Images

图 83　Catalan Atlas, Abraham Cresques, c.1375, Paris, Bibliothèque Nationale de France, MS Espagnol 30 © Bibliothèque Nationale de France

图 84　Seven Sleepers of Ephesus (tempera on panel) Cretan School (c. 1500–1600) /Private Collection © Richard and Kalias Icons, London, UK / Bridgeman Images

图 85　An anatomical diagram of a man and a woman, c.1559, Wellcome Library, EPB / D 296, anatomical fugitive sheets, CC BY

图 86　Excavation of a medieval plague pit in London during the construction of Crossrail © Crossrail

图 87　Twelfth-century casket reliquary of Saint Amandus being scanned, Maryland Medical Centre, Baltimore © Photo: Jack Hartnell